职业教育汽车类专业"互联网 +"创新教材
汽车技术服务与营销专业"校企合作"精品教材

汽车构造

主　编　程德宝

副主编　沈　琳　王金丽　袁敏敏

参　编　陈梦娟　于冬梅　曾　梅　孙晓飞　管长海

　　　　李英娟　赵永明　莘锋燕　夏　君　李晓明

　　　　许兴柱　陈　伟　张　冰　崔　健

机械工业出版社

本书通过对活塞式内燃机汽车的各总成、部件的典型结构实例分析，系统地阐述了现代汽车的构造和简单的工作原理。本书共八章，分别为汽车发动机、发动机的结构、发动机配气机构、发动机燃料供给系统、发动机冷却系统、发动机润滑系统、汽油机点火系统和起动系统、汽车底盘（包括传动系统、行驶系统、转向系统、制动系统）。本书将职业技能等级证书制度与常规教学的内容融合为一体，学生修完本课程可考取相应的技能证书。

本书可作为职业院校汽车检测与维修技术专业的教材，也可作为相关专业及中等职业学校汽车类专业的教材，还可作为维修企业的培训用书及汽车维修技术人员的参考用书。

为方便教学，本书配有电子课件。凡选用本书作为授课教材的教师均可登录 www.cmpedu.com，注册后免费下载。或来电咨询：010-88379201。

图书在版编目（CIP）数据

汽车构造 /程德宝主编. — 北京：机械工业出版社，2023.3（2025.7 重印）
职业教育汽车类专业"互联网+"创新教材　汽车技术服务与营销专业"校企合作"精品教材
ISBN 978-7-111-72389-9

Ⅰ.①汽…　Ⅱ.①程…　Ⅲ.①汽车–构造–职业教育–教材　Ⅳ.①U463

中国国家版本馆CIP数据核字（2023）第025297号

机械工业出版社（北京市百万庄大街22号　邮政编码100037）
策划编辑：师　哲　　　　　　责任编辑：师　哲
责任校对：肖　琳　许婉萍　　封面设计：张　静
责任印制：张　博
北京机工印刷厂有限公司印刷
2025 年 7 月第 1 版第 3 次印刷
210mm×285mm·12.5 印张·232 千字
标准书号：ISBN 978-7-111-72389-9
定价：54.00 元

电话服务　　　　　　　　　网络服务
客服电话：010-88361066　　机 工 官 网：www.cmpbook.com
　　　　　010-88379833　　机 工 官 博：weibo.com/cmp1952
　　　　　010-68326294　　金 书 网：www.golden-book.com
封底无防伪标均为盗版　机工教育服务网：www.cmpedu.com

前 言

　　本书紧密结合我国现阶段汽车维修行业的生产实际，并充分考虑职业教育教学的特点和维修企业对人才的需求，在内容编排上注重理论知识与实践技能的有机结合，突出内容的针对性、通用性、先进性和实践性，从提高学生专业理论知识和实际操作技能、分析和解决生产过程中的实际问题的能力出发，使本书具有较强的实用性和可操作性。本书全面系统地阐述了汽车整体及部件的结构和工作原理。

　　本书在编写过程中认真落实《关于推动现代职业教育高质量发展的意见》，教学内容坚持"立德树人、德技并修"，推动思想政治教育与技术技能培养融合统一，形成产教良性互动，人才培养与市场需求相对接，职教特色鲜明，旨在让更多青年能凭借一技之长实现人生价值，营造人人出彩的新局面。同时深入贯彻落实党的二十大精神，发挥铸魂育人实效，紧抓数字化机遇，将二维码等数字技术融入教材，助力学生学习成长，进一步丰富、优化、更新教材数字化资源，推进教育数字化。

　　汽车结构复杂、类型繁多，目前，世界各国生产的商业化汽车，多数仍以活塞式内燃机为动力，各个组成系统或部件的结构形式基本相同，功能要求也大体相同，因此本书编写时仍沿用了传统汽车构造的体系。本书通过对国产汽车，特别是国产轿车实例进行分析阐述，使读者较为深入地掌握汽车结构的一般规律，以期取得举一反三、触类旁通的效果。

　　本书由上海闵行职业技术学院程德宝任主编，沈琳、王金丽、袁敏敏任副主编，参与编写的还有陈梦娟、于冬梅、曾梅、孙晓飞、管长海、李英娟、赵永明、莘锋燕、夏君、李晓明、许兴柱、陈伟、张冰、崔健。

　　上海南湖职业技术学院院长朱建柳教授担任本书的主审，提出了许多宝贵的意见和建议，在此深表感谢！中国汽车维修行业协会副会长、上海职业技术教育汽车维修技能大师工作室主持人、教授级高级工程师陶巍，上海文洋实业汽车营销服务管理中心售后总监韩炜，上海德辰汽车售后总监姜静燕，上海闵星汽车服务有限公司客户经理李冬，上海交通职业技术学院汽车系主任李丕毅，上海市浦东外事服务学校汽车专业部主任孔祥瑞，上海食品科技学校汽车专业部主任沈秀军等专家为本书编写提供了大量的实践经验和宝贵的指导意见，感谢他们的大力支持和帮助！

　　由于编者水平有限，书中难免存在缺漏及不当之处，恳请广大读者批评指正。

编 者

二维码索引

目 录

总　论

1）了解汽车的分类方法和国产汽车的编号规则。

2）理解汽车的总体构造和技术参数的含义。

3）掌握车辆识别代号的含义和汽车行驶的基本原理。

1. 汽车的定义

GB/T 3730.1—2001《汽车和挂车类型的术语和定义》对汽车的定义为：由动力驱动，具有 4 个或 4 个以上车轮的非轨道承载的车辆，主要用于载运人员和（或）货物；牵引载运人员和（或）货物的车辆；特殊用途。

2. 汽车的种类

1）按用途分类：有运输汽车和特种用途汽车两类。其中运输汽车有轿车、客车、货车、牵引汽车；特种用途汽车主要是指用来执行运输以外任务的汽车。

2）按动力装置形式分类：主要分为活塞式内燃机汽车、电动汽车和燃气轮机汽车。其中活塞式内燃机汽车根据其使用燃料的不同，通常分为汽油车和柴油车。

3）按行驶道路条件分类：主要分为公路用车和非公路用车。

4）按行驶机构的特征分类：主要分为轮式汽车和其他形式的车辆。

3. 车辆识别代号

（1）车辆识别代号（VIN）的定义　VIN 是英文 Vehicle Identification Number（车辆识别码）的缩写，是为了识别某一辆车，由车辆制造厂为该辆车指定的一组字码。VIN 由 17 位字符组成，俗称十七位码。

车辆识别代号就是汽车的身份证号，它根据国家车辆管理标准确定，包含了车辆的生产厂家、年代、车型、车身型号及代码、发动机代码及组装地点等信息。新的行驶证在"车架号"一栏一般都打印 VIN。

（2）车辆识别代号（VIN）说明　车辆识别代号由 3 部分组成，如图 0-1 和图 0-2

1

所示，第一部分为世界制造厂识别代号（WMI）；第二部分为车辆说明部分（VDS）；第三部分为车辆指示部分（VIS）。

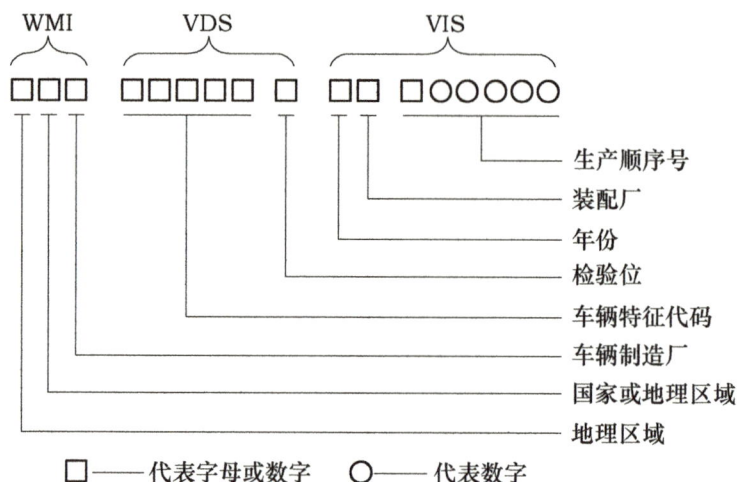

图 0-1　年产量大于或等于 1000 辆的完整车辆和 / 或非完整车辆制造厂
车辆识别代号结构示意图

对于年产量小于 1000 辆的完整车辆和 / 或非完整车辆制造厂，车辆识别代号第三部分的三、四、五位与第一部分的三位字码一起构成世界制造厂识别代号（WMI），其余五位为车辆指示部分（VIS），如图 0-2 所示。

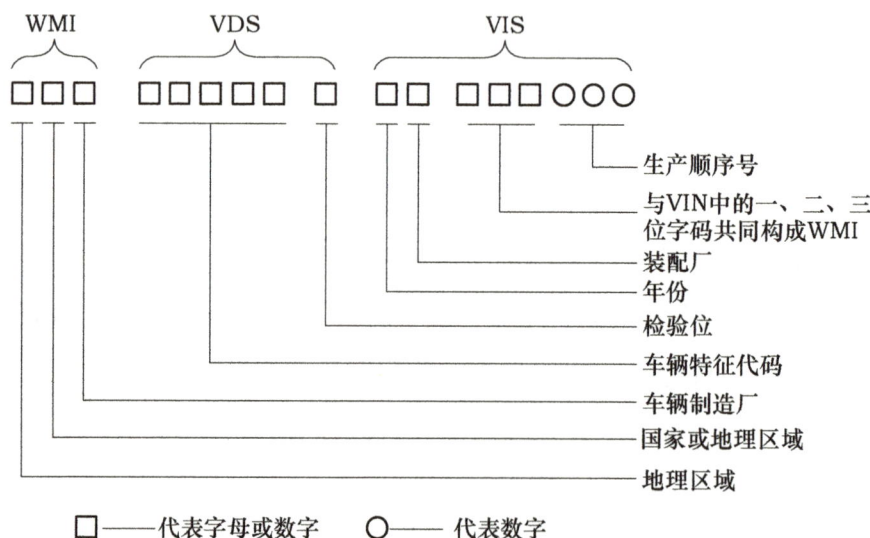

图 0-2　年产量小于 1000 辆的完整车辆和 / 或非完整车辆制造厂车辆识别代号结构示意图

世界制造厂识别代号（WMI）是车辆识别代号的第一部分，由车辆制造厂所在国家或地区的授权机构预先分配，WMI 应符合 GB 16737—2019 的规定。

VIN 的第十位代表年份。年份代码按表 0-1 的规定使用（30 年循环一次）。车辆制造厂若在此位使用车型年份，应向授权机构备案每个车型年份的起止日期，并及时更新；同时在每一辆车的机动车出厂合格证或产品一致性证书上注明。

表 0-1　年份代码表

年份	代码	年份	代码	年份	代码	年份	代码
1991	M	2001	1	2011	B	2021	M
1992	N	2002	2	2012	C	2022	N
1993	P	2003	3	2013	D	2023	P
1994	R	2004	4	2014	E	2024	R
1995	S	2005	5	2015	F	2025	S
1996	T	2006	6	2016	G	2026	T
1997	V	2007	7	2017	H	2027	V
1998	W	2008	8	2018	J	2028	W
1999	X	2009	9	2019	K	2029	X
2000	Y	2010	A	2020	L	2030	Y

（3）车辆识别代号的查验　车辆识别代号一般位于仪表板左侧，可在以下几个部位查看。

1）轿车车辆识别代号一般在驾驶人侧风窗玻璃下方（从车外看风窗玻璃右下角），货车一般在车架大梁中部位置。

2）机动车行驶证的"车架号"一栏中打印有 VIN。

3）其他地方：如车辆保险单上；发动机的铭牌上；驾驶人一侧的门柱上等。

4. 汽车的分类

（1）乘用车　乘用车是指在其设计和技术特性上主要用于载运乘客及其随身行李或临时物品的汽车，包括驾驶人座位在内最多不超过 9 个座位。

乘用车主要包括普通乘用车、活顶乘用车、高级乘用车、小型乘用车、敞篷车、舱背乘用车、旅行车、多用途乘用车、短头乘用车、越野乘用车和专用乘用车 11 种，如图 0-3 所示。

普通乘用车	活顶乘用车	高级乘用车	旅行车	多用途乘用车
小型乘用车	敞篷车	舱背乘用车	越野乘用车	短头乘用车
救护车（专用）	殡仪车（专用）	防弹车（专用）		

图 0-3　乘用车的分类

3

（2）商用车　商用车是在设计和特性上用于运送人员和货物的汽车，也可以牵引挂车。

1）客车，如图0-4所示。

| 专用客车 | 小型客车 | 城市客车 | 长途客车 |

| 越野客车 | 旅游客车 | 铰接客车 | 无轨电车 |

图0-4　客车的分类

2）半挂牵引车。装备有特殊装置，用于牵引半挂车的商用车，如图0-5所示。

图0-5　半挂牵引车

3）货车。货车的主要用途是运载货物，如图0-6所示。

| 普通货车 | 多用途货车 | 全挂牵引车 |

| 越野货车 | 专用作业车 | 专用货车 |

图0-6　货车的分类

5. 汽车的基本构造

汽车的基本构造如图0-7所示。

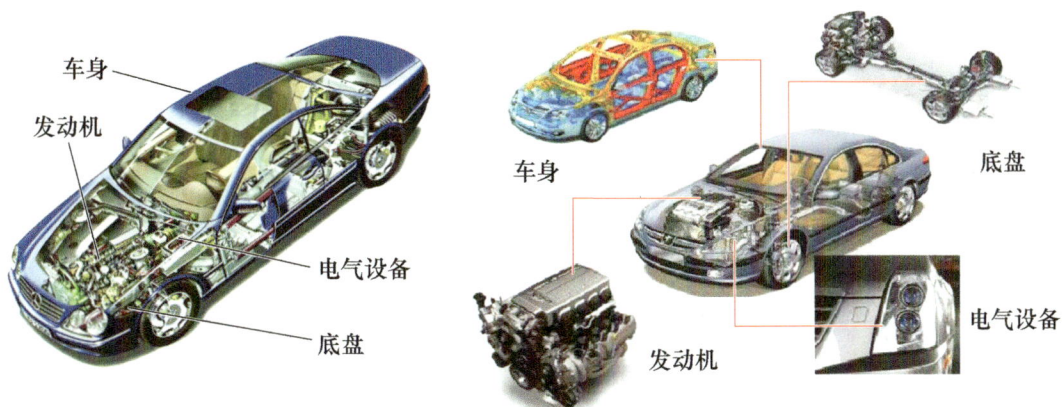

图 0-7　汽车的基本构造

（1）发动机　发动机是为汽车行驶提供动力的装置，其作用是使燃料燃烧产生动力，然后通过底盘的传动系统驱动汽车行驶，发动机在汽车上的布置如图 0-8 所示。

发动机前置　　　　发动机后置　　　　发动机中置

图 0-8　发动机在汽车上的布置

（2）底盘　底盘的作用是支承、安装汽车发动机及其各部件、总成，形成汽车的整体造型，并接受发动机的动力，使汽车产生运动，以保证正常行驶。汽车底盘的结构布置如图 0-9 所示。

图 0-9　汽车底盘的结构布置

（3）电气设备　电气设备由电源和用电设备组成，如图 0-10 所示。

（4）车身　车身供驾驶人操作，以及容纳乘客及随身行李和货物的场所。载货汽车的车身由驾驶室和货厢组成，客车与轿车的车身由一整体的外壳构成，如图 0-11 所示。

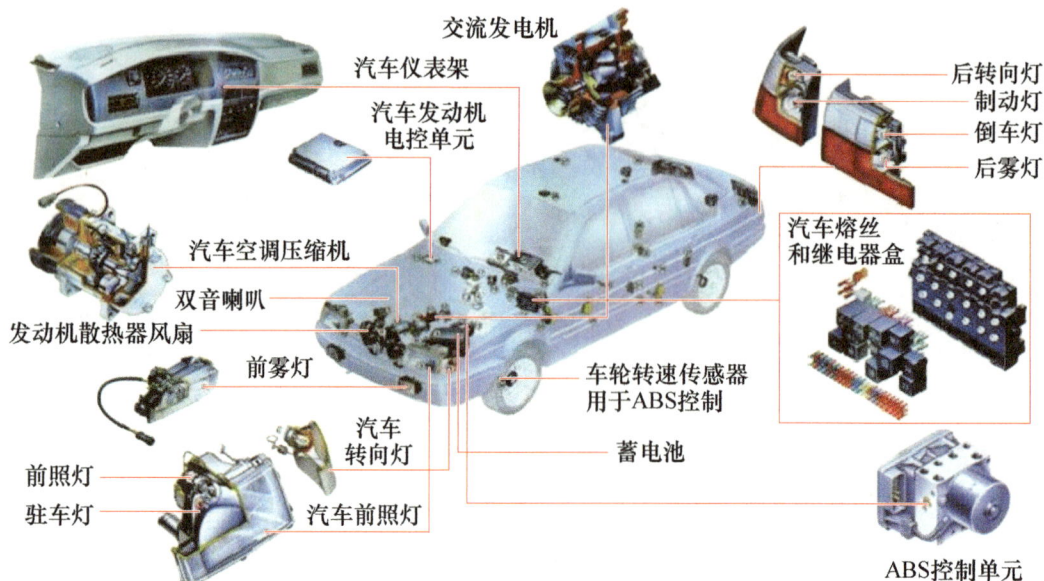

图 0-10 汽车电气设备的组成

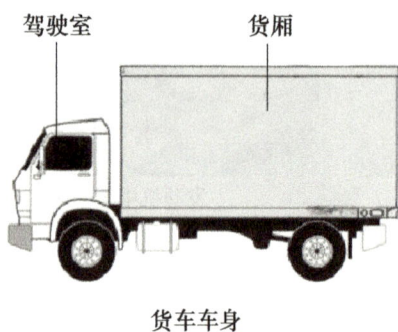

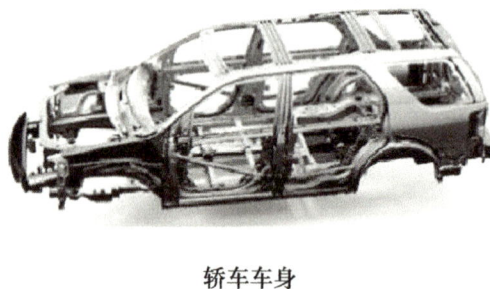

图 0-11 汽车车身的结构

【学习小结】

1. 汽车是由动力驱动，具有4个或4个以上车轮的非轨道承载的车辆。

2. VIN是国际上通行标识机动车辆的代码，是制造厂给每一辆车指定的一组字码，可谓一车一码，具有在世界范围内对一辆车的唯一识别性。

3. 汽车通常由发动机、底盘、车身和电气设备组成。

【思考题】

1. 汽车有哪些类型？

2. 汽车由哪几部分构成？

第一章　汽车发动机

【学习目标】

1）掌握发动机的总体结构、一般原理和发动机的基本名词术语，了解单缸发动机和多缸发动机的一般原理。

2）掌握多缸发动机的工作顺序及每个工作循环的排序。

3）掌握发动机的概念及发动机结构的区别，了解各种类型发动机的组成、构造、简单的工作原理等内容。

第一节　发动机基本术语与工作原理

目前，最常用的车用发动机有汽油机和柴油机两种。

汽油机和柴油机由于所使用燃料不同，在结构上也各有特点。汽油机主要由"两大机构、五大系统"组成，"两大机构"指曲柄连杆机构和配气机构，"五大系统"指燃料供给系统、冷却系统、润滑系统、点火系统和起动系统。柴油机结构与汽油机相似，但由于其采用压燃式燃烧原理，故其结构中不需要点火系统。本节主要讲述常用汽油机和柴油机的总体结构。

一、基本名词术语

发动机基本结构如图 1-1 所示。

（1）上止点　活塞在气缸内运动，其活塞距离曲轴回转中心最远处的位置，称为上止点。

（2）下止点　活塞在气缸内运动，其活塞距离曲轴回转中心最近处的位置，称为下止点。

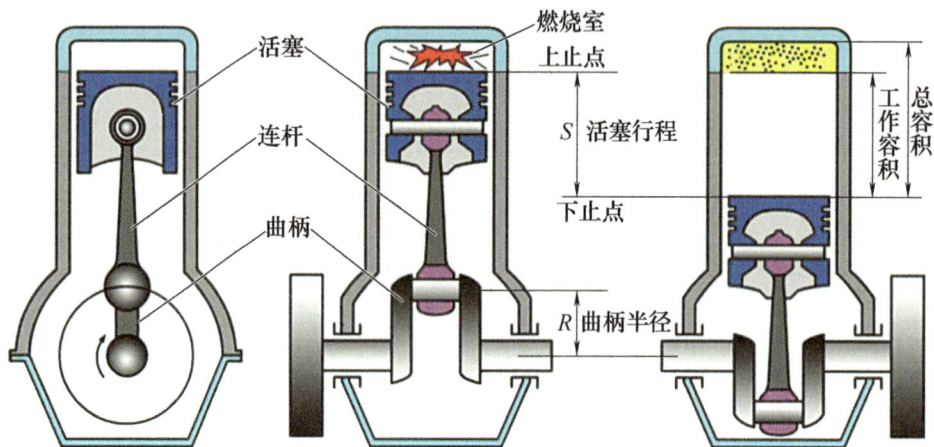

图 1-1　发动机基本结构

（3）活塞行程　活塞在气缸内运动，其上、下止点间的距离，称为活塞行程，用 S 表示。

（4）曲柄半径　曲轴连杆轴颈的轴心线到主轴颈轴心线的距离，称为曲柄半径，用 R 表示。活塞行程的大小取决于曲柄半径，其关系为：活塞行程 S 等于曲柄半径 R 的 2 倍，即 $S=2R$。

（5）燃烧室容积　活塞在上止点时，活塞顶与气缸盖之间的容积，称为燃烧室容积，用 V_c 表示。

（6）气缸总容积　活塞在下止点时，活塞顶上方空间的容积，称为气缸总容积，用 V_a 表示。

（7）气缸工作容积　活塞从上止点移动到下止点或由下止点移动到上止点时活塞所扫过的容积，称为气缸工作容积，用 V_h 表示。

（8）压缩比　气缸总容积与燃烧室容积的比值，称为压缩比，用 ε 表示，$\varepsilon=V_a/V_c$。压缩比是表示气缸内气体被压缩程度的指标。压缩比越大，压缩终了时气缸内的气体压力越大、温度越高。

（9）发动机排量　多缸发动机的各气缸工作容积之和称为排量，用 V_L 表示，则 $V_L=i\times V_h$，i 为气缸数。

（10）工作循环　内燃机每完成一个吸气、压缩、做功和排气的工作过程，称为一个工作循环。

（11）二冲程内燃机　曲轴每转一圈完成一个工作循环的内燃机。

（12）四冲程内燃机　曲轴每转两圈完成一个工作循环的内燃机。

（13）工况　内燃机在某一时刻所处的工作状况。一般用内燃机的转速和负荷来表示。

二、发动机的工作原理

1. 单缸四冲程汽油机的工作原理

为使发动机产生动力，必须先将燃料和空气送入气缸，经点火后使之燃烧产生热能，以气体为工作介质推动活塞，再通过连杆使曲轴旋转，使热能转化为机械能，最后将燃烧后的废气排出气缸。至此，发动机完成一个工作循环。此循环周而复始地进行，发动机便产生连续的动力，如图1-2所示。

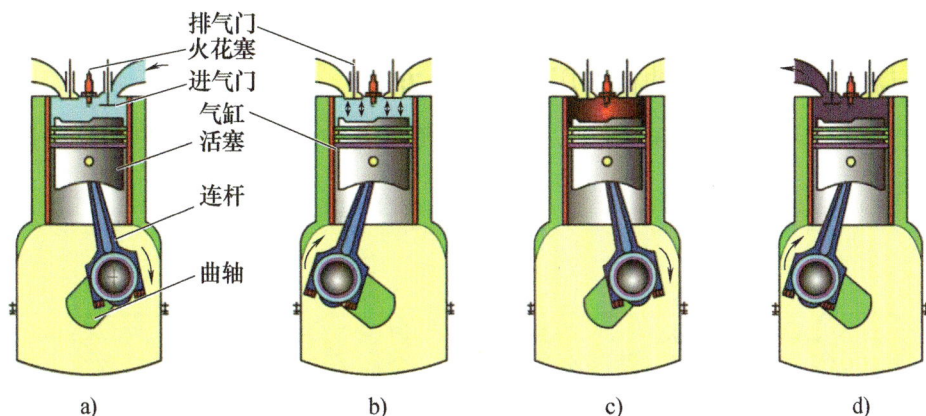

图1-2　单缸四冲程汽油机的工作原理

（1）进气行程　如图1-2a所示，进气门打开、排气门关闭，旋转的曲轴带动活塞从上止点向下止点运动，气缸内容积增大，压力降低而形成真空，将可燃混合气吸入气缸。由于进气系统的阻力，进气终了时气缸内气体的压力略低于大气压，为0.075~0.09MPa，温度为370~400K。

（2）压缩行程　如图1-2b所示，为使吸入缸内的混合气迅速燃烧，释放出更多的热量，使发动机发出更大的功率，必须在混合气燃烧前对其进行压缩，使其容积变小、温度升高。为此，进气终了前便进入压缩行程。在此行程中，进、排气门均关闭，曲轴推动活塞由下止点向上止点移动完成该行程。活塞到达上止点时压缩行程结束，混合气被压入活塞上方及燃烧室中。此时，混合气压力高达0.6~1.2MPa，温度可达600~700K。

（3）做功行程　如图1-2c所示，在压缩行程接近终了时，火花塞产生电火花点燃混合气，此时进、排气门仍关闭。混合气的迅速燃烧使缸内气体温度和压力迅速升高，最高压力可达5~9MPa，最高温度可达2200~2800K。在高温高压气体作用力的推动下，活塞向下止点运动，活塞下移，通过连杆使曲轴旋转运动，产生转矩而做功。发动机至此完成了一次将热能转变为机械能的过程。

（4）排气行程　如图1-2d所示，混合气燃烧后成为废气，应从气缸内排出，以便下一个工作循环得以进行。当做功行程接近终了时，排气门打开，进气门仍然关闭，因废气压力高于大气压力而自动排出，此外，当活塞越过下止点上移时，靠活塞的推挤作用强制排气。活塞到上止点附近时，排气行程结束。排气终了时，缸内压力为0.105~0.115MPa，温度为900~1200K。至此发动机完成一个工作循环，接着开始下一个工作循环。

2. 单缸四冲程柴油机的工作原理

四冲程柴油机（压燃式发动机）和汽油机一样，如图1-3所示。每一个工作循环都需经历进气行程、压缩行程、做功行程和排气行程。但由于柴油机用的燃料是柴油，其黏度比汽油大，不易蒸发，自燃温度却比汽油低，故可燃混合气的形成及点火方式都与汽油机不同，柴油机采用压燃点火方式。

（1）进气行程　如图1-3a所示，不同于汽油机的是进入气缸的不是可燃混合气，而是纯空气。

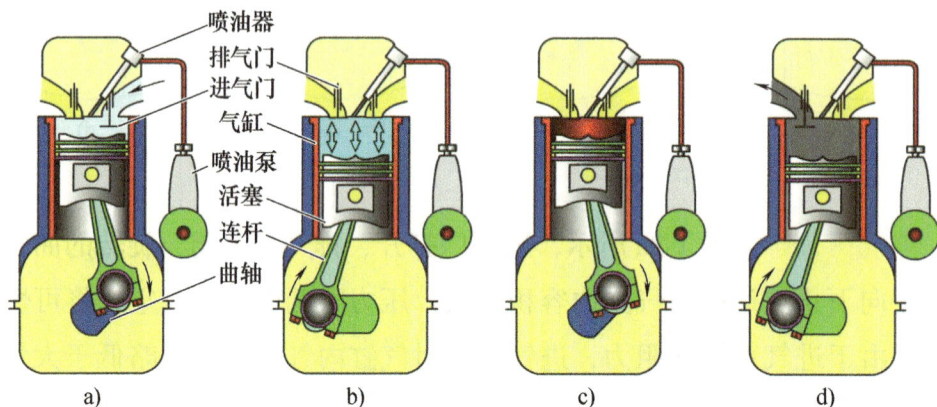

图1-3　单缸四冲程柴油机的工作原理

（2）压缩行程　如图1-3b所示，由于柴油机压缩比高，压缩终了时的温度和压力都比汽油机高，压力可达3~5MPa，温度可达800~1000K。

（3）做功行程　如图1-3c所示，此行程与汽油机有很大的差异，第一阶段，在柴油机压缩行程终了前，喷油泵经喷油器将高压柴油呈雾状喷入气缸内的高温、高压空气中，迅速气化与空气形成混合气，此时气缸内的温度远远高于柴油的自燃温度（约500K），柴油便立即自行着火燃烧，第二阶段，边喷油边燃烧，气缸内压力、温度急剧升高，推动活塞下行做功。

此行程中，瞬时压力可达5~10MPa，瞬时温度可达1800~2200K；做功终了时压力为0.2~0.4MPa，温度为1200~1500K。

（4）排气行程　如图1-3d所示，此行程与汽油机基本相同。排气终了时，气缸压力为0.105~0.125MPa，温度为800~1000K。

小知识

四冲程发动机的工作特点：

1）每个工作循环曲轴转两圈（720°），每个行程曲轴转半圈（180°），进气行程是进气门开启，排气行程是排气门开启，其余两个行程进、排气门均关闭。

2）4个行程中，只有做功行程对曲轴产生旋转动力，其他3个行程是做功行程的辅助行程，没有辅助行程就没有做功行程。

3）发动机由静止到连续运转的循环状态，必须有外力使曲轴旋转完成进气、压缩后，完成做功行程，并依靠曲轴和飞轮储存的能量自行完成以后的行程（以后的工作循环发动机无须外力就可自行完成）。

3. 多缸四冲程发动机的工作原理

单缸四冲程发动机每个工作循环所经历的4个行程中，只有做功行程为有效行程，其他3个行程为消耗机械功的辅助行程。这样，发动机曲轴在做功行程中的转速快，在其他行程中转速慢。所以，一个工作循环中曲轴的转速是不均匀的。为了保证发动机运转平稳，现代汽车发动机都采用多缸四冲程发动机，应用最多的是4缸、6缸和8缸发动机。

（1）4缸四冲程发动机的工作

1）做功间隔角为$\frac{720°}{4}=180°$。

2）曲轴布置如图1-4所示。

3）工作顺序为1-3-4-2或1-2-4-3两种。

4）工作情况见表1-1。

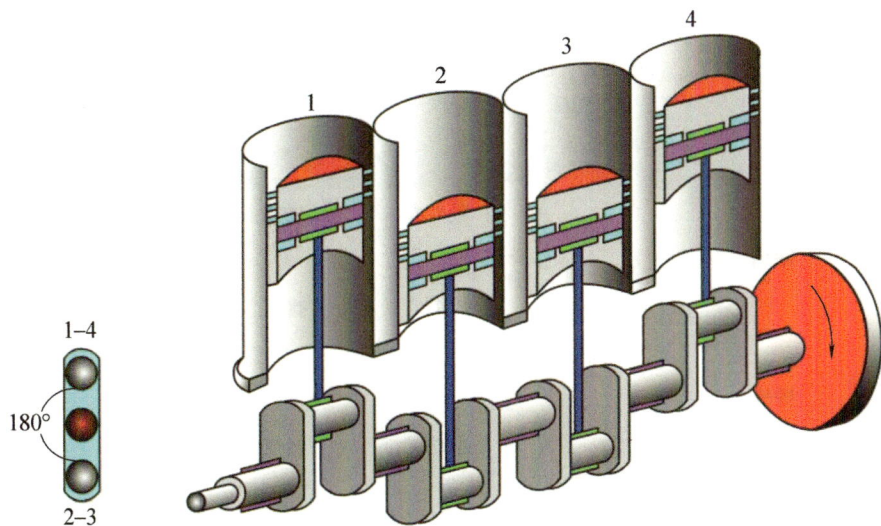

图1-4　直列式4缸四冲程发动机曲轴布置图

（2）6缸四冲程发动机的工作

1）做功间隔角为$\frac{720°}{6}=120°$。

表 1-1　4 缸四冲程内燃机工作情况

曲轴转角	工作顺序 1-3-4-2			
	1 缸	2 缸	3 缸	4 缸
0°~180°	做功	排气	压缩	吸气
180°~360°	排气	吸气	做功	压缩
360°~540°	吸气	压缩	排气	做功
540°~720°	压缩	做功	吸气	排气

2）曲轴布置如图 1-5 所示。

3）工作顺序为 1-5-3-6-2-4 或 1-4-2-6-3-5 两种。

4）工作情况见表 1-2。

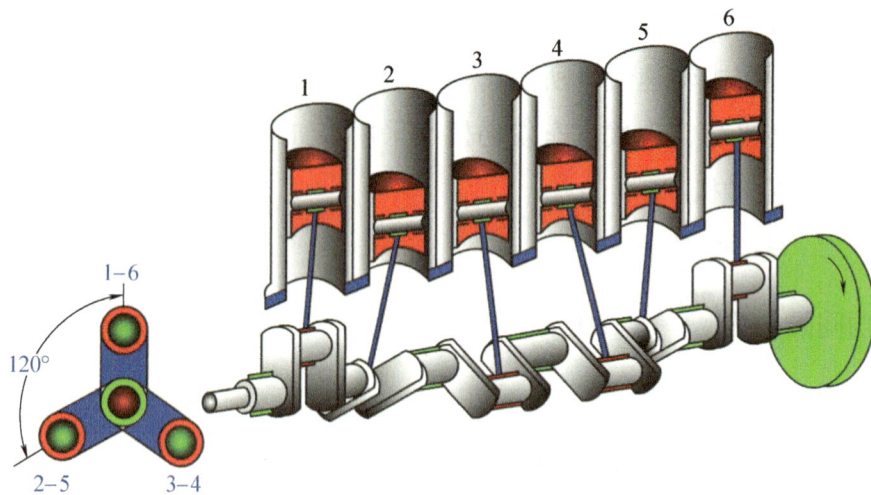

图 1-5　直列式 6 缸四冲程发动机曲轴布置图

表 1-2　6 缸四冲程内燃机工作情况

曲轴转角	工作顺序 1-5-3-6-2-4					
	1 缸	2 缸	3 缸	4 缸	5 缸	6 缸
0°~60°			吸气	做功		
60°~120°	做功	排气			压缩	吸气
120°~180°			压缩	排气		
180°~240°		吸气			做功	
240°~300°	排气					压缩
300°~360°			做功	吸气		
360°~420°		压缩			排气	
420°~480°	吸气					做功
480°~540°			排气	压缩		
540°~600°		做功			吸气	
600°~660°	压缩		吸气	做功		排气
660°~720°		排气			压缩	

第二节 发动机的基本构造与编制规则

一、汽车发动机的基本构造

1. 发动机的定义

发动机是汽车的动力源，是汽车的基本组成部分之一。

内燃机的特点是液体和气体燃料与空气混合后在气缸内燃烧而产生热能，并将热能转化为机械能。燃烧产生热能的过程在机内完成，所以叫内燃机。现代汽车的发动机以往复活塞式内燃机为主。此类发动机具有热效率高、结构紧凑、体积小、便于拆装、起动性能良好等优点，因其技术先进、可靠性高而被广泛应用。

2. 发动机的分类

汽车发动机种类繁多，往复活塞式内燃机可按不同特征进行分类，如图1-6所示。

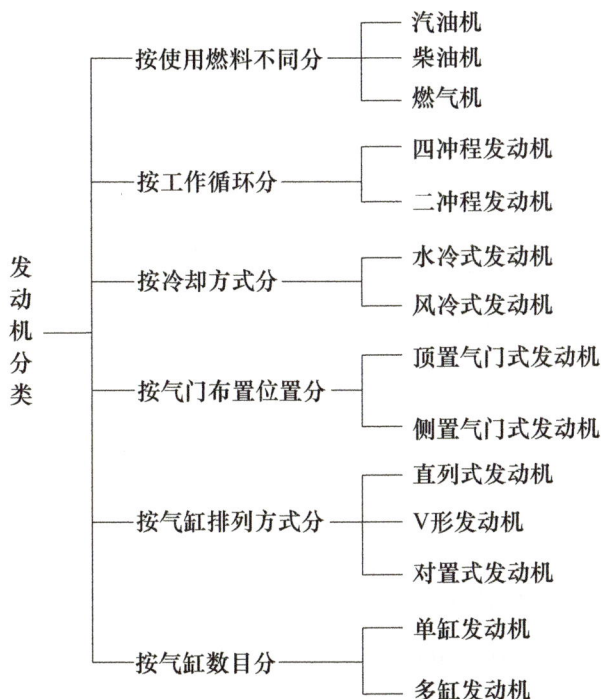

图 1-6 发动机的分类

3. 发动机的总体结构

现代汽车发动机的结构形式很多，即使是同一类型的发动机，其具体构造也有很大差异；但就其总体功能而言，基本上由曲柄连杆机构、配气机构、燃料供给系统、润滑系统、冷却系统、点火系统（除柴油机外）和起动系统组成。下面通过一些典型的汽车发动机的结构实例来分析发动机的总体构造。图1-7为轿车用4缸四冲程汽油机结构图。

图1-7　4缸四冲程汽油机结构图

（1）曲柄连杆机构　曲柄连杆机构主要由机体组、活塞连杆组和曲轴飞轮组3部分组成。有的发动机将气缸分铸成上下两部分，上体称为气缸体、下体称为曲轴箱。气缸体是发动机各机构、各系统的装配基体，其本身的许多部分又分别是曲柄连杆机构、配气机构、燃料供给系统、冷却系统和润滑系统的组成部分。气缸盖和气缸体的内壁共同组成燃烧室的一部分，是承受高温、高压的机件。

（2）配气机构　配气机构主要由进气门、排气门、挺柱、推杆、摇臂、凸轮轴以及凸轮轴正时齿轮（由曲轴正时齿轮驱动）等组成。

（3）燃料供给系统　燃料供给系统主要由汽油箱、汽油泵、汽油滤清器、空气滤清器、进气管、排气管和排气消声器等组成。

（4）点火系统　点火系统主要由蓄电池、发电机、断电器（与分电装置等组合成分电器）、点火线圈和火花塞等组成。

（5）冷却系统　冷却系统主要由水泵、散热器、风扇、分水管、气缸体放水阀以及气缸体和气缸盖内铸出的空腔（水套）等组成。

（6）润滑系统　润滑系统主要由机油泵、集滤器、限压阀、润滑油道、机油粗滤器、机油细滤器和机油冷却器等组成。

（7）起动系统　起动系统主要由起动机及其附属装置组成。

二、发动机的性能评价指标

1. 发动机动力性指标

（1）有效功率 P_e　发动机曲轴所输出的功率称为有效功率 P_e。它是发动机台架试验中，用测得的数据计算出来的。

（2）有效转矩 M_e　由发动机曲轴输出的转矩称为有效转矩 M_e。

（3）平均有效压力 p_e　发动机单位气缸工作容积输出的有效功称为平均有效压力 p_e。

2. 发动机的经济性指标

（1）有效热效率 η_e　循环的有效功与所消耗燃料的热量之比，称为有效热效率 η_e。

（2）有效燃料消耗率 g_e　单位有效功所消耗的燃油量称为有效燃油消耗率 g_e。通常以每输出 $1kW \cdot h$ 的有效功的耗油量表示。

3. 发动机其他性能评定指标

发动机除要求具有良好的动力性、经济性和较高的强度外，还必须具有良好的排气清净性、较低的噪声、较小的振动和可靠的低温起动性。

（1）排气品质　发动机排放的有害气体对大气有极大的污染，进而危害人类健康与动植物生长，发动机排放品质受到各国日趋严格的排放法规限制。

（2）噪声　汽车产生的噪声对人的生活及环境的影响极大。汽车的噪声主要来自发动机。噪声是一种较大的公害，必须严格控制。发动机的噪声主要由气体噪声、燃烧噪声和机械噪声 3 部分组成。

（3）起动性　发动机的起动性能是其质量的重要考核指标之一，尤其是对柴油机。我国有关标准规定，在不采用特殊低温起动措施的条件下，汽油机在 $-10℃$、柴油机在 $-5℃$ 以下的气温环境下，接通起动机 15s 内，发动机应能顺利起动，自行运转。

三、内燃机产品和型号编制规则

为了便于内燃机的生产管理与使用，我国于 2008 年对内燃机名称和型号的编制方法重新进行了审定，颁布了 GB/T 725—2008《内燃机产品名称和型号编制规则》。

内燃机的型号是由阿拉伯数字（简称数字）和汉语拼音字母或国际通用的英文缩略字母组成的。它是区别内燃机的不同规格和特点的主要标志，国家制定了统一的标准。为了避免字母重复，可借用其他汉语拼音字母或国际通用的英文缩略字母，但不得用其他文字或代号。

GB/T 725—2008《内燃机产品名称和型号编制规则》适用于往复式内燃机，作为产品名称和型号的统一规定。

内燃机产品名称均按其所采用的燃料命名，如汽油机、柴油机、双燃料发动机等。

内燃机型号应能反映内燃机的主要结构特征及性能。内燃机型号依次分为 4 个部分，其排列顺序及符号规定如下：

（1）第一部分　由制造商代号或系列符号组成。本部分代号由制造商根据需要选择相应的 1~3 位字母表示。

（2）第二部分　由表示气缸数的数字、气缸布置形式符号、冲程形式符号、缸径符号组成。

1）气缸数用 1~2 位数字表示。

2）气缸布置形式符号按照表 1-3 的规定。

表 1-3　气缸布置形式符号

符号	含义	符号	含义
无符号	多缸直列或单缸	H	H形
V	V形	X	X形
P	卧式	—	—

注：其他布置形式符号见 GB/T 1883.1—2005《往复式内燃机　词汇　第 1 部分：发动机设计和运行术语》。

小知识

举例如下：

G12V190ZLD　表示 12 缸、V 形、四冲程、缸径 190mm、冷却液冷却、增压中冷、发电用（G 为系列代号）。

492Q/P-A：表示四缸、直列、四冲程、缸径 92mm、冷却液冷却、汽车用（A 区分符号）。

12V190ZL/T：表示 12 缸、V 形、四冲程、缸径 190mm、冷却液冷却、增压中冷、燃料为天然气。

G12V190ZLS：表示 12 缸、V 形、四冲程、缸径 190mm、冷却液冷却、增压中冷、燃料为柴油 / 天然气双燃料（G 为系列代号）。

8E150C-1：表示 8 缸、直列、二冲程、缸径 150mm、冷却液冷却、船用主机、右机基本型（1 为区分代号）。

3）冲程为四冲程时符号省略，二冲程用 E 表示。

4）缸径符号一般用缸径或缸径行程数字表示，也可用发动机排量或功率数表示，其单位由制造商自定。

（3）**第三部分**　由结构特征符号、用途特征符号组成。

（4）**第四部分**　区分符号。同一系列产品需要区分时，允许制造商选用适当的符号表示。第三部分与第四部分可用"-"分隔。

【学习小结】

1. 活塞从上止点到下止点所扫过的容积称为气缸工作容积。多缸发动机各气缸工作容积的总和，称为发动机工作容积或发动机排量。

2. 四冲程汽油机每完成一个工作循环需要经过进气、压缩、做功和排气 4 个过程。对应活塞上下 4 个行程，相应的曲轴旋转 720°（两圈）。

3. 汽油机由两大机构和五大系统组成，柴油机由两大机构和四大系统组成（无点火系统）。

4. 四冲程直列 4 缸发动机的发火间隔角为 720°/4=180°，发动机的工作顺序为 1-3-4-2 或 1-2-4-3。四冲程直列 6 缸发动机的发火间隔角为 720°/6=120°，6 个曲拐互成 120°，发动机的工作顺序为 1-5-3-6-2-4 或 1-4-2-6-3-5。

【思考题】

1. 名词解释：上止点、下止点、气缸工作容积、发动机排量、压缩比。

2. 简述四冲程汽油机的工作过程。

3. 汽油机与柴油机在总体构造上有何异同？在性能方面它们有何区别？

4. 发动机由哪些机构和系统组成？

第二章　发动机的结构

【学习目标】

掌握曲柄连杆机构及机体零部件的功用、类型及结构特点；掌握发动机气缸套的结构形式；能正确识别活塞连杆组各部件的功用；了解活塞连杆组的装配工艺。

第一节　概　述

曲柄连杆机构的功用是将曲轴的旋转运动变为活塞的往复运动或活塞的往复运动变为曲轴的旋转运动，把燃气作用在活塞顶上的力转变为曲轴的转矩，以向外输出机械能，该机构是往复活塞式内燃机将热能转化为机械能的主要机构。曲柄连杆机构的组成如图 2-1 所示。

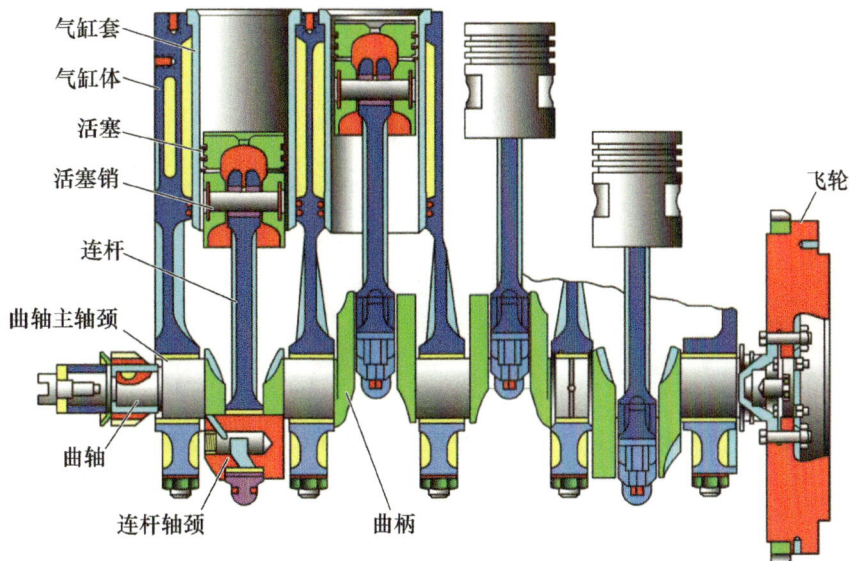

图 2-1　曲柄连杆机构的组成

扫一扫

曲柄连杆机构

17

曲柄连杆机构主要由机体组、活塞连杆组和曲轴飞轮组 3 部分组成。

（1）机体组　主要包括气缸体、曲轴箱、气缸套、油底壳等机件。

（2）活塞连杆组　主要包括活塞、活塞环、活塞销和连杆等机件。

（3）曲轴飞轮组　主要包括曲轴、飞轮和扭转减振器等机件。

第二节　机　体　组

机体组主要由气缸体、气缸套、气缸垫、气缸盖和油底壳等主要零部件组成，将这些零部件用螺栓、螺母连接成一个整体，构成发动机的总成基础部分，其他的机构和系统装在其内部或外部构成发动机总成。

一、气缸体

气缸体与曲轴箱制成一体统称为机体，机体内根据缸数加工有垂直孔，用于装气缸套。气缸体与气缸套形成冷却发动机的冷却液套并铸有冷却液孔，为增强机体的刚度铸有加强筋。在曲轴箱内还加工有主轴承座孔，在气缸体内加工有凸轮轴套安装孔、挺柱孔、油道孔和水道孔等。为满足各部件的安装，机体加工有安装平面，上平面装缸垫和缸盖，下平面装油底壳，前后平面分别安装正时齿轮或飞轮壳，左、右平面分别装有机油粗滤器和机油细滤器等。

1）发动机的曲轴轴线与气缸体下平面在同一平面上的称为一般式气缸体，如图 2-2a 所示，这种气缸体的特点是便于机械加工，但刚度较差，曲轴前后端的密封性较差，多用于中小型发动机。

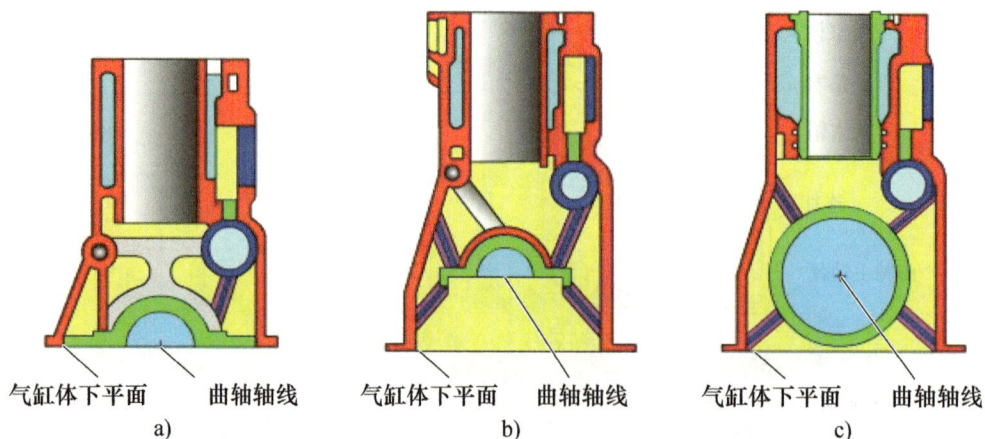

气缸体下平面　曲轴轴线　　　气缸体下平面　曲轴轴线　　　气缸体下平面　曲轴轴线

a)　　　　　　　　　　　b)　　　　　　　　　　　c)

图 2-2　机体的 3 种形式

a）一般式气缸体　b）龙门式气缸体　c）隧道式气缸体

2）发动机的曲轴轴线高于曲轴箱下平面的称为龙门式气缸体，如图 2-2b 所示，气缸体的特点是结构刚度和强度较好，密封简单可靠，维修方便，但工艺性较前者复杂。捷达轿车 EA827 发动机、6110 系列柴油机均属于这种结构。

3）隧道式气缸体的主轴承孔不分开，如图 2-2c 所示，该气缸体的特点是其结构强度比龙门式的更高，主轴承的同轴度易保证，但不便于拆装，如 S195 型柴油机、135 系列发动机。

二、气缸盖与气缸垫

1. 气缸盖

气缸盖的主要功用是封闭气缸上部，并与活塞顶部和气缸壁一起形成燃烧室。

气缸盖内部有与气缸体相通的冷却液道，并有进、排气门座及气门导管孔和进、排气通道，有燃烧室、火花塞座孔（汽油机）或喷油器安装孔（柴油机），上置凸轮轴式发动机的气缸盖上还有用以安装凸轮轴的轴承座等。

图 2-3 所示为发动机气缸盖的结构图。

在多缸发动机中，气缸盖的布置形式有各自独立的，每个气缸盖只覆盖一个气缸，称为单体气缸盖；能覆盖部分（两个以上）气缸的称为块状气缸盖；能覆盖全部气缸的气缸盖称为整体式气缸盖。采用整体式气缸盖可缩短气缸中心距和发动机的总长度，其缺点是刚性较差，在受热和受力后容易变形

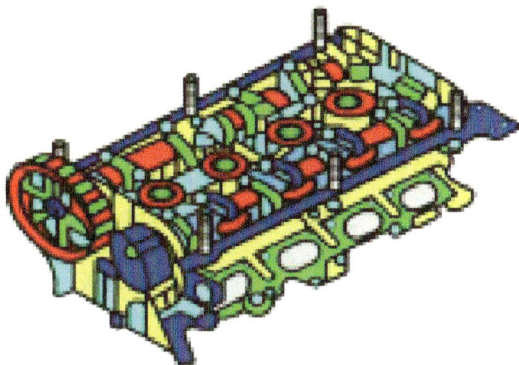

图 2-3　发动机气缸盖的结构图

而影响密封；损坏时需整体更换。整体式气缸盖多用于缸径小于113mm 的发动机上。缸径较大的发动机常采用单体气缸盖或块状气缸盖。

气缸盖用螺栓紧固在气缸体上，在拧紧螺栓时必须按由中央对称地向四周扩展的顺序分几次进行，并用扭力扳手按出厂规定的拧紧力矩值拧紧，以免损坏气缸垫发生泄漏。如果气缸盖由铝合金制成，最后必须在发动机冷态下进行，这样发动机工作在热机状态时能增加密封的可靠性，铸铁气缸盖应在发动机工作一段时间，发动机有一定温度时进行一次重新拧紧，以保证发动机工作的可靠性。

2. 气缸垫

气缸垫的作用是保证燃烧室及气缸的密封。气缸垫应满足如下要求：

1）在高温高压燃气作用下有足够的强度，不易损坏。

2）耐热和耐腐蚀。即在高温、高压燃气或有压力的机油和冷却液的作用下不烧损或变质。

3）具有一定的弹性，能补偿接合面的不平度，以保证密封。

4）拆装方便，耐高温、高压，使用寿命长等。

目前，汽车发动机采用的气缸垫最多的是金属 - 石棉气缸垫，如图 2-4 所示。石棉中间夹有金属丝或金属屑，且内夹铁皮或外包铜皮。水孔和燃烧室周围另用镶边增强，以防被高温燃气损坏。这种气缸垫压紧厚度为 1.2~2mm，有很好的弹性和耐热性，其厚度和质量的均匀性较差。

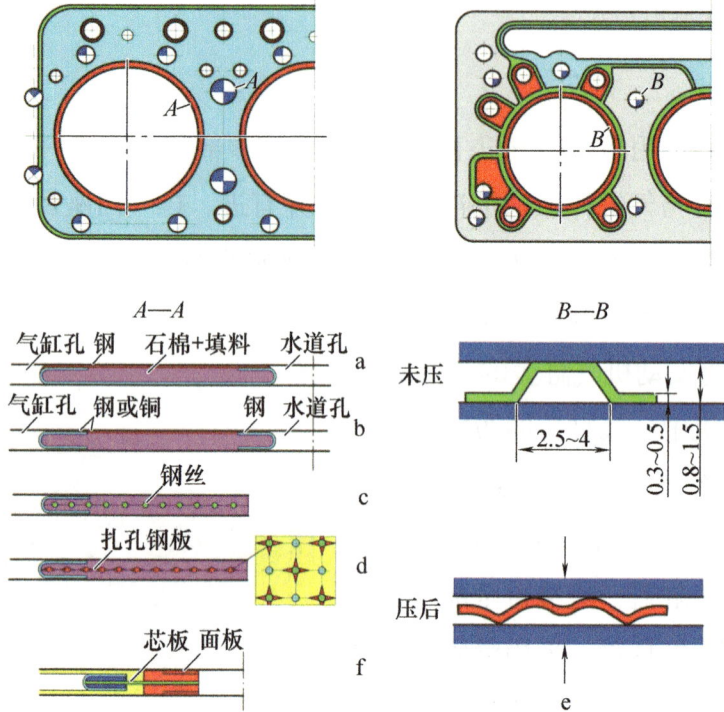

图 2-4　气缸垫的结构

有的发动机采用在石棉中心用编织的钢丝网或有孔钢板为骨架，两面用石棉胶粘剂压成气缸垫。近年来，国内正在试验采用膨胀石墨作为衬垫的材料。

汽车发动机有采用金属片叠加作为气缸垫的，如红旗轿车发动机即采用钢板气缸垫。这种气缸垫在需要密封的气缸孔和水孔、油孔周围冲压出一定高度的凸纹，利用凸纹的弹性变形实现密封。

有的发动机采用较先进的加强型无石棉气缸垫，其在气缸口密封部位采用五层薄钢片，并设计成正圆形，没有石棉夹层，从而消除了气囊的产生，在油孔和水孔处均包有钢片护圈以提高密封性。安装气缸垫时，应注意安装方向。一般是气缸垫卷边的一面朝向气缸盖，光滑面朝向气缸体安装。也可根据标记或文字要求进行安装，如气缸垫上的文字标记"TOP""OPEN"表示朝上，"FRONT"表示朝前。

三、油底壳

油底壳的主要作用是储存机油并封闭曲轴箱。如图 2-5 所示，油底壳受力很小，一般采用薄钢板冲压而成，油底壳的形状决定于发动机的总体布置和机油的容量。在有些发动机上，为了加强油底壳内机油的散热，采用了铝合金铸造的油底壳，在壳的底部还铸有相应的散热肋片。

放油螺塞

图 2-5　油底壳

为了保证在发动机纵向倾斜的同时确保机油泵吸到机油，对应机油泵的油底壳部位一般做的较深。油底壳内还设有挡油板，防止汽车振动时油面波动较大。油底壳底部装有放油螺塞。一般放油螺塞中镶有磁铁，能吸集机油中的金属粉屑，以减少发动机运动零部件的磨损及堵塞油路。

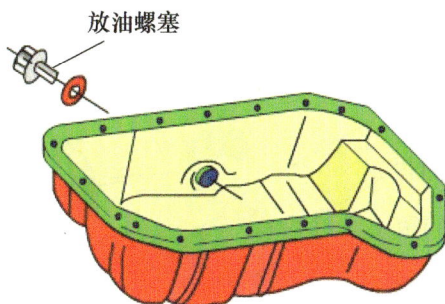

第三节　活塞连杆组

如图 2-6 所示，活塞连杆组由活塞、活塞环、活塞销和连杆等机件组成。

一、活塞

活塞的功用：承受燃气压力，并将此力通过活塞销、连杆、曲轴和飞轮对外做功；活塞同气缸与气缸盖形成燃烧室；吸入、压缩和排出气体，传出部分热量以及将燃烧产生的热通过活塞环传给气缸壁，起到散热的作用。

活塞的结构如图 2-7 所示，分为活塞顶部、活塞头部和活塞裙部。

活塞顶部的形状与燃烧室有直接关系，随燃烧室不同形状各异，有平顶、凸顶和凹顶的。

为便于选配和安装，在活塞顶标有尺寸、质量分组和安装箭头等标记，同组活塞质量差不得大于 10g。

活塞头部：活塞头部制有环槽用以安装气环和油环，气环多为 2~3 道，油环多为 1 道。环槽内装有气环与油环，气环装在上部，油环装在下部。气环数减少，可降低活塞高度和减小活塞质量，有利于内燃机转速的提高，以改善其动力性和经济性。活塞顶至第一环槽之间的环岸，叫火力岸。在此岸上一般制有隔热环槽，用以减小此部与缸壁间隙，增加节流，以减轻第一道环的热负荷和机械负荷。在增压柴油机的活塞第一环槽中铸有高镍铸铁环架，以提高活塞的使用寿命。

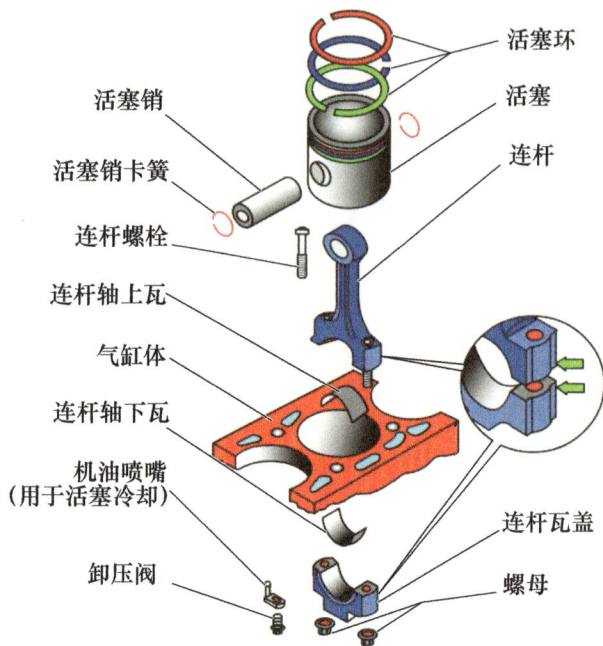

图 2-6　活塞连杆组

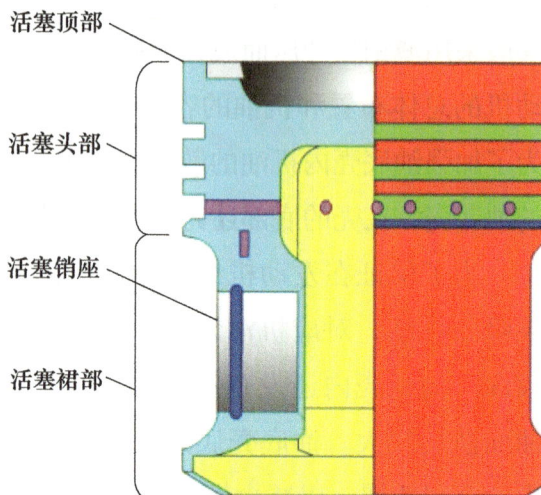

图 2-7　活塞的结构

活塞裙部：也叫导向部，在活塞往复运动中起导向作用，并承受侧压力。目前，一些发动机为防止活塞换向时产生拍击和磨损，使活塞销孔中心线与活塞轴线不相交，向侧压力方向偏移 1~2mm。因此，该活塞安装时，特别要注意安装朝前标记的方向。

活塞在工作中由于活塞裙部受侧压力及销座承受活塞方向上的轴向力，使销座部位金属量增强变厚，导致受热后变形量大，且沿销轴方向直径增大，侧压力方向直径变小。如不采取措施，活塞在工作时将拉伤缸壁，甚至卡缸。所以，一般活塞将销座孔周围制成凹陷部，作为膨胀余地；也有将活塞制成椭圆的，其长轴为侧压力方向，短轴为销轴方向，这种活塞也叫椭圆活塞。

活塞由于沿高度方向受热不同，膨胀量也不同。因此，活塞均制成上、下直径不一的锥形，即活塞顶部直径小于活塞裙部的直径。

二、活塞环

活塞环是一个具有开口的弹性圆环，一般用优质灰铸铁或合金铸铁制成。活塞环有气环和油环两种。气环的作用是密封和导热；油环的作用是刮油和布油。

活塞环的断面形状如图 2-8 所示，根据断面形状不同有以下几种。

（1）矩形环　也叫平环，多用于发动机第一道环，为满足各道环的使用寿命趋于相同，其表面多采用多孔镀铬，多孔可储油改善润滑条件，镀铬增加硬度耐磨。

（2）**锥形环**　其断面为梯形，此环装入气缸后与气缸壁呈线接触，比压大，易磨合，具有刮油作用，并防止机油窜入气缸，安装时必须注意方向。

（3）**扭曲环**　在矩形断面的内侧或外侧去除部分金属，也称内切口和外切口。此环装入气缸后随活塞的运动产生扭转，具有锥形环一样的作用，广泛用于第二、三道环，安装时要注意方向，内切口朝上，外切口朝下。

（4）**梯形环**　其断面呈梯形。环槽也制成梯形断面，环在环槽中内外移动时，间隙会发生变化，将槽中的焦状油挤出，防止焦环故障。

（5）**桶形环**　其表面呈桶形。装入气缸壁呈线接触，活塞在上、下止点换向运动时，产生倾斜，桶形环将沿缸壁微量移动，且活塞上、下运动时均起油楔作用，所以，此种环易磨合、磨损小，广泛用于发动机的第一道气环。

气环的泵油作用，如图 2-9 所示，随着活塞在气缸内上下往复运动，气环第二密封面（边隙）经常变化，进入活塞环与活塞环槽间隙中的机油不断地被挤入气缸，这种现象称为气环的泵油作用。减小环的边隙，能减少泵油量，但也难于完全消除这种不利作用。

为此，可用油环将气缸壁的机油刮掉，使气环得不到过多的可泵机油。

油环又称刮油环。其作用是刮下气缸壁上多余的机油，避免过多的机油进入气缸烧掉造成浪费、污染环境和使气缸内积炭增加；同时还能使气缸壁上的机油均布，改善气缸壁的润滑条件。

油环的外圆切有环槽，目的是增加油环对气缸壁的比压。如图 2-10 所示，油环铣有回油孔，目的是防止刮油时活塞环与壁面间的油压升高，将活塞环推离气缸壁面破坏刮油作用，

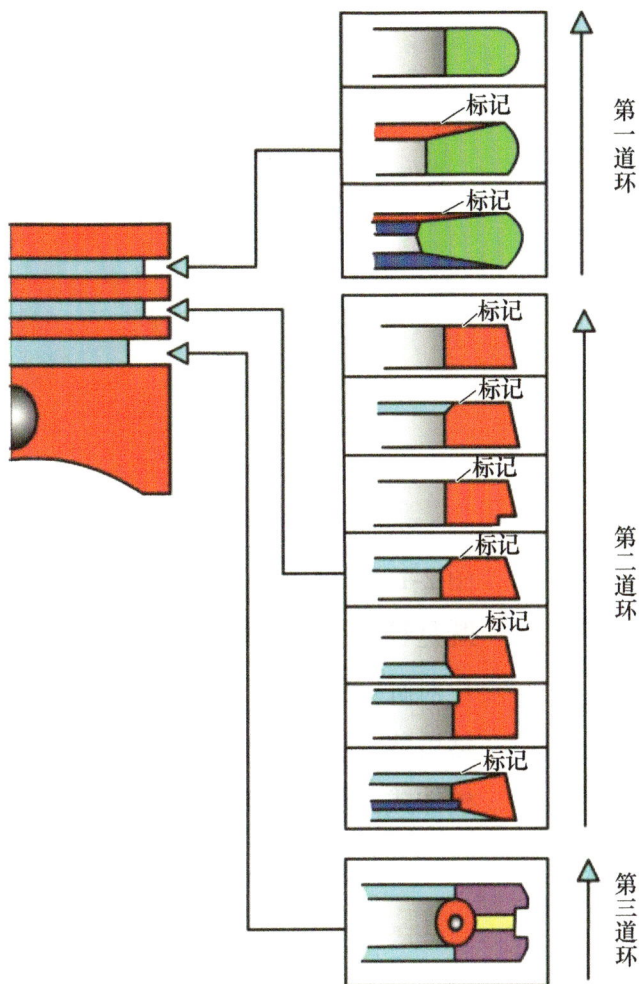

图 2-8　活塞环的断面形状

小知识

活塞环装入气缸后两端面的距离称为端隙（开口间隙），其作用是防止环受热膨胀后卡缸造成断环。但端隙也不能过大，过大会导致弹力下降，密封不良。端隙第一道环最大，依次减小，这是由气缸工作温度所致。

活塞环装入环槽中，活塞环的一边贴紧环槽一侧，另一侧留有的间隙称为边隙。其作用是防止活塞和活塞环受热后活塞被活塞环槽夹住失去弹力。第一、二道环的边隙一般为 0.18~0.22mm，最大不能超过 0.6mm；第三道环的边隙一般为 0.08~0.13mm，最大不能超过 0.5mm。边隙过大会使活塞环泵油增加，导致烧机油。

为确保油环的刮油作用，在活塞的油环槽内部和油环槽下部均制有通道，且布置合理的回油孔。

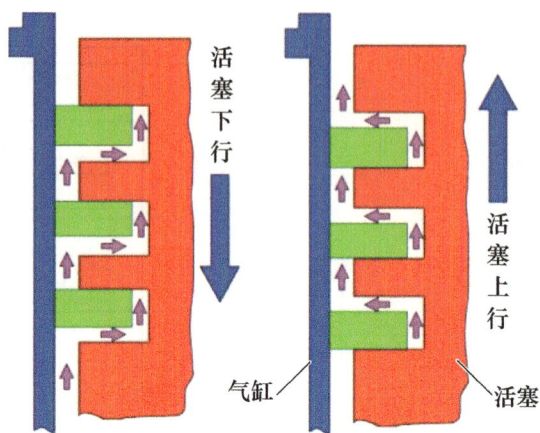

图 2-9 气环的泵油作用

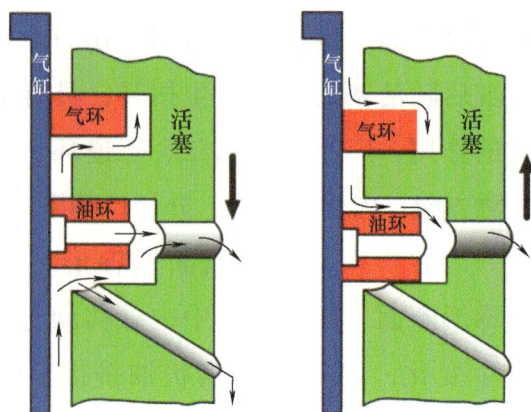

图 2-10 油环的布油和刮油

油环有整体式油环和组合式油环两种。目前，中小型汽油机用组合式油环，如图 2-11 所示。图 2-11a 所示是普通油环，图 2-11b 所示是两片一簧式组合油环，弹簧既是径向弹簧又是轴向弹簧。其轴向弹力将上、下刮片压向环槽，径向弹力增强刮片对缸壁的压力。此环安装时，应先安撑簧片，立面朝外，对接的上、下切口在内，然后装上、下两片刮片环，且三者的开口互相错开。图 2-11c 为普通胀簧油环，近似整体式油环与衬簧式组合油环，由油环体和油环衬簧组成，多用于柴油机。

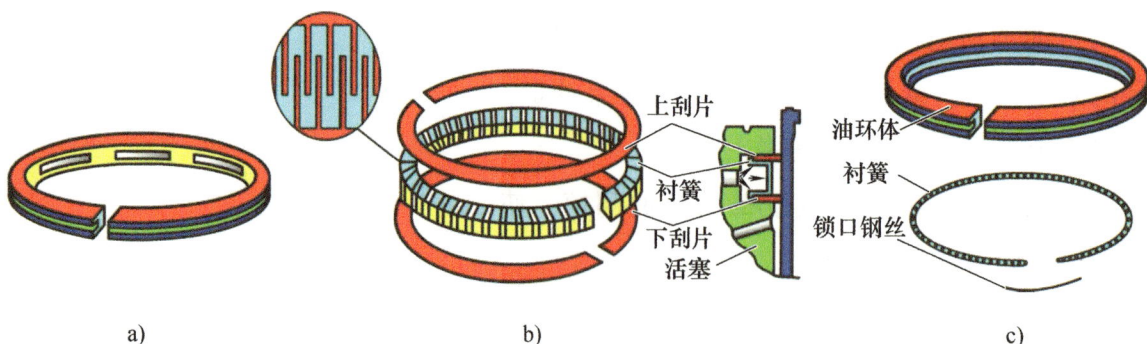

图 2-11 油环

a）普通油环（整体式） b）组合油环 c）普通胀簧油环

三、活塞销

活塞销的功用是把活塞与连杆小端铰接在一起，并把活塞的受力传给连杆或将连杆的受力传给活塞。

图 2-12 所示为活塞销的一般构造和安装定位方式。为减小质量、增加抗弯强度，活塞销制成空心的短管。

直通圆柱孔或圆锥孔的活塞销质量较小，中间或单侧封闭的活塞销适用于二冲程发动机，以免影响二冲程发动机的扫气过程。用于增压式发动机的活塞销内径尺寸小，增加了活塞销的壁厚，提高了活塞销的强度和刚度。活塞销形状如图 2-13 所示。

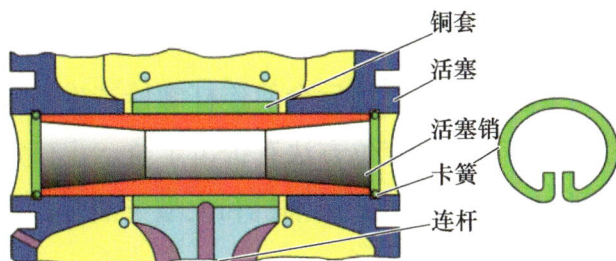

铜套
活塞
活塞销
卡簧
连杆

图 2-12　活塞销

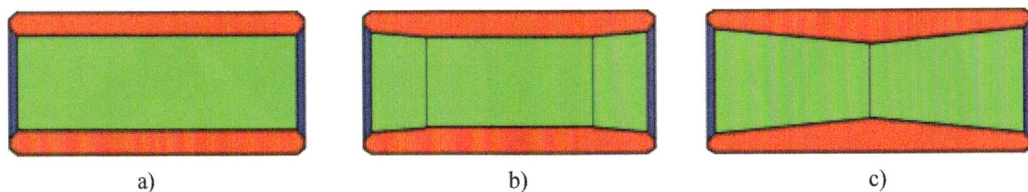

a)　　　　　　　　b)　　　　　　　　c)

图 2-13　活塞销形状

a）圆柱形　b）端部呈锥形扩展　c）中间封闭形

活塞销与活塞、连杆的连接一般都采用全浮式，使活塞销的磨损均匀。为防止活塞销轴向窜动，在活塞销的座孔两端卡簧槽中装有弹性卡簧。由于活塞销和销孔是摆动摩擦，油膜不易形成，所以其配合间隙较小，活塞销与连杆衬套间隙一般是 0.025~0.048mm，活塞销与座孔的配合早期采用过渡配合，装配时应把活塞放在油或水中加热到 100℃左右，将活塞销推入孔中。目前由于材料品质的提高，活塞销与座孔大多采用间隙配合，给维修、安装工作带来了极大的方便。

四、连杆

连杆的功用是连接活塞与曲轴，在变活塞的往复直线运动为曲轴的旋转运动或变曲轴的旋转运动为活塞的往复运动中传递动力。连杆组件如图 2-14 所示，连杆采用中碳钢或中碳铬钢经模锻、调质、机械加工而成。

连杆结构分小端、杆身和大端 3 部分。小端孔中压装衬套，活塞销与衬套的

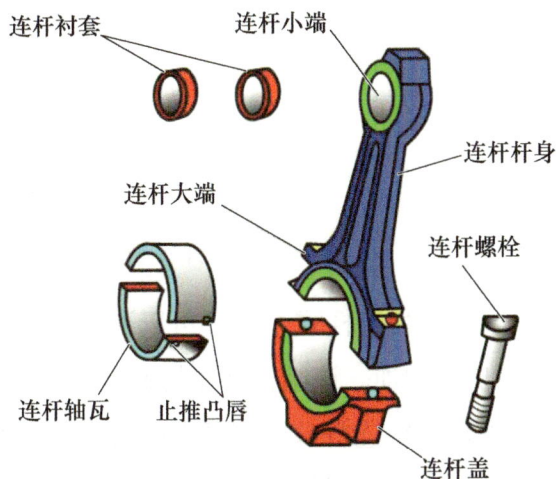

连杆衬套
连杆小端
连杆大端
连杆杆身
连杆螺栓
连杆轴瓦
止推凸唇
连杆盖

图 2-14　连杆组件

润滑有两种:一是压力润滑,连杆杆身钻有油道孔,将油压入活塞销与铜套摩擦表面;二是集油润滑,在连杆小头制有集油孔或槽,把飞溅的机油集在集油孔或槽中渗入摩擦表面。

杆身做成"工"字形断面,既减小质量又有足够的抗弯强度。

大端的切分面有两种:一是平切式,即连杆大端沿着与杆身轴线垂直的方向切开,多用于汽油机。二是斜切式,斜切式切分面一般与杆身中线呈45°或60°夹角,其目的是便于活塞连杆组的安装。斜切后会使连杆螺栓产生切应力,为此,必须使连杆大端盖有可靠的定位,其主要定位方法有锯齿定位、止口定位和套筒定位等形式,如图2-15所示。斜切式多用于卧式柴油机和大型柴油机,其目的是便于连杆大端螺栓(螺母)的拆卸与安装。

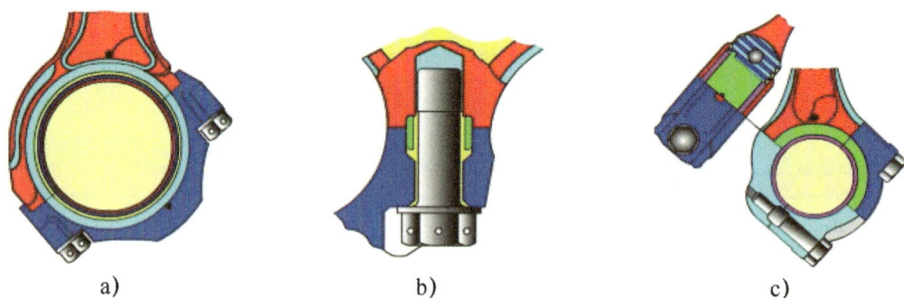

图2-15 斜切口连杆大端的定位方式

a)止口定位 b)套筒定位 c)锯齿定位

V形发动机连杆结构通常有以下3种,如图2-16所示。

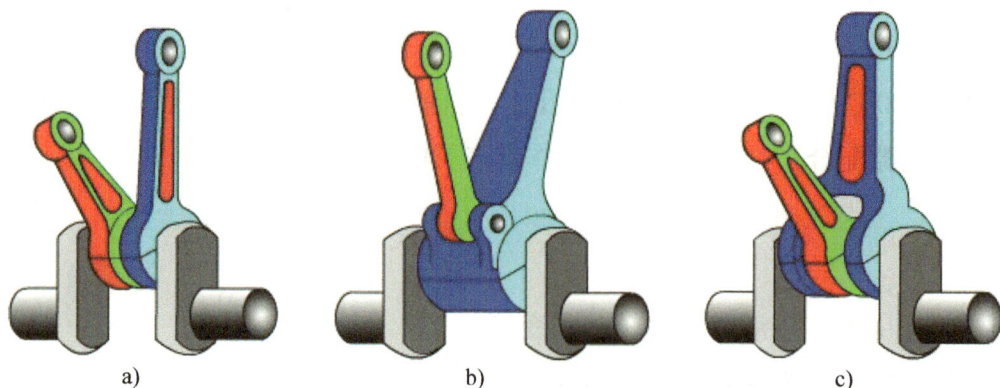

图2-16 V形发动机连杆结构

a)并列连杆式 b)主副连杆式 c)叉形连杆式

1)并列连杆式,连杆可以通用,两列气缸的活塞连杆组的运动规律相同,但曲轴的长度增加。该结构便于拆卸与安装。

2)主副连杆式,可不增加发动机的轴向长度,但主副连杆不能互换,两列气缸的活塞连杆组的运动规律不同。该结构轴瓦之间的单位面积压力减小,提高了耐磨性。

3）叉形连杆式，两列气缸中的活塞连杆组的运动规律相同，但叉形连杆的制造工艺复杂，且大头的刚度较低。轴瓦之间的受力均衡，提高了连杆工作时的平衡性。

第四节 曲轴飞轮组

曲轴飞轮组主要由曲轴、飞轮、扭转减振器、带轮、正时齿轮（带或链条）等组成，如图 2-17 所示。

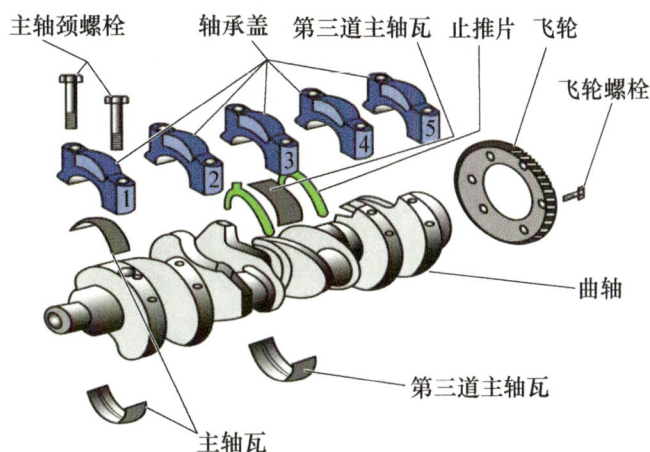

图 2-17 曲轴飞轮组

一、曲轴

曲轴的功用是承受连杆传来的力，并将此力转化成曲轴旋转的力矩，然后通过飞轮输出旋转的力矩。另外，还用来驱动发动机的配气机构及其他辅助装置。

曲轴一般由主轴颈、连杆轴颈、曲柄、平衡重、前端轴和后端法兰部分组成。一个连杆轴颈和它两端的曲柄及相邻两个主轴颈构成一个曲拐。

曲轴的曲拐数取决于气缸的数目和排列方式。直列式发动机曲轴的曲拐数等于气缸数；V 形发动机曲轴的曲拐数等于气缸数的一半。

按照曲轴的主轴颈数，可把曲轴分为全支承曲轴和非全支承曲轴两种（图 2-18）。在相邻的两个曲拐之间，都设置一个主轴颈的曲轴，称为全支承曲轴；否则称为非全支承曲轴。因此，直列式发动机的全支承曲轴，其主轴颈总数（包括曲轴前端和后端的主轴颈）比气缸数多一个；V 形发动机的全支承曲轴，其主轴颈总数比气缸数的一半多一个。

全支承曲轴的优点是可以提高曲轴的刚度，并且可以减轻主轴承的载荷。其缺点是曲轴的加工表面增多，主轴承数增多。一汽捷达 EA827 型发动机、上海桑塔纳 AJR 型发动机均采用全支承曲轴。柴油机也多采用全支承曲轴。

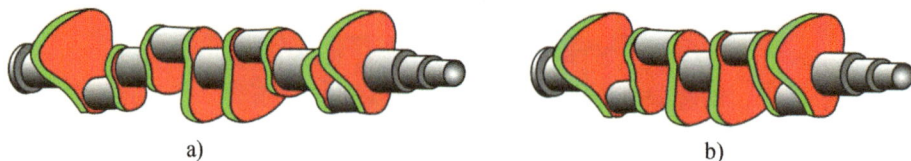

图 2-18　曲轴支承形式

a）全支承式　b）非全支承式

如图 2-19 所示，多缸发动机的曲轴一般做成组合式的。连杆大头为整体式的，某些小型汽油机或采用滚动轴承作为曲轴主轴承的发动机必须采用组合式曲轴，即将曲轴的各部分段加工，然后用螺栓组合成整体。

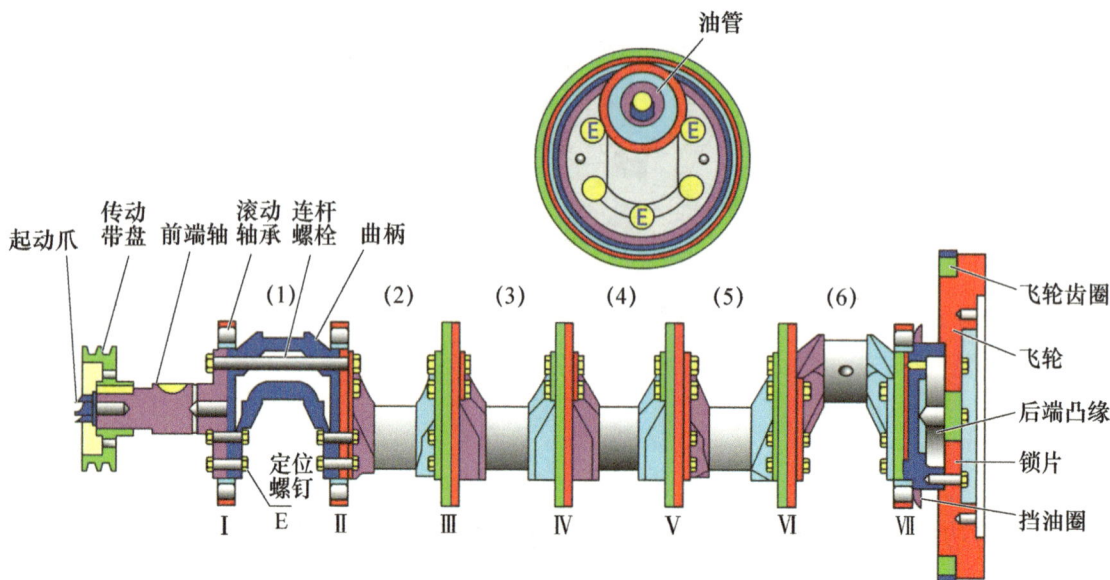

图 2-19　组合式的曲轴

平衡重用来平衡曲轴的离心力和离心力矩，有时还用来平衡一部分活塞连杆组的往复惯性力。

平衡重有的与曲轴制成一体，有的单独制成后再用螺栓固定在曲轴上，称为装配式平衡重。有些刚度较大的全支承曲轴可不设平衡重。曲轴无论有无平衡重，都必须进行动平衡试验，对不平衡的曲轴常在其偏重的一侧钻孔，根据要求除掉部分质量。

二、曲轴轴承（曲轴瓦）

1. 曲轴轴承

图 2-20 所示为用薄壁钢板冲压而成的滑动轴承，薄壁滑动轴承刚度较低，其内

孔的几何形状和尺寸精度在很大程度上取决于轴承座孔的精度。选配时应先检查轴承座孔是否符合技术要求。

检查时先将轴承盖按规定的力矩紧固螺栓，再用内径量表测量内孔的直径，检查圆度和圆柱度，其误差不得大于 0.025mm。

2. 安装轴承的预紧力

轴承预紧力的大小应适度，预紧力过大，将引起轴瓦变形，挤裂或使合金脱落，螺栓或螺母产生屈服变形等损伤；预紧力过小，会导致配合间隙变大，加速轴承磨损和螺栓的松退。预紧力是通过轴承盖的紧固螺栓和螺母实现的。

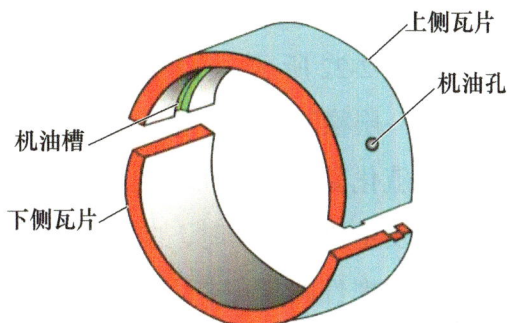

图 2-20　曲轴轴承

3. 轴承的过盈量

轴承和座孔采用过盈配合，目的是使轴承座孔与轴承具有一定的贴合度，把轴承的外圆表面紧密地贴合在轴承座孔的内圆面上，以保证轴承在座孔内受力后不致使间隙变化，过盈量的大小，取决于轴承与座孔的加工精度。

为实现轴承在座孔内的过盈量，轴承在自由状态下并非正圆，其曲率半径大于座孔的半径，如图 2-21 所示，当轴承装入座孔内，上下两瓦片均应高出座孔平面一定距离，此距离称为瓦片的高出量（H）。轴承与座孔过盈配合的过盈量就是以高出量 H 值来衡量的。一般过盈量的推荐数据：汽油发动机，轴径在 55~65mm 时，H 值为 0.03~0.07mm。CA6110 柴油发动机规定的 H 值为 0.02~0.045mm。

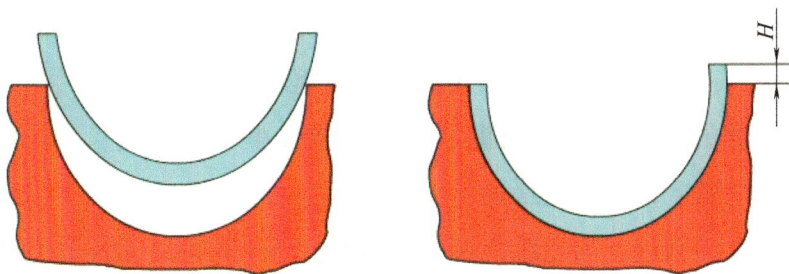

图 2-21　轴承装入轴承座孔的要求

4. 配合间隙

曲轴轴颈与轴承配合间隙的正确选择是保证发动机正常运转，延长使用寿命的重要条件。其大小与轴承的减摩材质、机油性能、润滑条件、发动机的负荷大小及特征、轴承和轴颈的加工精度、表面质量等有关，其数值一般是厂家试验后规定的。为保证修理质量，必须严格按厂家规定的数据执行，不得任意修改。

三、曲轴扭转减振器

汽车发动机最常用的曲轴扭转减振器是摩擦式扭转减振器，多为橡胶式扭转减振器。

如图 2-22 所示，在橡胶摩擦式曲轴扭转减振器中，转动较大的惯性圆盘（主动毂）用一层橡胶垫和带轮（惯性盘）相连。惯性圆盘（主动毂）与带轮（惯性盘）同橡胶垫硫化黏结。惯性圆盘（主动毂）通过锥形套用减振器固定螺栓装于曲轴前端，

当曲轴发生扭转振动时，曲轴前端的角振幅最大，而且通过惯性圆盘（主动毂）带动带轮（惯性盘）一起振动。惯性圆盘（主动毂）和带轮（惯性盘）实际上相当于一个小型的飞轮。这样，惯性圆盘（主动毂）就同带轮（惯性盘）有了相对的角振动，而使橡胶垫产生正反方向交替变化的扭转变形。由于橡胶垫变形而产生的橡胶内部的分子摩擦，消除了扭转振动能量，整个曲轴的扭转振幅减小，把曲轴共振转速移向更高的转速区域内，从而避免了在常用转速内出现共振。

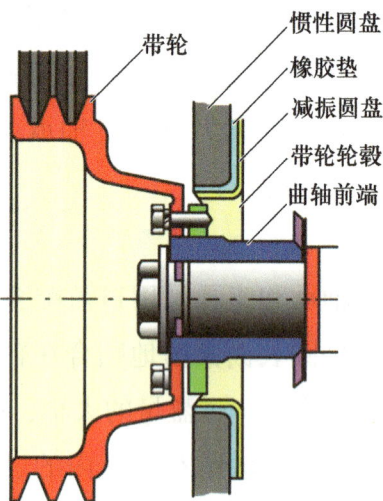

图 2-22　橡胶摩擦式曲轴扭转减振器

四、飞轮

如图 2-23 所示，飞轮是一个转动惯量很大的圆盘，其主要的功用是在发动机做功行程中储存能量，用以在其他行程中克服阻力，带动曲柄连杆机构越过上止点、下止点，保证曲轴的旋转角速度和输出转矩尽可能地均匀，并使发动机克服短时间的超负荷。此外，飞轮也常用作摩擦式离合器的驱动件。

在保证有足够的转动惯量的前提下，尽可能减小飞轮的质量，应使飞轮的大部分质量都集中在轮缘上，因而轮缘通常做得宽而厚。

飞轮多采用铸铁制造，当轮缘的圆周速度超过 50m/s 时，要采用强度较高的球铁或铸钢制造。

飞轮外缘上压有一个齿圈，可与起动机的驱动齿轮啮合，供发动机起动用。飞轮上通常刻有第一缸的点火正时标记，以便于查找压缩上止点，调整气门间隙和供油时间。CA6110 型发动机的正时记号是 $0 \pm 20°$，0 与飞轮壳上的指针对正时，即表示 1、6 缸的活塞处在上止点位置，如图 2-24 所示。

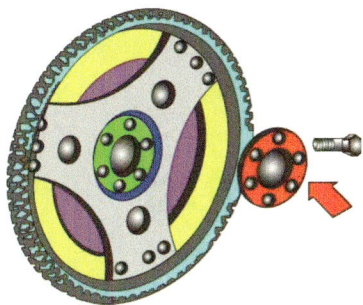

图 2-23　发动机飞轮

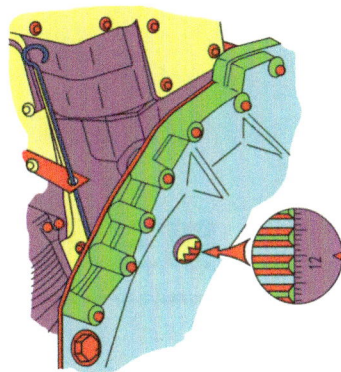

图 2-24　发动机点火正时记号

飞轮与曲轴装配后应进行动平衡试验，否则在旋转时因质量不平衡而产生离心力，将引起发动机振动并加速主轴承的磨损。为了在拆装时不破坏它们的平衡状态，飞轮与曲轴之间应有严格的相对位置，用固定销或不对称螺栓予以保证。

【学习小结】

1. 曲柄连杆机构由机体组、活塞连杆组和曲轴飞轮组 3 部分组成。
2. 机体组主要包括气缸盖、气缸垫、气缸体、气缸套及油底壳等。
3. 活塞连杆组由活塞、活塞环、活塞销和连杆等机件组成。
4. 曲轴飞轮组主要由曲轴、飞轮、扭转减振器、带轮等组成。

【思考题】

1. 简述曲柄连杆机构的功用及组成。
2. 简述活塞的功用。

第三章　发动机配气机构

【学习目标】

1）能解释配气机构的功用、类型、气门间隙、配气相位、主要零件的构造及结构特点、基本理论知识。

2）会正确地检查调整发动机的气门间隙。

3）能正确地检查配气相位，并准确分析影响配气相位的因素。

第一节　配气机构的功用与类型

一、配气机构的功用

配气机构是控制发动机进气和排气的装置，其作用是按照发动机的工作循环和点火次序的要求，定时开启和关闭各缸的进、排气门，以便在进气行程使尽可能多的可燃混合气（汽油机）或空气（柴油机）进入气缸，在排气行程将废气快速排出气缸。配气机构是发动机的两大核心机构之一，其结构和性能的优劣直接影响发动机的总体性能。

二、气门式配气机构

四冲程发动机采用气门式配气机构。气门式配气机构由气门组和气门传动组构成。其结构形式多种多样，一般按气门布置形式的不同，可分为侧置气门式和顶置气门式两大类。按凸轮轴布置形式的不同，又可分为下置式、中置式和上置式；按曲轴与凸轮轴间的传动方式不同，分为齿轮传动、链传动和同步带传动3种方式；按发动机每缸气门数量的不同，可分为二气门、三气门、四气门、五气门配气机构，

32

每缸超过两个气门的发动机称为多气门发动机。

1. 气门的布置形式

（1）侧置气门式配气机构 侧置气门式配气机构如图 3-1 所示。这种结构的配气机构出现较早，具有结构简单、造价低、维修方便等优点。但由于其气门侧置造成燃烧室结构不紧凑，且进、排气阻力大，导致发动机动力性较差、经济性不高。目前，这种配气机构已经被淘汰。

（2）顶置气门式配气机构 顶置气门式配气机构如图 3-2 所示。

1）结构特点。气门安装在气缸盖中，处于气缸的顶部，进、排气阻力小，采用半球形、楔形或盆形燃烧室，燃烧室结构紧凑，压缩比高，改善了燃烧过程，减少了热量损失，提高了热效率。因而，有利于提高发动机的动力性和经济性。CA6110型柴油机即采用此种结构。

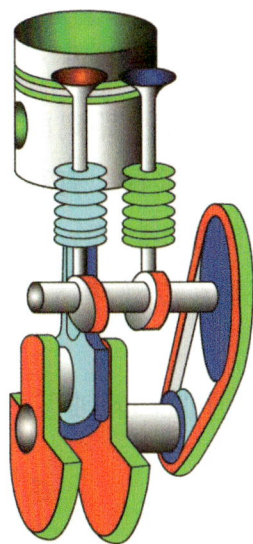

图 3-1 侧置气门式配气机构

图 3-2 顶置气门式配气机构

2）工作原理。发动机工作时，曲轴通过正时齿轮驱动凸轮轴旋转。当凸轮的凸起部分顶起挺柱时，挺柱推动推杆一起上行，作用于摇臂上的推动力驱使摇臂绕摇臂轴转动，摇臂的另一端压缩气门弹簧使气门下行，打开气门，如图 3-3a 所示。随着凸轮轴的继续转动，当凸轮的凸起部分转过挺柱时，气门便在气门弹簧张力的作用下上行，关闭气门，如图 3-3b 所示。

因为四冲程发动机每完成一个工作循环，曲轴旋转两周，各缸的进、排气门各开启一次，此时凸轮轴只旋转一周。为此，曲轴与凸轮轴间的传动比为 2:1。

2. 凸轮轴的布置形式

凸轮轴的布置形式根据凸轮轴在机体中安装位置的不同，分为下置式、中置式和上置式 3 种。

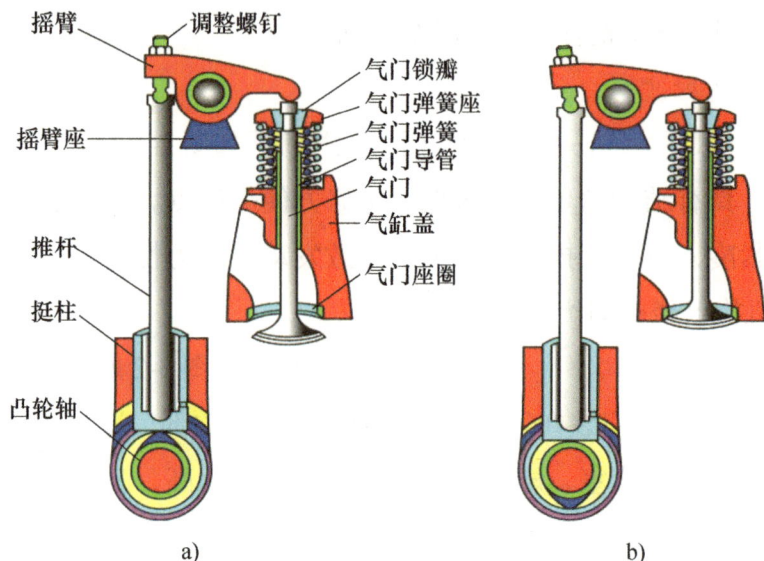

图 3-3 配气机构工作原理图

凸轮轴的 3 种布置形式均可用于顶置气门式配气机构。

（1）下置凸轮轴、顶置气门式配气机构 下置凸轮轴、顶置气门式配气机构的结构形式如图 3-2 所示。这种结构的凸轮轴位于曲轴箱中部，距离曲轴较近，曲轴通过一对正时齿轮或经中间齿轮直接驱动凸轮轴。其传动简便、有利于发动机整体布置，这是下置式凸轮轴的突出优点。但凸轮轴与气门相距较远，气门传动组的零部件较多，特别是细而长的推杆容易变形，冷机运转噪声大，往复运动质量大。

（2）中置凸轮轴、顶置气门式配气机构 为了消除下置凸轮轴存在的上述缺陷，有些凸轮轴的安装位置偏移到了气缸体的上部，缩短推杆或适当加长挺柱来驱动摇臂，这种形式称为凸轮轴中置式，有的书中称为高位凸轮轴（相对于下置凸轮轴而言），其结构形式如图 3-4 所示。

凸轮轴上移后，由于凸轮轴与曲轴间的距离增大，已不可能直接采用正时齿轮来传动，需增加中间齿轮（惰性轮）或采用链传动方式。

（3）上置凸轮轴、顶置气门式配气机构 上置凸轮轴、顶置气门式配气机构的结构形式如图 3-5 所示。

凸轮轴和气门均布置在气缸的顶部，气门装在气缸盖中，凸轮轴安装在气缸盖的上部。凸轮轴直接通过摇臂驱动气门，凸轮轴与气门之间没有挺柱和推杆等中间传动机件，使配气机构往复运动质量减小。因而，此结构多用于高速发动机。

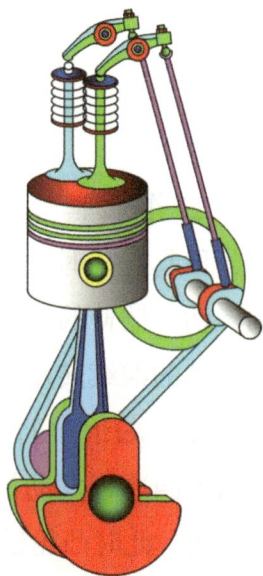

图 3-4 凸轮轴中置式结构图

由于凸轮轴与曲轴相距较远，必须采用链传动或同步带传动的方式来取代齿轮传动。

上置凸轮轴的另一种形式是用凸轮轴来直接驱动气门，去掉了摇臂机构，使气门传动机构更简单，如图3-6所示。一汽捷达EA827型发动机以及桑塔纳2000型AFE发动机都采用这种形式的配气机构。

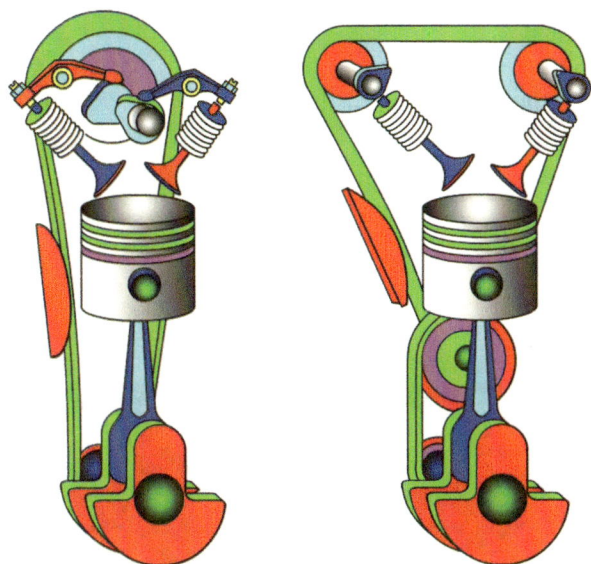

图3-5　上置凸轮轴、顶置气门式配气机构

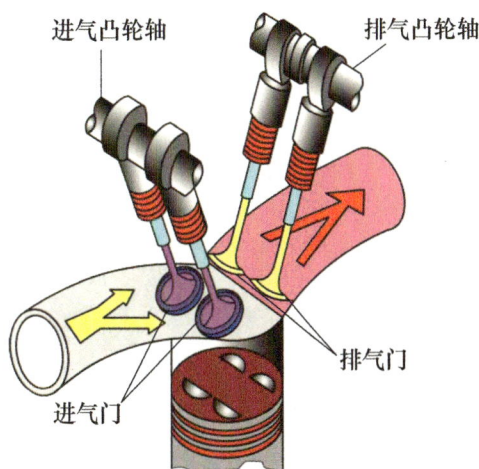

图3-6　凸轮轴直接驱动式配气机构

进气凸轮轴　排气凸轮轴　排气门　进气门

第二节　凸轮轴的传动方式

曲轴与凸轮轴之间的传动方式有齿轮传动、链传动和同步带传动3种。凸轮轴下置式、中置式配气机构大多采用圆柱形正时齿轮传动。一般只需要一对正时齿轮，必要时可增设中间齿轮。为了啮合平稳、降低噪声，多采用斜齿圆柱齿轮，如图3-7所示。

齿轮传动正时精度高，传动阻力小且不需要张紧机构，但不适合上置凸轮轴式配气机构。上置凸轮轴采用链传动或同步带传动，如图3-8和图3-9所示。

链传动的可靠性和耐久性不如齿轮传动。其传动性能主要取决于链条的制造质量。同步带传动与链传动相比传动平稳、噪声小，不需要润滑，且制造成本低，广泛应用于中小型发动机。

从20世纪80年代开始，世界各大汽车厂商竞相开发多气门发动机，先后推出了三气门、四气门和五气门等多气门发动机配气机构，其气门排列形式如图3-10所示。

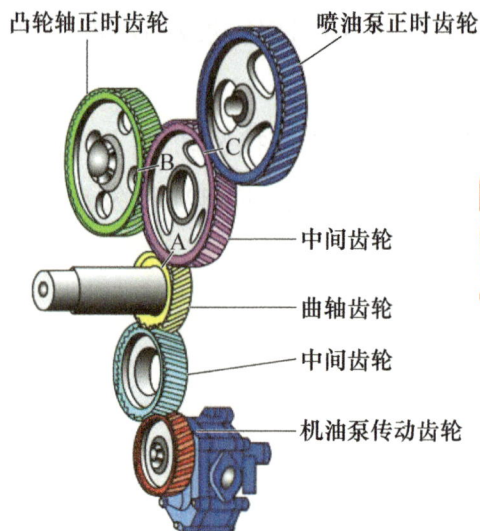

图 3-7　齿轮传动

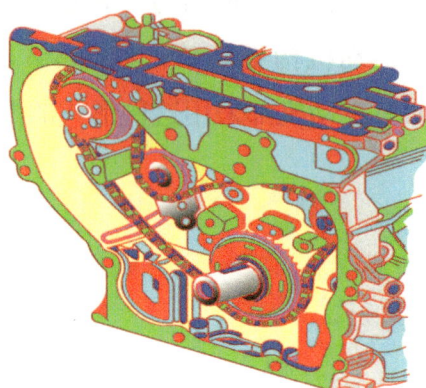

图 3-8　链传动

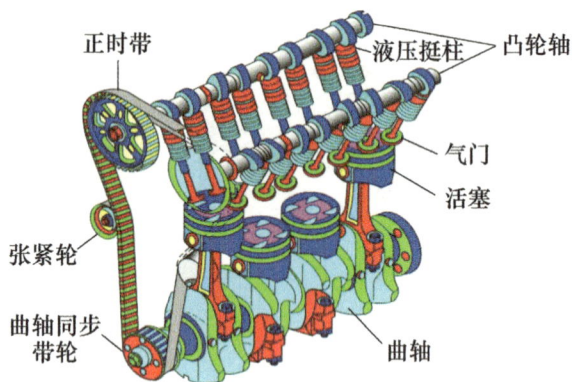

图 3-9　同步带传动

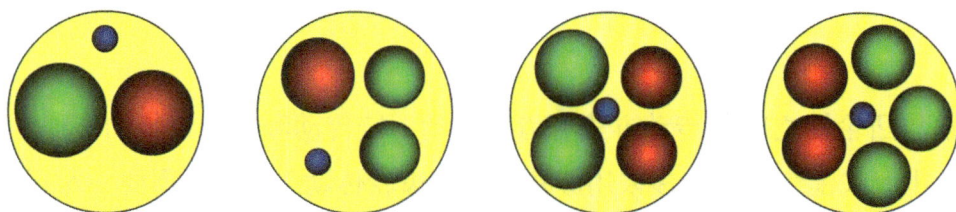

图 3-10　发动机气门排列形式

　　在多气门发动机中，四气门发动机配气机构的技术最完善，动力性和经济性最好，使用最广泛，目前处于主流地位。其原因是：

　　1）气门数量的增加提高了发动机的进、排气效率。

　　2）单个气门尺寸缩小，质量减小，有利于发动机高速运转。

　　3）可将火花塞布置在燃烧室的中心位置，能够改善燃烧过程，提高压缩比，有利于提高发动机的功率和降低燃油消耗。

　　4）多气门发动机配气机构一般采用上置双凸轮轴式结构。其结构形式和双凸轮轴的传动方式如图 3-11 所示。

上置双凸轮轴驱动方式有直接驱动方式和摇臂驱动方式两种。

图 3-12 所示为上置双凸轮轴、四气门、凸轮轴直接驱动进、排气门式配气机构。

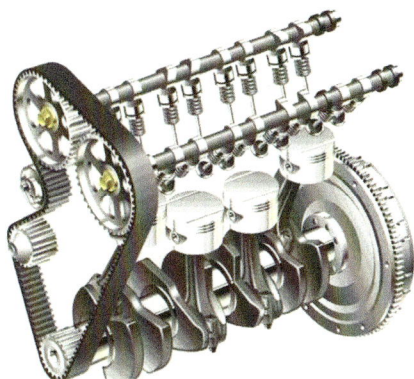

图 3-11　双凸轮轴式结构

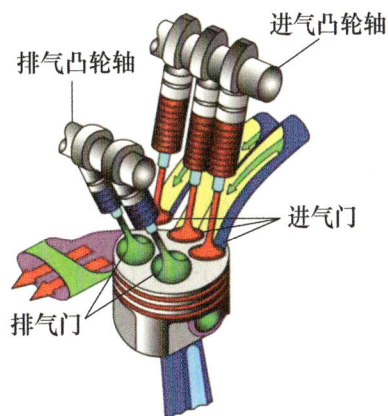

排气凸轮轴　进气凸轮轴
进气门
排气门

图 3-12　直接驱动式配气机构

一汽大众捷达王轿车使用的是 4 缸 20 气门（每缸 5 气门）发动机，结构形式如图 3-13 所示。

V 形多气门发动机如图 3-14 所示（V 形 6 缸 4 气门发动机配气机构）。V6 发动机采用前横置、前轮驱动布置形式，从装车位置看，6 个气缸可分为前排和后排。每排气缸装有两根凸轮轴，一根进气凸轮轴和一根排气凸轮轴。因此，V 形 4 气门发动机有两套上置双凸轮轴气门驱动系统。4 根凸轮轴用一条同步带来传动。

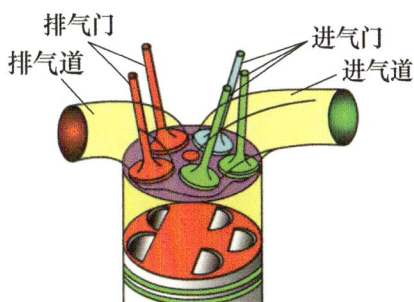

排气门　进气门
排气道　进气道

图 3-13　5 气门结构形式

图 3-14　V 形 6 缸 4 气门发动机配气正时

第三节　配气机构的主要零部件

配气机构通常由气门组和气门传动组两部分组成。下面以一汽捷达 EA827 型发动机和 CA6110 型发动机为例介绍配气机构的组成及其主要零部件。

一、EA827 型发动机配气机构

捷达 EA827 型发动机采用同步带驱动的单根上置凸轮轴、单列顶置气门、液压筒形挺柱、直顶式配气机构，如图 3-15 所示。

捷达 EA827 型发动机的配气机构与其他上置凸轮轴式配气机构相比，取消了凸轮轴支架、摇臂和摇臂轴等零部件。凸轮轴直接安装在气缸盖上平面和 5 个轴承盖组合而成的承孔内，凸轮通过液压挺柱直接驱动气门。其配气机构的组成简单，零部件较少，是小型发动机中一种较为先进的配气机构。配气机构的组成如图 3-16 所示。

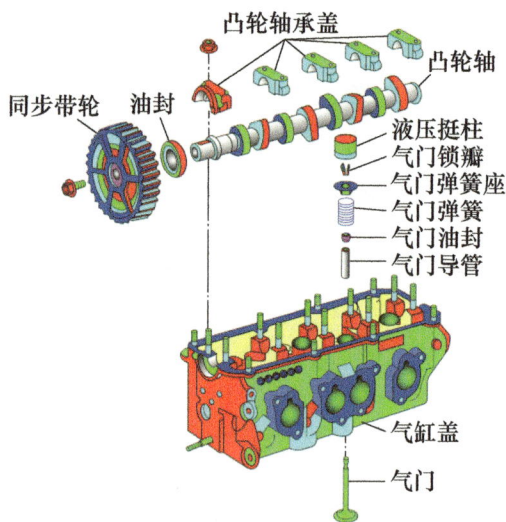

图 3-15　凸轮轴与气门的分解图

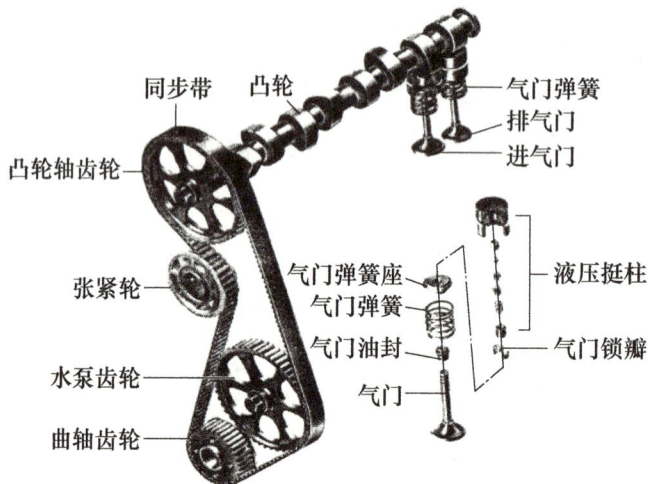

图 3-16　配气机构的组成

二、气门组主要零部件

气门组包括进、排气门及其附属零部件，如图 3-17 所示。气门组的作用是保证实现对气缸的可靠密封，工作中要求：①气门头部与气门座贴合严密；②气门导管对气门杆的往复运动导向良好；③气门弹簧两端面与气门杆中心线相互垂直，以保证气门头部在气门座上不偏斜；④气门弹簧的弹力足以克服气门及其传动件的运动惯性力，使气门能迅速关闭，并能保证气门关闭时的密封性。

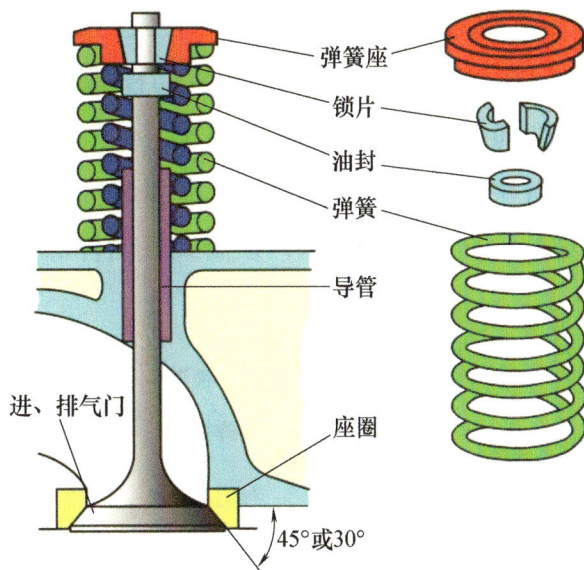

图 3-17　气门组件的组成

1. 气门

气门分进气门和排气门两种。进、排气门结构相似，都由头部和杆部两部分组成，如图 3-18 所示。

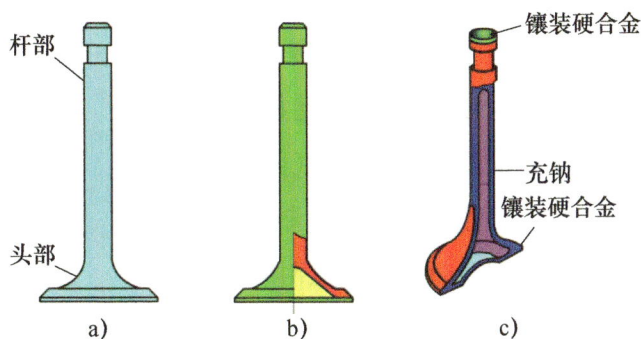

图 3-18　气门

a）平顶气门　b）凹顶气门　c）充钠排气门

（1）气门头部　气门头部的形状一般有平顶、凹顶、凸顶 3 种形式。

充钠排气门的气门头部内充有钠，可提高气门的耐高温性，从而延长气门的使用寿命。

（2）气门锥角　为了保证气门与气门座贴合紧密，将气门密封面做成锥面，通常把气门密封锥面的锥角称为气门锥角。一般气门锥角为 45°，如图 3-19 所示。在气门升程一定的情况下，减小气门锥角，可增大气流通道断面，减小进气阻力。但锥角减小会引起气门头部边缘厚度变薄，导致气门的密封性和导热性变差。

气门与气门座密封锥面相接触时形成的环状密封带，也叫接触带，应位于气门密封锥面的中部，其宽度应符合厂家的设计要求。捷达 EA827 型发动机规定：进气门为 2mm，排气门为 2.40mm。接触带过窄散热效果差，影响气门通过接触面向气门

39

座圈传递热量；过宽则会降低接触面上的比压值，使气门的密封性下降。

（3）气门杆部　气门在导管中上下运动，靠气门杆部起导向和传热作用。因而，对气门杆部表面加工精度和耐磨性有比较高的要求，使气门与气门导管之间有合理的间隙，以保证精确导向和排气时不沿导管间隙泄漏废气。气门杆尾端的形状取决于气门弹簧座的固定方式。如图 3-20 所示，锁瓣式气门杆部在气门杆尾端切有环槽用来安装锁瓣。

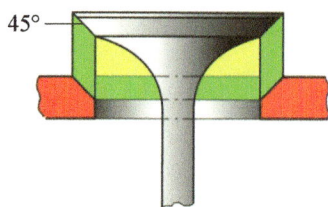

图 3-19　气门锥角

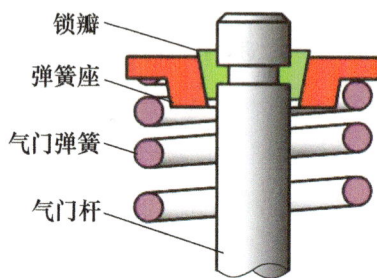

图 3-20　气门弹簧座的固定方式

为了保证在高温条件下工作可靠，要求气门必须要有足够的强度、刚度，耐磨损、耐高温、不易变形，且质量要尽可能地小。因此，一般进气门采用合金钢（如铬钢或镍铬钢）制作，排气门采用特种耐热合金钢（如硅铬钢等）制作。捷达 EA827 型发动机进气门采用铬镍钴合金钢整体锻造而成；排气门采用双金属结构，头部用耐热、耐蚀的合金钢制造，杆部与进气门材料相同，两部分通过摩擦焊接技术焊成一体。气门的密封锥角均为 45°，为了提高气门寿命，在气门密封锥面上堆焊了一层铬镍钴高强度合金，如图 3-21 所示。

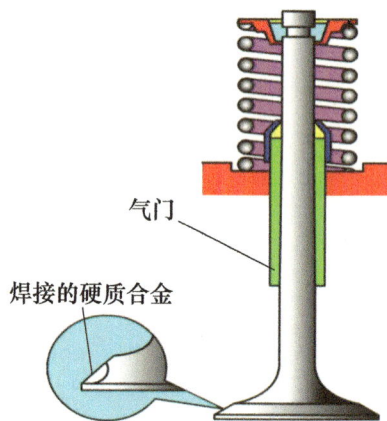

图 3-21　气门密封锥面的高强度合金

2. 气门导管

气门导管主要起气门运动的导向作用，以保证气门做上下往复运动时不发生径向摆动，准确落座，与气门座正确贴合，同时起导热作用，将气门杆的热量经气门导管传给缸盖及水套。

气门导管用耐磨性和导热性较高的材料制作，以过盈配合方式压入气缸盖。一般在导管的上端装有骨架式橡胶气门油封。为了防止导管在使用过程中松动脱落，有的发动机在气门导管的中部加装定位卡环，如图 3-22 所示。

3. 气门座

气门座有两种：一种是在气缸盖上直接镗削加工而成；另一种是用合金铸铁或奥氏体钢单独制作成气门座圈，用冷缩法镶入气缸盖中，如图 3-23 所示。

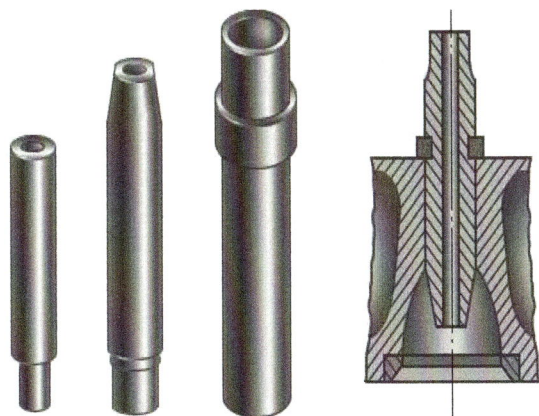

图 3-22　气门导管

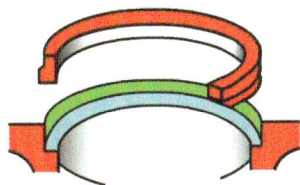

图 3-23　气门座圈

4. 气门弹簧

气门弹簧的作用是关闭气门，靠弹簧张力使气门压在气门座上，克服气门和气门传动组件所产生的惯性力，防止各传动件彼此分离而不能正常工作。

气门弹簧一般采用圆柱形螺旋弹簧，如图 3-24 所示。为了防止弹簧发生共振，可采用变螺距圆柱弹簧。现代高速发动机多采用同心安装的内外气门弹簧，这样既提高了气门弹簧工作的可靠性，又能有效地防止共振的发生。安装时，内外弹簧的螺旋方向相反，以防发生共振导致气门脱落。

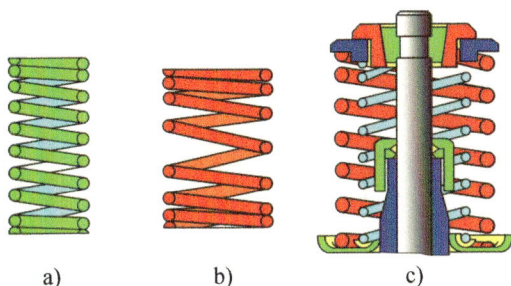

图 3-24　气门弹簧

a）等螺距圆柱弹簧　b）变螺距圆柱弹簧　c）双弹簧

三、气门传动组主要零部件

气门传动组主要包括凸轮轴及其传动机构、挺柱、推杆和摇臂等零部件。

1. 凸轮轴

凸轮轴是气门传动组的主要部件，其作用是控制气门的开闭及其升程的变化规律。下置凸轮轴式汽油机，还依靠凸轮轴来驱动汽油泵、机油泵和分电器等装置。

（1）凸轮轴的结构　凸轮轴主要由凸轮和轴颈两部分组成。

单根凸轮轴一般将进气凸轮和排气凸轮布置在同一根凸轮轴上，如图 3-25 所示。上置双凸轮轴配气机构的两根凸轮轴，一根是进气凸轮轴，上面布置有各缸的进气凸轮；另一根是排气凸轮轴，上面分布有各缸的排气凸轮。

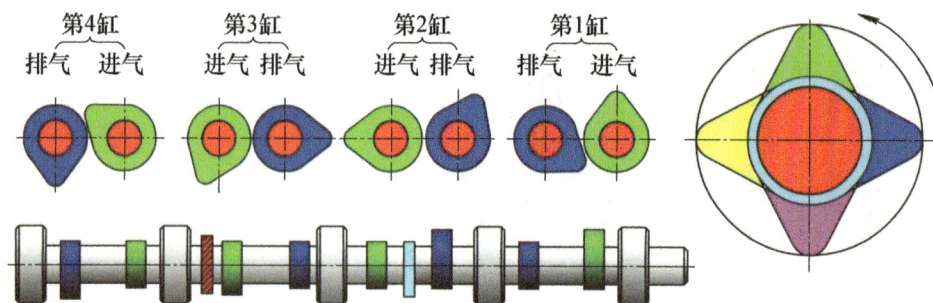

图 3-25　凸轮轴的结构

　　气门的开闭时刻及其升程变化规律主要取决于控制气门的凸轮外部轮廓曲线。凸轮轮廓形状如图 3-26 所示，O 为凸轮旋转中心（也是凸轮轴的轴心），OE 为凸轮的基圆半径，$\overset{\frown}{AB}$ 和 $\overset{\frown}{DE}$ 为过渡段，$\overset{\frown}{BCD}$ 为凸轮的工作段。当凸轮按图中箭头方向转至 A 时，挺柱不动，气门关闭；凸轮转过 A 点后，挺柱开始上移，到达 B 点时，气门间隙消除，气门开始开启；凸轮转到 C 点时，气门升程（开度）最大；到 D 点时气门关闭。$\overset{\frown}{BCD}$ 工作段所对应的夹角，称作气门开启持续角。

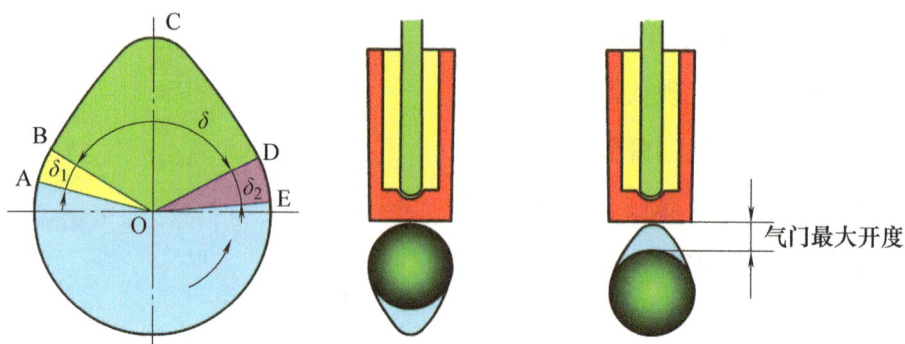

图 3-26　凸轮轮廓形状

　　$\overset{\frown}{BCD}$ 直接决定了气门的升程及其升降过程的运动规律。

　　凸轮轴上各缸同名凸轮相对角位置的排列与凸轮轴的转动方向、各缸的工作顺序和做功间隔角有关。捷达 EA827 型发动机，凸轮轴顺时针转动（从前向后看）工作顺序为 1-3-4-2，做功间隔角为 720°/4=180°（曲轴转角），由于曲轴与凸轮轴间的传动比为 2∶1，所以，表现在凸轮轴上同名凸轮间的夹角为 180°/2=90°，如图 3-27 所示。CA6110 型柴油机，凸轮轴逆时针转动，工作顺序为 1-5-3-6-2-4，做功间隔角为 720°/6=120°（曲轴转角），同名凸轮间的夹角为 120°/2=60°，同名凸轮位置排列如图 3-28 所示。

　　同一气缸进、排气（异名）凸轮间的相对角位置排列取决于凸轮轴的转动方向和发动机的配气相位。按照四冲程发动机工作原理来分析，排气和进气相差一个行程，即曲轴转角 180°，反映到凸轮轴上排气凸轮和进气凸轮间的相对角位置为

180°/2=90°。由于气门早开晚闭，且进、排气门早开角与晚闭角不等，造成了凸轮间的夹角不再是 90°，一般都大于 90°。

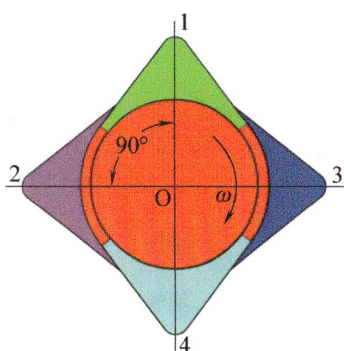

图 3-27　四缸机同名凸轮排列

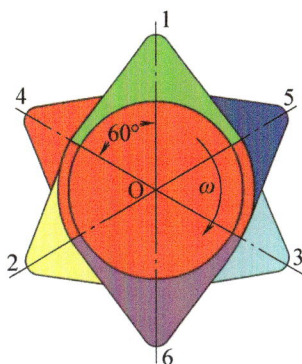

图 3-28　六缸机同名凸轮排列

凸轮轴轴颈用以支承凸轮轴，轴颈数量取决于凸轮轴的支承方式。

1）全支承。对应每个气缸间均设有一道轴颈，支承点多，能有效防止凸轮轴变形对配气相位的影响。

2）非全支承。每隔两个或多个气缸设置一个轴颈，工艺简单，成本降低，但刚性较差。由于装配方式的不同，轴颈的直径有的相等，有的则从前向后逐级缩小，以便于安装。

凸轮轴一般用优质钢模锻而成，并对凸轮和轴颈工作表面进行高频淬火（中碳钢）或渗碳淬火（低碳钢）处理。近年来，改用合金铸铁或球墨铸铁铸造凸轮轴的越来越多。捷达 EA827 型发动机采用合金铸铁凸轮轴，凸轮工作表面采用电弧熔工艺，使表层组织形成莱氏体金相结构，精加工后再经盐浴渗氮处理，提高了凸轮轴的工作寿命。

（2）凸轮轴的轴向定位　为防止凸轮轴轴向窜动，一般设有轴向定位装置。CA6110 型发动机采用止推凸缘实现轴向定位，如图 3-29 所示。捷达 EA827 型发动机利用凸轮轴第五轴承盖的两端面实现轴向定位。

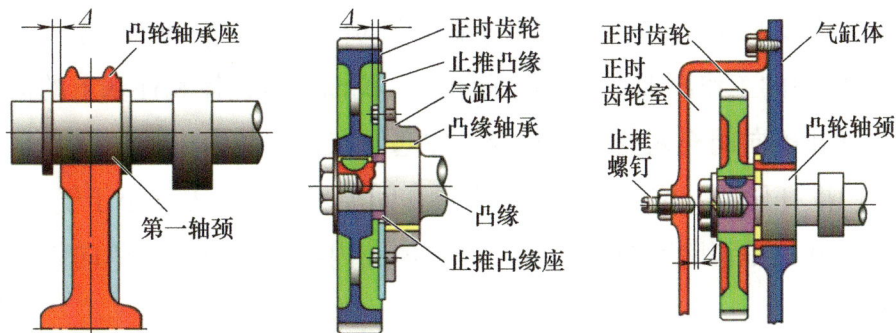

图 3-29　凸轮轴的轴向定位

2. 挺柱

挺柱的作用是将凸轮轴旋转时产生的推力传给推杆（下、中置凸轮轴）或气门（上置凸轮轴）。挺柱一般用耐磨性好的合金钢或合金铸铁等材料制造。

（1）普通挺柱　常见的挺柱主要有筒形和滚轮式两种，如图 3-30 所示。

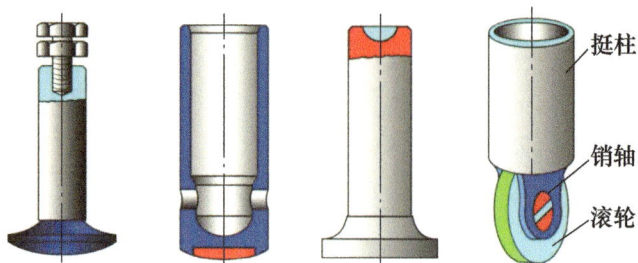

图 3-30　普通挺柱

通常，挺柱底部工作面设计为平面，使两者的接触点偏离挺柱轴线，如图 3-31 所示。工作中，当挺柱被凸轮顶起时，接触点间的摩擦力使挺柱绕自身轴线旋转，以实现均匀磨损。

筒形挺柱质量较小，一般和推杆配合使用。滚轮式挺柱结构较为复杂，但其与凸轮间的摩擦阻力小，适合于中速大功率柴油机。

挺柱可直接安装在气缸体一侧的导向孔中，或安装在可拆卸的挺柱架中。

（2）液压挺柱　采用预留气门间隙的方法，可解决气门传动组件受热膨胀可能给气门工作带来的不利影响。但在发动机工作温度较低时，气门间隙会变大出现撞击而产生噪声。为了消除这一弊端，有些中小型发动机采用了液压挺柱。

1）液压挺柱的优点。液压挺柱可自动补偿气门间隙，并具有以下优点：

① 取消了调整气门间隙的零部件，使结构简单。

② 不需调整气门间隙，简化了装配后的调整过程。

③ 消除了由气门间隙引起的冲击和噪声，减轻了气门传动组件之间的摩擦。

2）液压挺柱的构造。如图 3-32 所示，挺柱体内装有柱塞，柱塞上端压有球座作为推杆的支承座，同时将柱塞内腔堵住。弹簧用来将柱塞经常压向上方，卡簧用来对柱塞限位。柱塞下端的单向阀架内装有碟形弹簧，用以关闭单向阀。

3）液压挺柱的工作原理。当气门关闭时，机油经挺柱体和柱塞上的油孔压进柱塞腔内，并推开单向阀充入挺柱体腔内。柱塞便在挺柱体腔内油压及弹簧的作用下上行，与气门推杆压紧，整个配气机构不存在间隙。但此压力远小于气门弹簧张力，气门不会被打开只是消除间隙。同时，挺柱体腔内油液已充满，单向阀在碟形弹簧的作用下关闭。

扫一扫

液压挺柱的结构

44

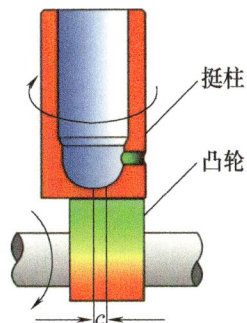

图 3-31 挺柱与凸轮的偏置

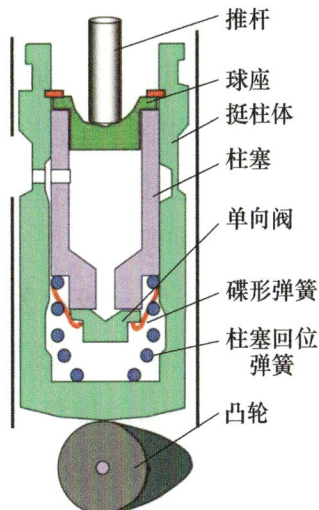

图 3-32 液压挺柱

当凸轮转到工作面使挺柱上推时，气门弹簧张力便通过推杆作用在柱塞上，由于单向阀已关闭，柱塞便推压挺柱体腔内油液使压力升高，由于液体的不可压缩性，挺柱便像一个刚体一样推动气门开启。在此过程中，由于挺柱体腔内油压较高，在柱塞与挺柱体的间隙处，将有少许油液泄漏而使"挺柱缩短"，但不致影响正常的工作。当凸轮转到非工作面时，解除了对推杆的推力，使挺柱腔内油压降低。于是，主油道的油压将再次推开单向阀，向挺柱体腔内充油，以补充工作时的泄漏，并且此油压又和回位弹簧一起使柱塞上推，如此始终保持配气机构无间隙工作。

由此可知，若气门、推杆受热膨胀，挺柱回落后向挺柱体腔内的补油过程便会减少补油量（工作过程中）或使挺柱体腔内的油液从柱塞与挺柱体间隙中泄漏一部分（停车时），从而使挺柱自动"缩短"，因此可不留气门间隙而仍能保证气门关闭。相反，若气门、推杆冷缩，则向挺柱体腔内的补油过程，便会增加补油量（工作过程中）或在柱塞弹簧作用下将柱塞上推，吸开单向阀向挺柱体腔内补油（停车时），从而使挺柱自动"伸长"，因此仍能保持配气机构无间隙传动。

采用液压挺柱可消除配气机构中的间隙，减小各零部件的冲击载荷和噪声，同时凸轮轮廓可设计得比较陡些，气门开启和关闭更快，以减小进、排气阻力，改善发动机的换气，提高发动机的性能，特别是高速性能。

第四节 气门间隙

发动机工作过程中，气门及其传动件将因温度升高而膨胀。如果气门及其传动件之间，在冷态时无间隙或间隙过小，在热态下，气门及其传动件受热膨胀势必引起气门关闭不严，造成发动机在压缩和做功行程中漏气，会使发动机功率下降。为了消除上述现象，通常在发动机冷态装配时，在气门及其传动机构中留有适当的间隙，以补偿气门受热后的膨胀量。这一预留间隙称为气门间隙，如图 3-33 所示。

气门间隙的大小一般由发动机制造厂家根据试验确定。一般冷态下，进气门气门间隙为 0.25~0.30mm，排气门气门间隙为 0.30~0.35mm。间隙过小，发动机在热态下可能会发生漏气现象，导致功率下降，甚至烧损气门；间隙过大，传动零部件之间将产生撞击，噪声增大，且使气门开启持续时间减少，导致进气量减少和排气不彻底。

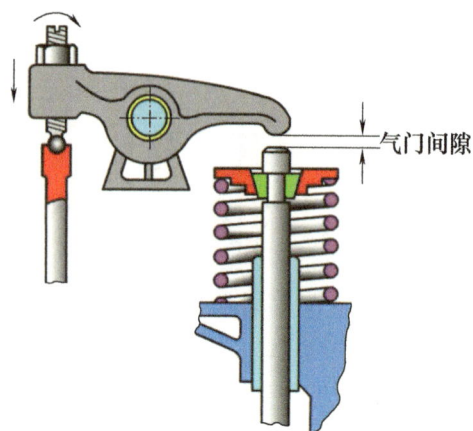

图 3-33　气门间隙

第五节　配 气 相 位

配气相位是指进、排气门的实际开闭时刻，通常用曲轴转角来表示。如图 3-34 所示，是以曲轴转角绘制的配气相位图。

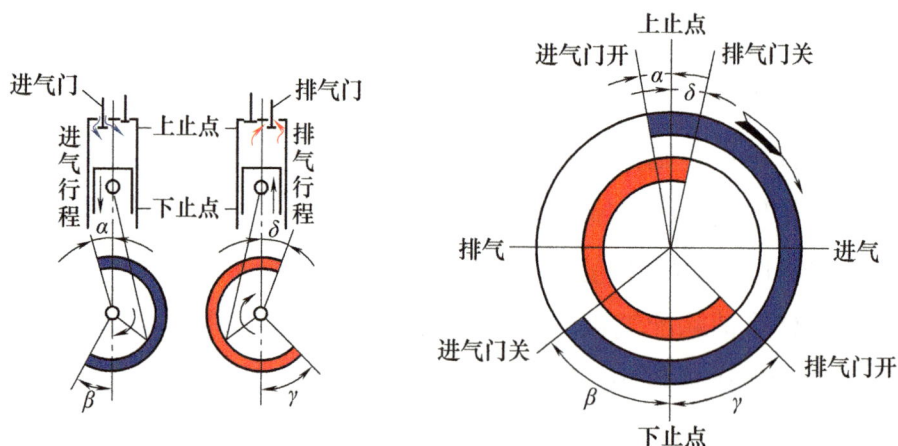

扫一扫

配气相位图

图 3-34　配气相位图

一、进气相位

1. 进气提前角

在排气行程接近终了，活塞到达上止点前，进气门便提前开启。从进气门开启到上止点间所对应的曲轴转角 α 叫作进气提前角。进气门提前开启，保证了进气行

程开始阶段气门已有较大的开度，有利于提高充气量。α 一般为 10°~30°。

2. 进气迟后角

活塞到达进气下止点后开始，上行（压缩行程开始）一段，关闭进气门。从下止点至进气门关闭所对应的曲轴转角 β 称为进气迟后角。进气门迟后关闭的目的是能够充分利用进气行程结束前缸内存在的压力差和较高的气流惯性继续进气。下止点过后，随着活塞的上行，气缸内的压力逐渐增大，进气气流速度也逐渐减小，从理论上讲，当气缸内外压力差消失，流速接近为零时，关闭进气门，此时对应的 β 角最佳。若 β 角过大，会引起进气倒流现象。β 一般为 40°~70°。从以上分析可知，进气门持续开启时若用曲轴转角来表示，即进气持续角应为：180°+β+α。

常见车型配气相位参数见表 3-1（仅供参考）。

表 3-1　发动机配气相位参数一览表

型号	开闭时刻			
	进气门开 （上止点前） （α）	进气门关 （下止点后） （β）	排气门开 （下止点前） （γ）	排气门关 （上止点后） （δ）
CA6110	30°	54°	70°	28°
6102Q	14°	50°	56°	16°
CA6113	30°	54°	70°	28°
奥迪 A61.8	16°	38°	38°	8°
奥迪 A61.8T	16°	38°	38°	8°
奥迪 A62.4	12°	36°	38°	8°
奥迪 A62.8	12°	42°	38°	8°

二、排气相位

1. 排气提前角

在做功行程，活塞到达下止点前，排气门提前打开。从排气门打开至下止点间所对应的曲轴转角 γ 就称为排气提前角。排气门适当提前打开，虽然损失了一定的做功行程和功率，但可以利用较高的缸内压力将大部分燃烧废气迅速排出，待活塞上行时缸内压力已大幅下降，可使排气行程所消耗的功率大为减少。此外，高温废气提前排出也有利于防止发动机过热。γ 一般为 40°~80°。

2. 排气迟后角

活塞越过排气上止点，延迟一定时刻后再关闭排气门。从上止点到排气门关闭所对应的曲轴转角 δ 称为排气迟后角，δ 一般为 10°~30°。由于活塞到达上止点时，气缸内的压力仍高于外部大气压，且废气气流有一定的惯性，适当延迟排气门关闭时刻可利用此压力和气流惯性使废气排出更干净。

若排气门开启持续时间用排气持续角表示，排气持续角应为：180°+γ+δ。

三、气门的叠开

由图 3-34 可知，由于进气门在上止点前开启，而排气门在上止点后关闭，在上止点附近，会出现同一段时间内进、排气门同时开启，进气道、燃烧室、排气道三者相通的现象，这种现象通常称为气门叠开。对应的曲轴转角（α+δ）称为气门叠开角。气门叠开期间进、排气门的开度均比较小，且由于进气气流和排气气流的惯性较大，短时间内不会改变流向，因而只要气门叠开角选择适当，就不会出现废气倒流入进气管和新鲜气体随废气排出的现象。若选择不当，叠开角过大，发动机小负荷运转时，会出现上述现象，导致发动机换气质量下降。

第六节　发动机的换气过程

发动机的进气过程和排气过程，统称为换气过程。其任务是将废气尽可能排除干净，吸入更多的新鲜混合气或空气，使发动机尽可能发出大的功率与转矩。

一、四冲程发动机的换气过程

1. 换气过程

发动机工作时，上一循环排气门开启至下一循环进气门关闭的全过程，称为四冲程发动机的换气过程，它占 410°~480° 曲轴转角。根据气体流动特点，换气过程可分为自由排气、强制排气和进气过程 3 个阶段。

（1）自由排气阶段　排气门开始开启到气缸内压力接近于排气管内压力的阶段，称为自由排气阶段，此阶段一般在下止点前开始。为了减小排气所消耗的功，当排气行程开始时，排气门已有较大的开度，排气门应提前开启，一般开启提前 40°~80° 的曲轴转角，即排气提前角，用 γ 表示。在排气门开始开启的初期，气缸内压力大于排气管压力 2 倍以上的排气状态，称为超临界流动状态。此时，通过排气门口的废气流速，达到该状态下的声速，当排气温度为 600~900℃时，可达 500~600m/s。废气以声速流过排气门口后突然膨胀，产生特殊的噪声。所以，排气系统须装有消声器。

当气缸内压力与排气管压力之比下降到 2 倍以下时，称为亚临界状态。此阶段废气流过排气门口的速度低，不会产生特殊的噪声。

在全负荷、高转速情况下，需要排出的废气量大，排气的时间更短，为使缸内压力及时减小，减小排气阻力，要求高转速下排气门提前开启角度要大。因此，转速高的发动机总是比转速低的发动机排气门提前开启角度大。

（2）强制排气阶段　上行的活塞将废气强制排出的阶段，称为强制排气阶段。如果排气门在活塞到达上止点时关闭，在活塞接近上止点时，排气门的开度已经很小，这会增大排气阻力，使气缸内残余废气量增加，且增加排气所消耗的功，因此，排气门一般迟闭 $10°\sim30°$ 的曲轴转角，即排气迟后角，用 δ 表示。整个过程的持续时间相当于曲轴转角 $180°+\delta+\gamma$。

（3）进气过程阶段　在强制排气阶段的后期，活塞处于上止点前某一曲轴转角时，进气门就开始打开，当活塞到达上止点，进气行程开始时，进气门已有较大的开启面积，可使新鲜气体顺利充入气缸。从进气门打开至上止点的曲轴转角，称为进气提前角，用 α 表示一般为 $10°\sim30°$。当进气行程结束，活塞到下止点后某一曲轴转角，进气门才关闭，称为进气迟闭角，用 β 表示。其目的是利用气流的惯性与压力差继续向气缸内充气，增加充气量。进气迟闭角为 $40°\sim80°$。整个进气过程持续时间相当于曲轴转角 $180°+\alpha+\beta$。由于排气门迟后关闭，进气门提前开启而存在着进、排气门同时开启的现象，称为气门叠开。

2. 换气损失与泵气损失

（1）换气损失　换气损失分排气损失和进气损失两部分。

1）排气损失。从排气门提前打开到进气行程开始，缸内压力达到进气管内压力前循环功的损失，称为排气损失。

2）进气损失。进气过程中克服进气系统的阻力所消耗的功，称为进气损失。

（2）泵气损失　泵气损失是换气损失的一部分。

二、四冲程发动机的充气效率

换气过程常用的评价指标有：循环充量、充气效率和单位时间充量。

（1）循环充量 ΔG　每循环实际进入气缸内的新气充量的质量，称为循环充量 ΔG，循环新气充量大，才可能使循环的最高压力提高，作用于活塞的推力增大，从而使发动机获得较大的输出转矩。所以，循环新气充量大，是发动机转矩提高的必要条件。但是，循环充量不能用来评定不同工作容积发动机换气过程进行的好坏；只能在相同工作容积下进行比较，即两台发动机工作容积相同，若其中一台在相应转速下的循环充量大，该发动机的进气系统设计得更合理。

（2）充气效率（充气系数）η_V　实际进入气缸的循环充量 ΔG 与大气状态下充满气缸工作容积的新鲜空气量 ΔG_0 之比，称为充气效率 η_V。

所谓进气状态是指机器所在地的大气状态（非增压机型）和增压器压气机出口的

气体状态（增压机型）。

充气效率 η_V 是评价发动机换气过程完善程度的指标，它不受气缸容积的影响。在发动机试验台上，测出某工况时空气进入发动机的流量 G（kg/s），计算出大气状态下该工况时能充入发动机的空气量 G_0。

充气效率 η_V 的一般范围：汽油机为 0.75~0.85；柴油机为 0.75~0.9。

可见，大气状态下能充入气缸工作容积的空气量 ΔG_0 是常数，与发动机转速无关。因此，充气效率随转速 n 变化的趋势与循环充量 ΔG 随转速 n 变化的趋势相同。

（3）**单位时间充量 G**　单位时间内进入气缸内的新气充量的质量，称为单位时间充量 G。单位时间充入的新鲜空气量与发动机有效功率紧密相关。汽油机单位时间充量越大，单位时间内燃烧的气体数量越多，单位时间内做的功越多，因而功率越大；柴油机单位时间充量越大，单位时间内喷入气缸的柴油量可相应增加，因而功率也可提高。显然，发动机的功率首先取决于单位时间充量的大小。

采用较浓混合气（$\alpha<1$），转速高，循环充量大（充气效率大），循环热转换为指示功的效率高，发动机机械损失小，才能使发动机的有效功率大；同样，采用较浓的混合气，充气效率、指示效率、机械效率的乘积大，才能使发动机的转矩大。

三、影响充气效率的主要因素

1. 转速和配气相位的影响

如图 3-35 所示，进气门迟闭角对充气效率和有效功率的影响。图中的红色线是进气门迟闭角为 40° 时的曲线，蓝色线是进气门迟闭角改为 60° 时的情况。可见，在低转速时，由于 η_V 在 60° 迟闭角时下降了，所以有效功率较低；高转速时，由于 η_V 增加，所以有效功率提高。

2. 负荷的影响

汽油机在一定转速下，负荷（阻力矩）减少，节气门开度要相应减少，进气流动的阻力增大，使循环充量、充气效率及单位时间充量均下降。

柴油机在一定转速下，负荷减少，循环充量、充气效率、单位时间充量基本不变，只是循环喷入燃烧室内的燃油量相应减少。

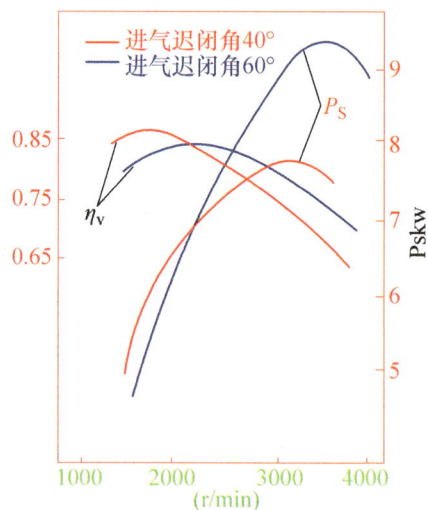

图 3-35　进气门迟闭角对充气效率和有效功率的影响

3. 空气滤清器的影响

使用空气滤清器是为了减少进入气缸的灰尘，减少发动机气缸的磨损。因而空气滤清器应经常维护，即滤清效果好又不致进气阻力过大，否则充气性能会下降，使发动机的功率及转矩下降，并使油耗增加。

4. 压缩比的影响

提高压缩比，燃烧室的容积相对减小，残余废气量相对下降，吸气开始时废气膨胀占有的体积小，废气对新气的加热相对减少，从而使充气效率提高。

5. 进气管的影响

进气管要有足够的通道断面，拐弯处应有较大的圆角，管内表面应光滑而无积炭，安装时进、排气接口垫应对准，有利于提高充气效率。

6. 进气加热的影响

汽油机的进、排气管常铸成一体，以利用排气管加热进气管，这对汽油的蒸发有利。但加热过多又会使空气的密度下降较大，使充气系数降低。有的汽油机在排气管内装有阀，用来调节对进气管的加热程度。

柴油机的进气管内没有燃油的蒸发问题，不需要进气加热，所以进气管和排气管是分开的。

第七节 可变配气相位与气门升程电子控制

常见的双气门机构与四气门机构的配气正时主要考虑提高发动机的有效功率和转矩，但在发动机怠速运转时，动力性急剧下降，燃油经济性很差。为避免此种现象，有些汽车近年来采用一种可变配气相位与气门升程的电子控制（VTEC）机构（图3-36），来控制进气时间与进气量，从而使发动机输出不同的功率。

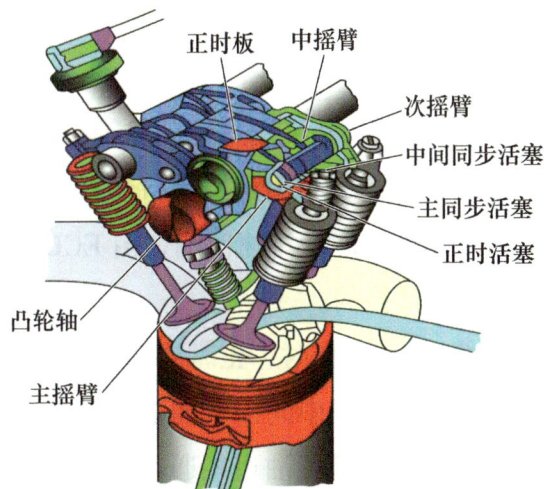

图 3-36 VTEC 机构

一、结构

装有 VTEC 机构的发动机每个气缸都配置有 2 个进气门和 2 个排气门。它的 2 个进气门有主次之分，即主进气门和次进气门。每个进气门均由单独的凸轮通过摇臂来进行驱动。驱动主、次进气门的凸轮分别称为主、次凸轮。与主、次进气门接触的摇臂分别称为主、次摇臂。主、次摇臂之间设有一个特殊的中间摇臂，它不与任何气门直接接触。3个摇臂并列成一排，均可在摇臂轴上转动。凸轮轴上铸有3个不同升程的凸轮分别与主摇臂、次摇臂和中间摇臂相对应，分别称为主凸轮、次凸轮和中间凸轮，如图3-37所示。其中，中间凸轮的升程最大，它是按发动机四气门同时工作时能够输出最佳功率的要求设计的；主凸轮升程小于中间凸轮，它是按发动机低速工作时单气门开闭要求设计的；次凸轮的升程最小，最高点只是稍微高于基圆，其作用只是在发动机怠速运转时，通过次摇臂稍微打开次气门，以免燃油集聚在次进气门处。中间摇臂的一端和中间凸轮接触，另一端在低速时可自由运动。3个摇臂在靠近气门一端均有一个油缸孔。油缸孔中都安置有利用油压控制的活塞，它们依次为正时活塞、主同步活塞、中间同步活塞和次同步活塞。

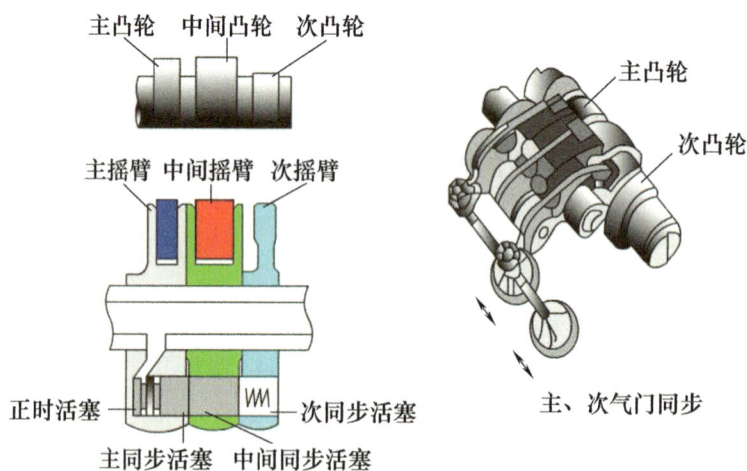

图 3-37　VTEC 机构低速工作时

二、工作原理

VTEC 机构是采用一根凸轮轴上设计两种（高速型和低速型）不同配气正时和气门升程的凸轮，利用液压进行切换的装置。高低速的切换是根据发动机的转速、负荷、冷却液温度及车速监测，由 ECU 进行计算处理后将信号输出给电磁阀来控制油压而进行切换的。

VTEC 不工作时，正时活塞和主同步活塞位于主摇臂缸内，和中间摇臂等宽的中间同步活塞位于中间摇臂油缸内，次同步活塞和弹簧一起位于次摇臂油缸内。正时活塞的一端和液压油道相通，液压油来自工作油泵，油道的开启由 ECU 通过 VTEC 电磁阀控制。VTEC 电磁阀控制原理如图3-38所示。

在发动机低速运行时，ECU 无指令，油道内无油压，活塞位于各自的油缸内，因此各个摇臂均独自上下运动。于是主摇臂紧随主凸轮开闭主进气门，以供给低速运行时发动机所需混合气，次凸轮迫使次摇臂轻微起伏，轻微开闭次进气门，中间摇臂虽然随着中间凸轮大幅度运动，但是它对于任何气门不起作用。此时发动机处于单进双排工作状态，吸入的混合气不到高速时的一半。由于仍然是所有气缸参与工作，所以发动机运转十分平稳。

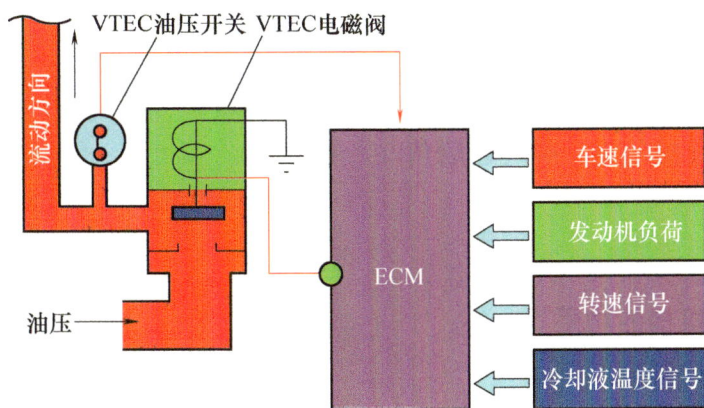

图 3-38 VTEC 电磁阀控制原理

如图 3-39 所示，当发动机高速运行时，即发动机转速在 2300~2500r/min、车速在 5km/h 以上、冷却液温度在 –5℃以上，发动机负荷达到一定程度时，发动机 ECU 就会向 VTEC 电磁阀供电以开启工作油道，于是工作油道中的压力油就推动活塞移动，压缩弹簧，主摇臂、中间摇臂和次摇臂就被主同步活塞、中间同步活塞和次同步活塞串联为一体，成为一个同步活动的组合摇臂。由于中间凸轮的升程大于另外两个凸轮，而且凸轮转角提前，故组合摇臂随中间摇臂一起被中间凸轮驱动，主、次气门都大幅度地同步开闭，使配气相位变化，从而使发动机气缸内吸入的混合气量增多，满足发动机全负荷工作时的进气要求。

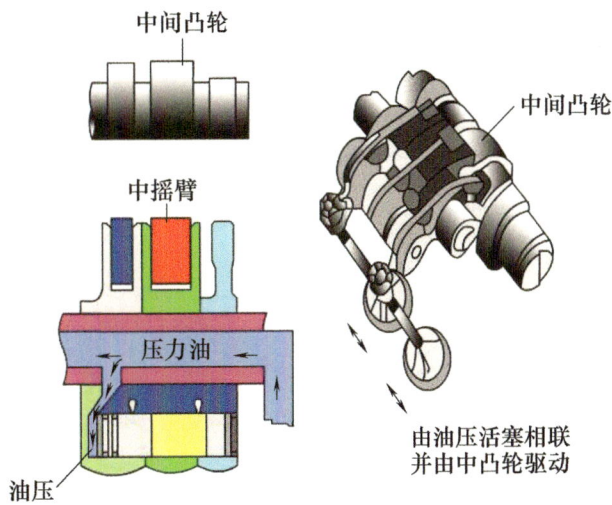

图 3-39 VTEC 机构高速工作时

【学习小结】

1. 配气机构的功用是按照发动机的工作顺序和工作循环的要求，定时开启和关闭各缸的进、排气门，使新鲜空气进入气缸，废气排出气缸。

2. 充气效率 η_V 表示新鲜空气或可燃混合气充满气缸的程度。

3. 气门式配气机构由气门组和气门传动组两部分组成。气门组包括气门、气门导管，气门座和气门弹簧等主要零部件；气门传动组主要包括凸轮轴、凸轮轴正时齿轮、挺柱、推杆、摇臂和摇臂轴。

4. 配气机构按凸轮轴的位置形式可分为下置式、中置式和上置式 3 种；按凸轮轴的传动方式可分为齿轮传动、链条传动和同步带传动。

5. 配气相位是指用曲轴转角表示的进、排气门实际开闭时刻和开启持续时间；配气相位图是指相对于上、下止点曲拐位置的曲轴转角的环形图，包括进气提前角、进气迟后角、排气提前角、排气迟后角。

【思考题】

1. 简述配气机构的功用。
2. 简述气门导管的功用。
3. 简述气门弹簧的功用。
4. 什么是配气相位？对配气相位有什么要求？
5. 什么是气门间隙？为何留气门间隙？

第四章 发动机燃料供给系统

【学习目标】

1）掌握汽油喷射系统的分类及电控汽油喷射系统的组成及功用。

2）理解电控汽油喷射系统的构造及工作原理。

3）能够进行燃油喷射系统主要部件的拆装和更换，电喷发动机的一般故障诊断与检修。

第一节 汽油喷射系统概述

一、汽油机燃料供给系统的功用

汽油机所用的燃料是汽油。汽油在未输入气缸前，须先喷散成雾状（雾化和蒸发）并按一定的比例与空气混合形成均匀的混合气，称为可燃混合气。可燃混合气中燃油含量的多少称为可燃混合气浓度。

汽油机燃料供给系统的功用是根据发动机各种不同工况的要求，配制出一定数量和浓度的可燃混合气，供入气缸，使之燃烧做功。最后，燃料供给系统的还应将燃烧产物——废气排至大气中。

二、汽油喷射的基本概念

电控燃油喷射系统通过直接或间接测得进入气缸的空气质量，发动机控制器控制喷油器将一定数量和压力的汽油直接喷射到进气歧管或气缸中，与进入的空气在进气管或气缸中混合而形成可燃混合气。

三、汽油喷射的优点

1）进气管道中没有狭窄的喉管，空气流动阻力小，充气效率高，增加了发动机的功率和转矩。

2）进气温度较低而使爆燃得到有效控制，可采用较高的压缩比。

3）发动机的冷起动性和加速性较好。

4）可对空气与燃油的混合比与点火提前角进行精确的控制，使发动机在任何工况下都处于最佳的工作状态。

5）多点汽油喷射系统可使发动机各缸混合气的分配更均匀、合理。

6）可节省燃料并减少废气中的有害成分（具有急减速断油功能）。

采用汽油喷射系统的发动机与传统的化油器式发动机相比，可使发动机的功率提高 5%~10%，油耗降低 5%~10%，有害排放减少 15%~20%。

第二节　汽油喷射系统的类型

一、按喷射装置的控制方式分类

按控制方式的不同可分为机械控制式（K 型）、机电混合控制式（K-E 型）和电子控制式（EFI 型）3 类。

1. 机械控制式（K 型）

机械式燃油喷射装置的结构特点是：喷油器的动作是通过调节燃油喷射压力的方法来实现的。大多数采用浮板式空气流量传感器，以机械方式检测进气量并推动燃油分配器柱塞，实现对喷油器供油压力和喷油量的控制，由于其控制的局限性已经被电子控制式取代。

2. 机电结合控制式（K-E 型）

机电结合控制式汽油喷射系统如图 4-1 所示，该系统是在机械式燃油喷射系统的基础上改进而成。它与机械式燃油喷射系统的主要区别：在燃油分配器上安装了一个由电子控制单元（发动机 ECU）控制的电液式压差调节器；增加了用于检测发动机转速、负荷、温度以及反映混合气燃烧状况的氧传感器等。发动机 ECU 根据传感器输入的信号，控制电液式压差调节器动作，通过改变燃油分配器燃油计量槽进、出口油压差，调节燃油供给量，以满足发动机在不同工况下对混合气的不同要求。

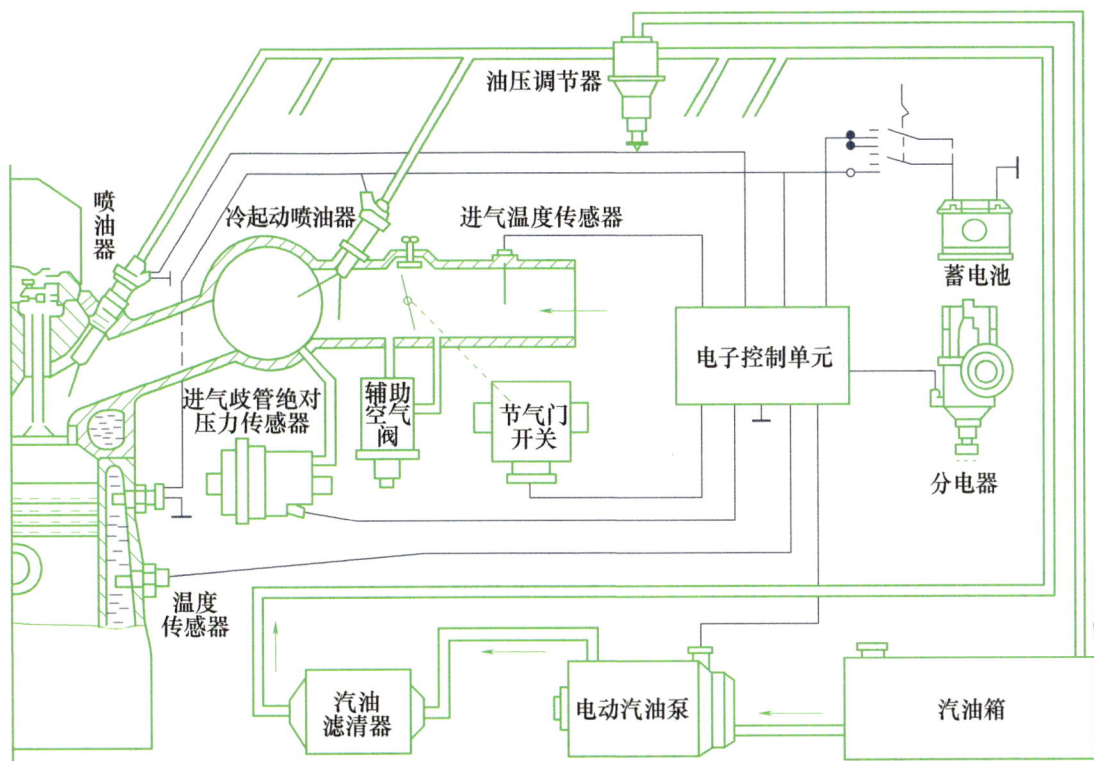

图 4-1　机电结合式汽油喷射系统

机电结合控制式汽油喷射系统不仅提高了对混合气浓度的调节，而且也为功能扩展提供了条件；随着电子工业的不断发展，机电结合控制式汽油喷射系统已经被电控燃油喷射系统取代，后面章节详细介绍。

二、按喷油器布置方式分类

按喷油器布置方式的不同，可将其分为多点喷射和单点喷射两种。多点喷射又分为进气道喷射和缸内喷射。

1. 多点喷射

多点喷射的特点是在每个气缸分别安装各自的喷油器，每个气缸所需的喷油量分别由各自的喷油器供给。为提高发动机的冷起动性能，通常还在进气歧管前的进气道内加装冷起动喷嘴，提高发动机的冷起动性能。

进气道喷射可采用低压供油方式，并将喷油器装在进气歧管靠近进气门的位置。气缸内喷射需采用高压供油方式（一般为 3.0~4.0MPa），才能将燃料通过喷油器直接喷入气缸。由于汽油黏度低、高压喷射困难多，对供油装置要求高，成本高。目前四冲程汽油机多采用进气道喷射。

2. 单点喷射

单点喷射是指在节流阀体上安装一只或两只喷油器，如图 4-2 所示，向进气歧管中喷油形成燃油混合气，进气行程时，燃油混合气被吸入气缸内。这种喷射系统因喷油器位于节流阀体上集中喷射,故又称节流阀体喷射(TBI)系统。例如典型的美国通用汽车公司的 TBI 系统,其特点是采用很低的喷油压力(只有 0.1MPa),降低了对泵油系统各零部件的要求,成本低,结构简单,维修调整方便。但单点喷射对燃油喷射的控制、分配和雾化水平等却不如多点喷射,国产奇瑞轿车配用单点电控燃油喷射系统。

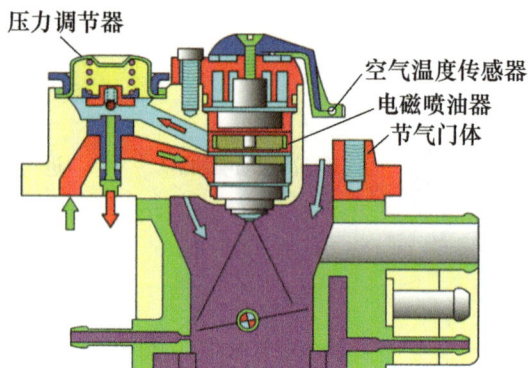

图 4-2　单点喷射的构造

三、按燃料喷射方式分类

按喷油器燃料喷射方式的不同,可将汽油喷射系统分为连续(稳定)喷射方式和间歇(脉冲)喷射方式两大类。

1. 连续喷射方式

连续喷射方式大多应用于机械控制式或机电结合控制式汽油喷射系统中,在发动机运转期间汽油连续不断的喷射,其喷油量的大小不取决于喷油器,而取决于燃油分配器中燃油计量槽的开度及进、出油口间的压差。

2. 间歇喷射方式

间歇喷射方式广泛地应用于现代电控汽油喷射系统中,在发动机运转期间汽油间歇喷射,其喷油量大小取决于喷油器喷油阀开启时间,即 ECU 指令的喷油脉冲宽度。

四、按空气量的检测方式分类

按对空气量的检测方式不同,可将电控汽油喷射系统分为歧管压力计量式(D 型)和空气流量传感器计量式(L 型)两种。

1. D 型电控汽油喷射系统

该系统通过进气歧管绝对压力传感器检测进气歧管绝对压力,来间接测量发动机吸入的空气量。桑塔纳 2000GLi 型轿车发动机采用的即为 D 型系统。由于进气流在进气管内的压力波动,该方法的测量精度较差。

2. L 型电控汽油喷射系统

该系统通过空气流量传感器检测空气流量,来测量发动机吸入的空气量,实行对空燃比的精确控制。空气流量传感器对空气流量的检测又可分为体积流量型和质量流量型。

体积流量型空气流量传感器采用翼片式(叶片式)空气流量传感器或卡门旋涡式空气流量传感器。即通过计量气缸充气的体积量,将该物理量转变成电信号输送至 ECU，ECU 依据空气流量传感器、进气温度传感器、大气压力传感器等的相关数据计算出与该体积的空气相适应的燃油质量，以控制混合气空燃比在最佳值。德国 Bosch 公司将这种类型的电控汽油喷射系统称之为 L-Jetronic 系统，如图 4-3 所示。

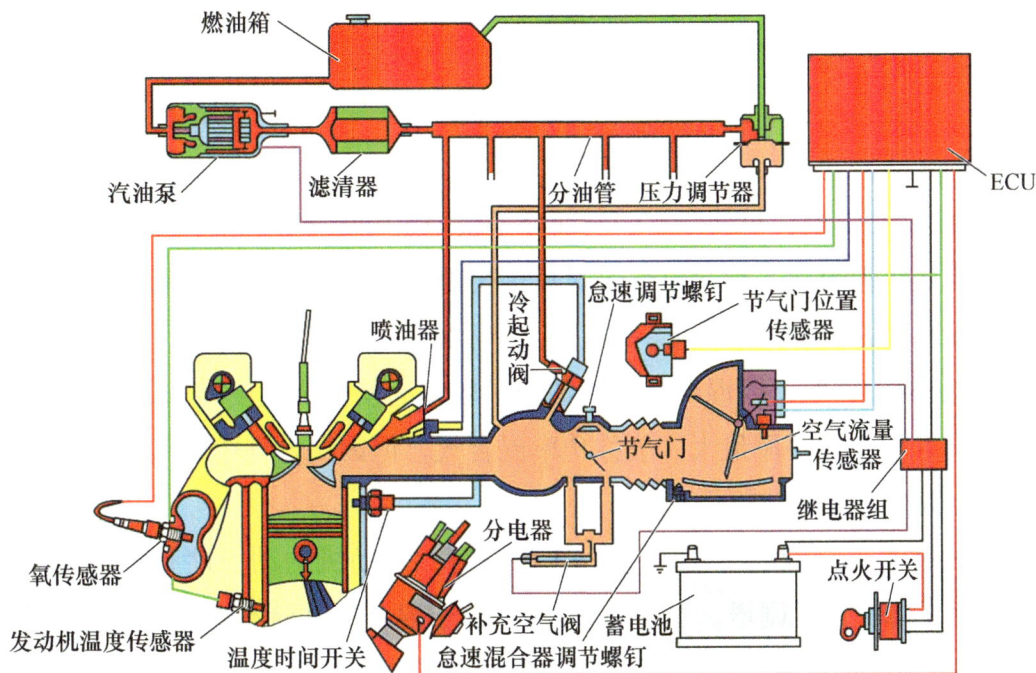

图 4-3　L-Jetronic 系统

采用此系统提供给 ECU 的空气质量流量的绝对值，不需要再对其进行进气真空度的修正，也就不需要再设置进气歧管绝对压力传感器来测试空气的真空度，这在现代电控系统中是一个较大的进步。

第三节　发动机各种工况对可燃混合气成分的要求

可燃混合气成分对发动机的动力性、经济性具有很大的影响。可燃混合气的成分通常有 3 种表示方法。

一、空燃比与燃空比

实际吸入发动机的气体中，空气质量与燃料质量的比值称为空燃比，用符号 R 表示（多为欧美国家采用）。空燃比也是燃烧 1kg 燃料实际供给的空气量。

理论上，1kg 汽油完全燃烧需要 14.7kg 空气。故对汽油机而言，将空燃比为 14.7 的可燃混合气称为理论混合气；若空燃比小于 14.7 说明汽油有余，称为浓混合气；若空燃比大于 14.7 说明空气有余，称为稀混合气。

空燃比的倒数称为燃空比，用符号 λ 表示，即 $\lambda=1/R$。

二、过量空气系数

燃烧 1kg 燃料实际供给的空气质量与理论上 1kg 燃料完全燃烧所需的空气质量之比称为过量空气系数，用符号 α 表示。

根据上述定义，$\alpha=1$ 的可燃混合气即为理论混合气；$\alpha<1$ 为浓混合气；$\alpha>1$ 的为稀混合气。

当 $\alpha=1.05\sim1.15$ 时，可使所有的汽油分子获得足够的氧气而完全燃烧，经济性最好，故称为经济混合气。但是空气过量后因燃烧速度减小，热损失增加而使平均有效压力和发动机的功率略有下降。

当 $\alpha=0.85\sim0.95$ 时，因混合气中汽油分子较多而使燃烧速度加快，热损失减小，最高压力高，输出的功率最大，故称功率混合气，但因混合气中空气含量不足，致使其燃烧不完全，经济性较差。

混合气过浓（$\alpha<0.85$）、过稀（$\alpha>1.15$）时，发动机的动力性和经济性均不理想，即功率下降，油耗剧增。当 $\alpha\geqslant1.4$ 时，由于混合气过稀不能被电火花点燃，当 $\alpha=1.4$ 时，称为着火下限，$\alpha=0.4$ 时也不能被电火花点燃，称为着火上限。

第四节　电控汽油喷射系统的组成和工作原理

尽管汽油机电控汽油喷射系统类型繁多，但它们都具有相同的控制原则：以电子控制单元 ECU 为控制核心，以空气流量传感器和发动机转速为控制基础，以喷油器、点火器和怠速空气调整阀等为控制对象，保证获得与发动机各种工况相匹配的最佳混合气和点火时刻。相同的控制原则决定了各类电控系统具有相同的组成和类似的结构。电控汽油喷射系统一般由空气供给系统、燃油供给系统和电子控制系统 3 部分组成。

一、空气供给系统

空气供给系统的功用是控制并测量吸入发动机的空气量，提供可燃混合气形成所需的空气。它主要由空气滤清器、空气流量传感器、节气门体、进气总管、进气歧管和怠速空气阀等组成。

以 L 型系统为例，发动机在运行时，空气流量由节气门控制。经空气滤清器过滤，由空气流量传感器计量后，通过节气门体进入进气总管，再分配到各进气歧管内，空气与喷油器喷出的汽油混合后被吸入气缸内燃烧。

如图 4-4 所示，在发动机冷却液温度较低时，为加快暖机过程，怠速空气阀加大旁通空气通道的开度，以满足快怠速时所需较多的空气量，空气绕过节气门直接进入进气总管。随着发动机冷却液温度的升高，怠速空气阀调节的旁通空气通道开度逐渐减小，旁通空气量也随之减小，发动机转速逐渐降低至正常怠速。

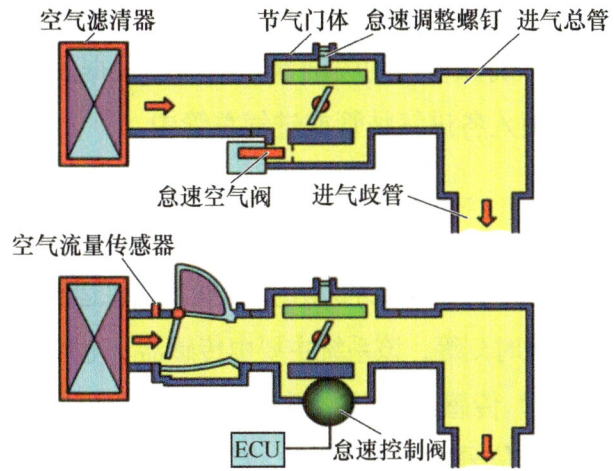

图 4-4　怠速及快怠速控制

二、燃油供给系统

燃油供给系统的功用是供给气缸燃烧所需的汽油。它主要由燃油泵、燃油滤清器、燃油脉动阻尼器、喷油器、燃油压力调节器和输油管道等组成，如图 4-5 所示。

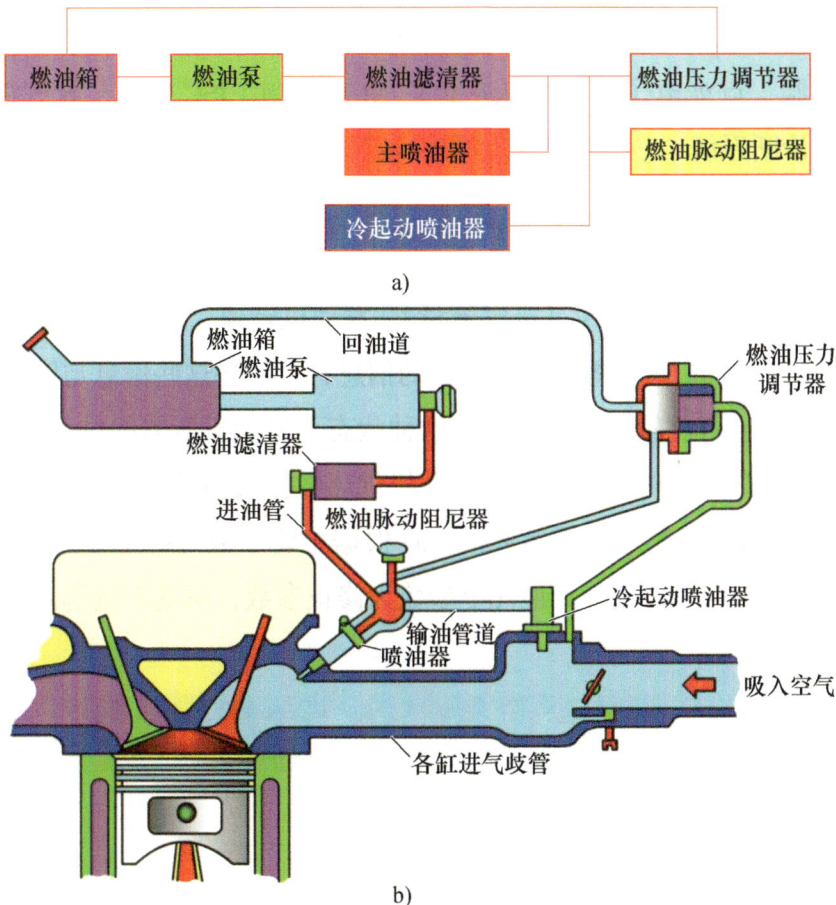

a)

b)

图 4-5　燃油供给系统

a）系统框图　b）系统构成图（MPI）

燃油由燃油泵从燃油箱中泵出，经燃油滤清器滤除燃油中的杂质，进入供油总管，总管中的油压由燃油压力调节器调节，燃油脉动阻尼器消除喷油时产生的微小脉动，确保精确的喷油量。喷油器根据发动机ECU的指令，开启喷油阀，将适量的燃油喷入各进气歧管或进气总管中。

三、电子控制系统

电子控制系统的功用是根据发动机运转状况和车辆运行状态确定汽油的最佳喷射量和点火时刻等，该系统主要由传感器、电控单元（ECU）和执行元件（执行器）组成。

1）传感器用以监测发动机的实际运行状况，将发动机各种工况下的运行参数转变为电信号输送到ECU。传感器主要有空气流量传感器、进气温度传感器、大气压力传感器、进气歧管绝对压力传感器、曲轴位置传感器、凸轮轴位置传感器、节气门位置传感器、发动机转速传感器、氧传感器和爆燃传感器等。

2）ECU是一种电子综合控制装置，是电子控制系统的核心。它主要由中央处理器（CPU）、只读存储器（ROM）、随机存储器（RAM）、输入和输出接口电路、驱动电路和固化在ROM中的发动机控制程序等组成。

3）执行元件用以执行发动机ECU输出的各种控制指令。执行器主要有燃油泵继电器、喷油器、点火电子组件（点火器）、怠速控制（ISC）阀、废气循环控制阀（EGR阀）、自诊断系统、故障备用程序和仪表等。

四、电控汽油喷射系统的工作原理

ECU首先读取进气管真空度（进气流量）、发动机转速、冷却液温度、大气压力、爆燃、进气温度、节气门位置等传感器输入的信息，然后将这些信息与储存在ROM存储器中的预置信息进行比较，进而确定在这种状态下发动机所需的供油量和点火提前时间。预先存储在存储器内的信息是由发动机优化数据实验获得的。进气歧管真空度（或进气量）和发动机转速是主要参数，ECU根据主要参数可确定在此工况下的基本燃油供给量和基本的点火时刻。其他几个参数为修正参数，对基本量起修正作用。

第五节　空气供给系统主要装置的结构与工作原理

一、空气流量传感器

空气流量传感器是测量发动机进气量的装置，用于L型喷射系统中。

空气流量传感器一般设置在空气滤清器与节气门体之间，也有安装在空气滤清器上的，还有将空气流量传感器与节气门体做成一体安装在发动机上的。

空气量信号是用来确定基本喷油量的主要依据之一。可分为以下 4 种：

1）翼片式空气流量传感器：其为体积流量型，在 20 世纪 70 年代较为流行。

2）卡门旋涡式空气流量传感器：其为体积流量型，三菱和丰田汽车上用得较多。

3）热线式空气流量传感器：其为质量流量型，在 20 世纪 80 年代初开发研制，目前应用最为广泛。

4）热膜式空气流量传感器：其为质量流量型，美国通用汽车公司研制，大多应用在通用和日本五十铃公司生产的汽车上。我国生产的电控燃油喷射发动机也广泛应用。

二、进气歧管绝对压力传感器

进气歧管绝对压力传感器种类较多，以信号产生原理可分为半导体压敏电阻式、电容式、膜盒传动的可变电感式和表面弹性波式等，其中电容式和半导体压敏电阻式在发动机电控系统中应用较为广泛。

半导体压敏电阻式压力传感器利用的是半导体的压敏效应，其具有尺寸小、精度高、成本低和响应性、再现性、抗振性好等优点，如图 4-6 所示，它是由压力转换元件和把转换元件输出信号进行放大的混合集成电路等构成的。

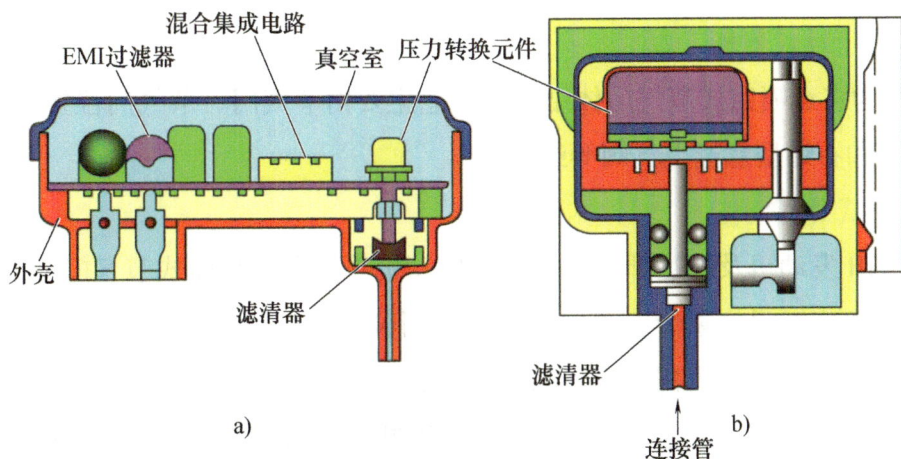

图 4-6　半导体压敏电阻式压力传感器

三、节气门体

节气门体的主要功用是通过改变节气门开度的大小，来改变进气道截面积，控制发动机运转工况，通过节气门位置传感器检测发动机的负荷。因燃油供给方式的不同，对发动机怠速控制方式不同等原因，其结构也不尽相同。

1. 单点喷射式节气门体

奇瑞轿车为单点喷射系统节气门体。结构特点：零部件少，结构紧凑，有一个全新的内部几何形状，有效地改善了喷油器的燃油雾化质量，为获得改善发动机性能所需的最佳混合气提供有效的保障。节气门体安装在进气管上，如图4-7所示。

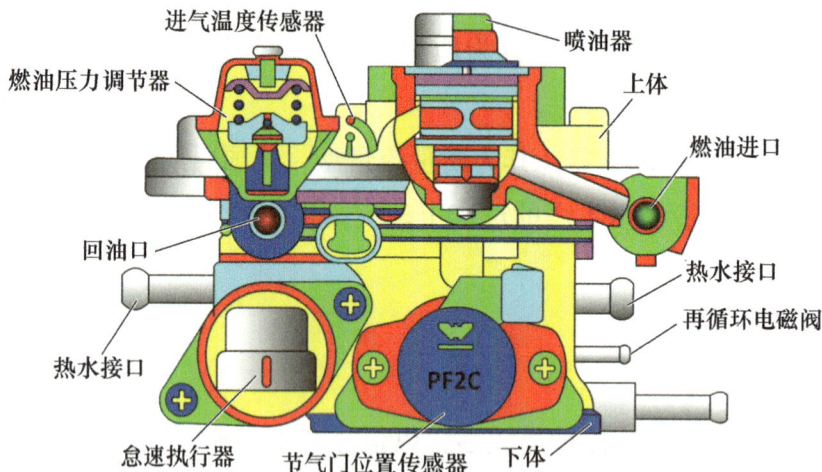

图 4-7　奇瑞轿车单点喷射系统节气门体

单点喷射式节气门体主要由进油管、回油管、燃油压力调节器、底部供给式喷油器（IWM）、进气温度传感器以及节气门位置传感器、怠速控制步进电动机、靠近节气门体的热水环路、怠速空气旁通道、绝对压力信号通道、曲轴箱通风循环管、进气歧管中的燃油蒸气再循环管等组成。

2. 多点喷射式节气门体

图4-8为多点喷射式节气门体结构图，它主要由节气门、节气门位置传感器、怠速调整螺钉和石蜡型怠速空气阀等组成。

3. 整体式节气门体

轿车 AJR 发动机及捷达都市先锋轿车发动机等均采用整体式节气门体，如图4-9所示。主要由节气门位置传感器、怠速节气门位置传感器、怠速开关、怠速步进电动机以及一套齿轮驱动机构组成。其中节气门位置传感器、怠速节气门位置传感器为线性输出型传感器，怠速开关为开关式输出型传感器。发动机怠速不能人工调整，只能通过电控系统故障诊断仪的基本设定功能进行怠速设定。

4. 节气门体各部件工作原理

（1）节气门位置传感器　节气门位置传感器用于检测节气门开度信号，判断发动机的各种运行工况，发动机 ECU 依据该信号进行各工况下的燃油量和点火正时的控制，如果 ECU 没有得到节气门位置传感器信号，将根据发动机转速和空气流量信号计算出一个替代值。此时发动机即处于应急运转状态（故障模式运转）。故障信号以故障码的形式储存，通过电控系统诊断仪或人工提取的方法可读取出来。

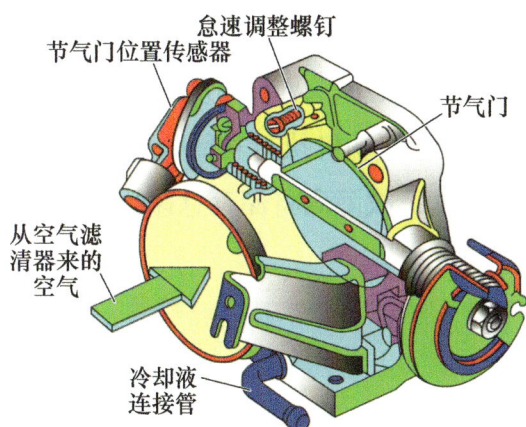

图 4-8 多点喷射式节气门体结构图

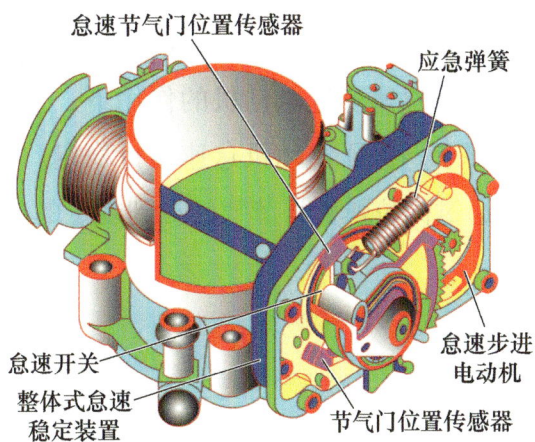

图 4-9 捷达都市先锋发动机节气门体

（2）怠速节气门位置传感器 如图 4-10 所示，与怠速步进电动机连接在一起，其输出信号的变化只受怠速步进电动机控制。当发动机进入怠速工况时，节气门在怠速步进电动机的驱动下动作，传感器将阻值变化转换为相应的电信号输送给发动机 ECU，发动机 ECU 根据此信号确定怠速节气门的位置，使发动机随怠速负荷的变化稳定运行。

（3）怠速开关 如图 4-11 所示，与节气门主驱动轴直接连接，是触点式开关。当节气门主驱动装置复位时，触点开关闭合，ECU 检测到发动机已进入怠速工况，根据该信号及此时发动机的负荷来调节供油量和发动机转速。如果此信号中断，ECU 将对节气门位置传感器及怠速节气门位置传感器提供的数据进行比较。根据这两个传感器的输入信号来判断节气门是否处于怠速状态。

图 4-10 怠速节气门位置传感器

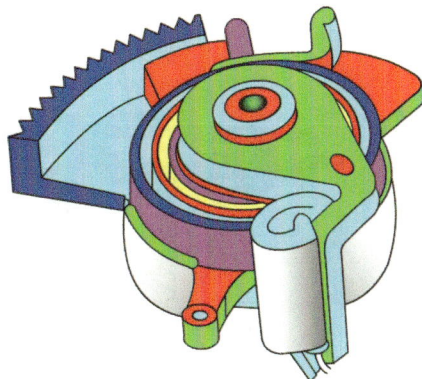

图 4-11 怠速开关

（4）怠速步进电动机 在节气门体内还装有怠速步进电动机，它是一个受 ECU

控制的电动机，在怠速调节范围内通过齿轮传动机构来操纵节气门动作。当发动机怠速运转时，如冷却液温度较低、空调或动力转向的使用等原因导致发动机负荷增大，为使发动机怠速稳定，怠速步进电动机经传动机构驱动节气门，使其开度增大来增加发动机的进气量，以满足在怠速工况下负荷增加的要求；反之，在怠速减载时，在该怠速步进电动机的作用下，使节气门的开度减小，以满足发动机正常怠速工况要求，保证发动机怠速运行稳定。如果怠速步进电动机执行功能失灵或发生故障，通过回位弹簧将节气门拉到规定的怠速运行开度。故障码将储存怠速故障。

第六节　燃油供给系统主要装置的结构与工作原理

一、电动燃油泵

电动燃油泵的作用是将燃油箱内的燃油吸出并通过喷油器供给发动机各气缸以满足发动机正常工作的需要。

根据电动燃油泵安装位置不同可分为内置式燃油泵和外置式燃油泵两种。内置式燃油泵将泵安装在燃油箱内；外置式燃油泵是将泵安装在燃油箱之外的燃油管路中。内置式燃油泵不易发生气阻和漏油现象，对泵的自吸性能要求较低，且噪声小，故目前大多数 EFI（电控汽油喷射）系统广泛采用内置式燃油泵。

电动燃油泵主要由泵体、永磁电动机、安全阀、单向阀和外壳等组成，如图 4-12 所示。

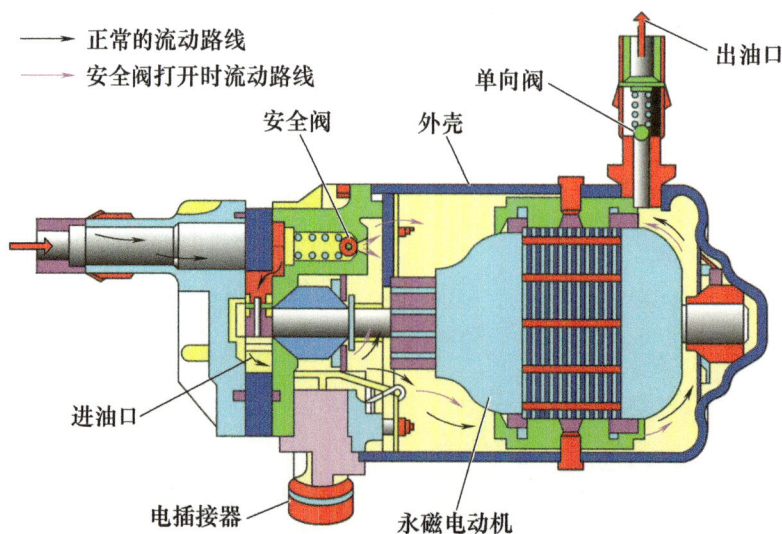

图 4-12　电动燃油泵的结构

→ 正常的流动路线　┄┄► 安全阀开启时的流动路线

永磁电动机通电时带动泵体转动，将燃油从进油口吸入，经电动燃油泵内部，再从出油口压出，给燃油系统供油。由于流经电动燃油泵的内部，又可对永磁电动机的电枢部分进行冷却，此种燃油泵又称为湿式燃油泵。

单向阀的作用主要用于防止燃油倒流，并可保持管路残余压力，使发动机下次起动方便，并防止由于温度较高时，油路产生气阻现象，影响发动机热起动性能。若燃油泵输出压力超过 400kPa 时，安全阀自动打开，高压燃油可回至燃油泵的进油室，在燃油泵和永磁电动机内循环，可避免由于油路堵塞而引起管路油压过高造成管路破裂或燃油泵损坏等现象。

泵体是电动燃油泵的主体，根据结构不同，可分为滚柱泵、转子泵、涡轮泵和侧槽泵等。

1. 滚柱泵

滚柱泵是目前电动燃油泵中最常见的结构形式，主要由转子、滚柱、泵体等组成，如图 4-13 所示。装有滚柱的转子偏心安装在泵体内，当电动机带动转子旋转时，位于其凹槽内的滚柱在离心力作用下，紧压在泵体内表面上。由于滚柱的密封作用，与转子及泵体构成了多个密封腔。在油泵运转时，密封腔的容积发生周期变化。当密封腔的容积不断增大时，形成低压油腔，将燃油吸入；反之，形成高压油腔，高压燃油流过电动机，再经出油口压出。油泵的转子每转一圈，排出的燃油就要产生与滚柱数目相同的压力脉动，故在出口处装有油压缓冲器，以减小出口处的油压脉动和运转噪声。

2. 转子泵

转子泵主要由带外齿的主动齿轮、带内齿的从动齿轮和泵套等组成。主动齿轮偏心安装，由电动机带动旋转，由于齿轮啮合，而带动从动齿轮一起旋转。在从动齿轮和主动齿轮内外啮合的过程中，由内外齿所密封的腔室将发生容积大小的变化，在容积增大处设置进油口，容积减小处设置出油口，即可将汽油以一定的压力泵出，其原理与滚子泵的基本相同，如图 4-14 所示。

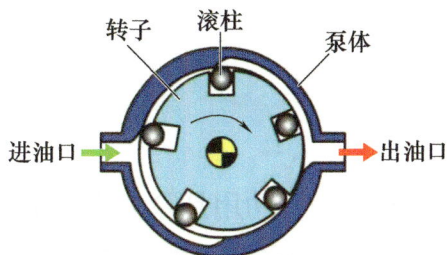

图 4-13　滚柱泵的工作原理

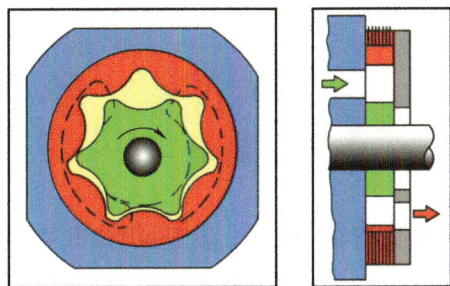

图 4-14　转子泵的结构

3. 涡轮泵

涡轮泵又称再生泵，泵的燃油输送和压力的建立完全是由液体分子之间的动量转换实现的，主要由圆周上有许多叶片的叶轮和两个在相对于叶片部位开有合适通道法兰组成的壳体组成，如图4-15所示。当电动机驱动叶轮旋转时，位于叶轮外侧叶片沟槽前后的液体因摩擦作用产生压力差，将多个叶片沟槽的压力差循环叠加后使燃油升压，升压后的燃油通过电动机内部经单向阀从出油口压出。

涡轮泵泵油压力波动小，外形尺寸小，质量小，工作可靠，但效率较低。在电控燃油喷射系统中一般不单独使用。

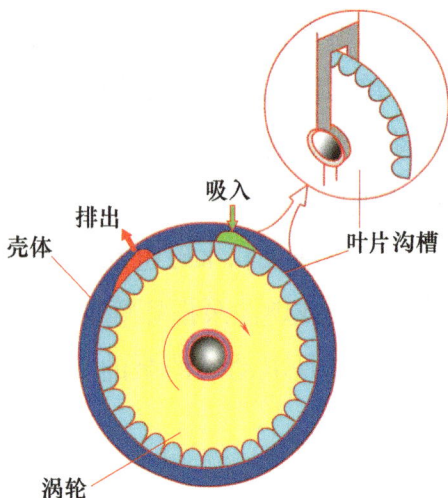

图4-15　涡轮泵的结构

上述几种泵体单独与电动机组成电动燃油泵时，也称单级泵。汽油在高温和低压时，易汽化形成气泡，导致供油量不足，因此在有些汽车的燃油系统中采用双级泵，即一个为低压泵，另一个为主输油泵，两者串联。低压泵用于分离蒸气，而主输油泵用于提高压力，两者合成为一个组件，由一个电机驱动。图4-16为桑塔纳2000轿车采用的双级电动燃油泵，工作时，低压涡轮叶片泵从燃油箱内吸入汽油，再输入泵内的高压转子泵经加压后输出。

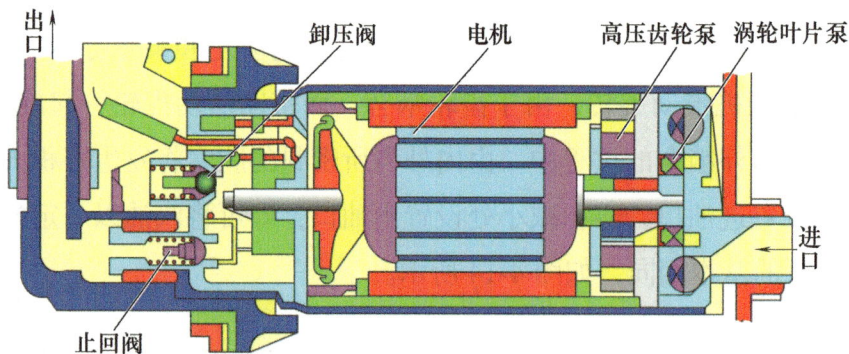

图4-16　双级电动燃油泵结构图

二、燃油滤清器

燃油滤清器安装在电动燃油泵出口一侧的高压油路中，功用是除去汽油中的固体杂质，防止燃油供给系统堵塞和减少机件磨损。它主要由壳体和滤芯等组成，如图4-17所示。

三、燃油脉动阻尼器

燃油脉动阻尼器的功用是减小因喷油器喷油时使油路油压产生的微小波动和降低噪声。它主要包括膜片和弹簧组成的减振机构，如图4-18所示。膜片将脉动阻尼器隔成膜片室和燃油室，膜片室内安装有弹簧，将膜片压向燃油室。当燃油压力增高时，膜片弹簧被压缩，使燃油室容积增大，减缓燃油压力的增加；反之，当燃油压力降低时，在弹簧力的作用下使燃油室容积减小，减缓燃油压力的降低。

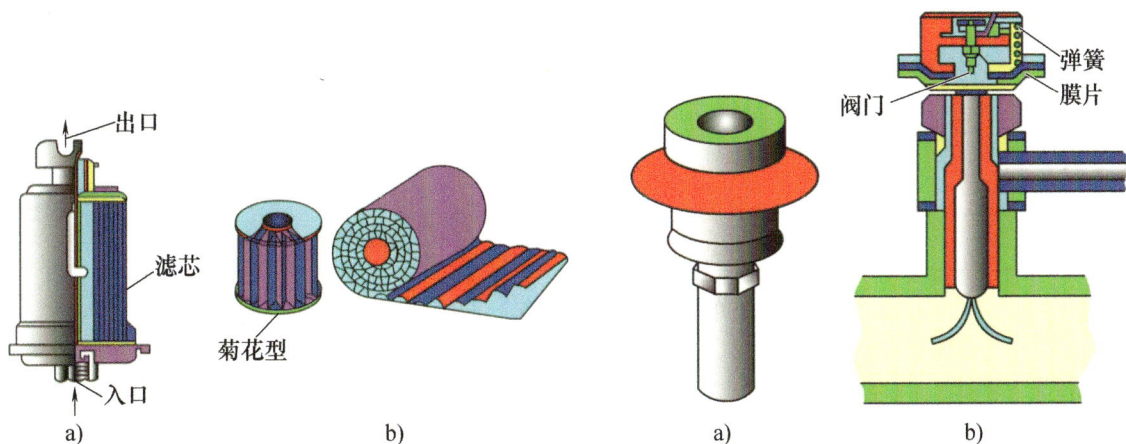

图 4-17　燃油滤清器

a）结构　b）滤芯

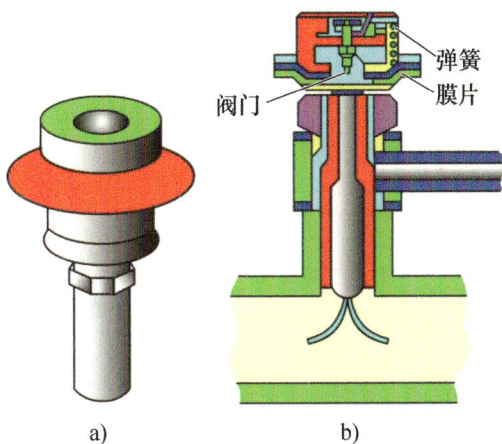

图 4-18　燃油脉动阻尼器

a）外观图　b）工作原理图

四、燃油压力调节器

发动机ECU对喷油量的控制是通过控制喷油器电磁线圈通电时间的长短来实现的。当燃油系统的绝对油压和喷油器喷口处的进气歧管的空气压力差不为定值时，即使喷油器电磁线圈的通电时间相同，但喷油量是不相同的。燃油压力调节器的功用是使发动机在任何工况下，燃油系统的绝对油压和进气歧管的空气压力之间的差值恒定不变，保证发动机ECU对喷油量的精确控制。燃油压力调节器的调节结果是使燃油系统的绝对油压与进气歧管空气压力的差值保持恒定不变，约为250kPa，如图4-19所示。

燃油压力调节器的结构如图4-20所示，主要由壳体、膜片、回油阀门和弹簧等组成。膜片将燃油压力调节器分隔成弹簧室和燃油室，膜片下端带有阀门，用以控制回油口。弹簧室通过通气管与进气歧管相通，以进气歧管压力变化来控制弹簧室的真空度。燃油压力调节器的入口与安装喷油器的管道相连接，出口通过油管与燃油箱相通。当节气门后进气管压力降低时（发动机负荷减小），膜片带动阀门上移，开大回油口，使燃油系统的绝对油压相应降低；当进气管压力增大时（发动机负荷增大），膜片带动阀门下移，回油口关小，如此使燃油系统的绝对油压上升。燃油压力调节器使喷油器内油压和进气歧管处空气压力差值保持恒定。当发动机停止工作时，在弹簧力作用下，阀门关闭，使系统内保持一定的残余压力以利于发动机起动。

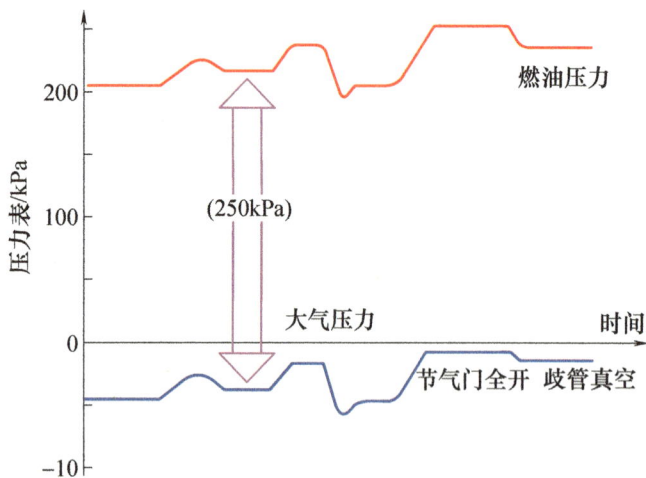

图 4-19   绝对油压与进气歧管压力关系

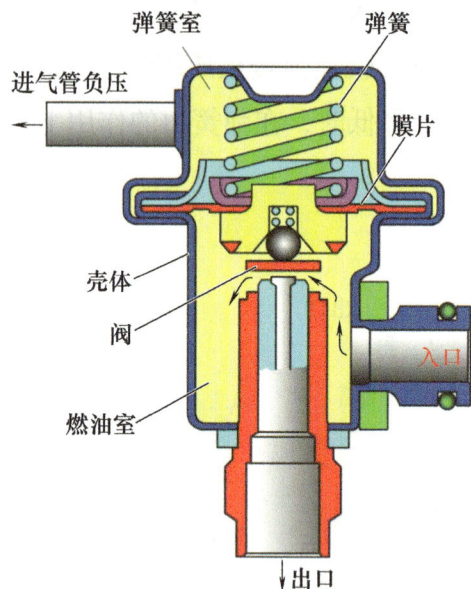

图 4-20   燃油压力调节器的结构

五、燃油总管

燃油总管的功用是将燃油均匀、等压地输送给各个喷油器，同时还具有储油、蓄压的作用。其容积油量相对于发动机的循环喷油量要大很多，可防止燃油压力的波动，供给各喷油器以等量的燃油。图 4-21 所示为桑塔纳 2000GSi 轿车 AJR 发动机燃油总管和各缸喷油器及燃油压力调节器组合件。

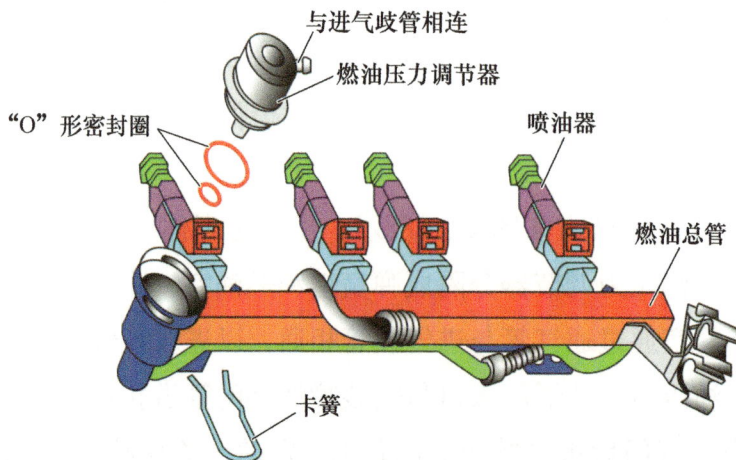

图 4-21   燃油总管、喷油器及燃油压力调节器组合件

六、喷油器

喷油器是发动机电控汽油喷射系统的一个重要执行元件，接收 ECU 传来的喷油脉冲信号，将一定量的汽油适时、准确地喷入进气管内（气缸内）。它是一种加工精度要求很高的精密零部件，要求其动态流量范围稳定，在相当于 6 亿次喷射的使用寿命内，必须保持喷油器的动态流量范围稳定在 ±4% 以内；抗堵塞、抗污染能力以及雾化性能好。

喷油器的分类方式：按用途可分为单点式喷油器和多点式喷油器；按燃油的送入位置可分顶部供油式和底部供油式；按喷油口形式可分为轴针式和孔式，孔式又可分为球阀式和片阀式等；按喷油器的驱动电路形式可分为低阻式（0.6~3Ω）和高阻式（12~17Ω）等。

1. 轴针式喷油器

轴针式喷油器主要由喷油器外壳、喷口、针阀、套在针阀上的衔铁及电磁线圈等组成，如图 4-22 所示。电磁线圈无电流时，喷油器内的针阀被螺旋弹簧压在喷油器出口处的密封锥形阀座上。当发动机 ECU 发出喷油脉冲信号时，喷油器的电磁线圈电路被触发接通，电磁线圈产生磁场吸力，吸动衔铁带动针阀离开阀座上升约 0.1mm，燃油从针阀和针阀座之间的精密环形缝隙中喷出。为使燃油充分雾化，针阀前端采用喷油轴针。当喷油信号结束后，喷油器电磁线圈的电流被切断，电磁力迅速消失，在喷油器螺旋弹簧的作用下，针阀迅速回位，阀门关闭，喷油器停止喷油。喷油器吸动时间及下降时间为 1~1.5ms。

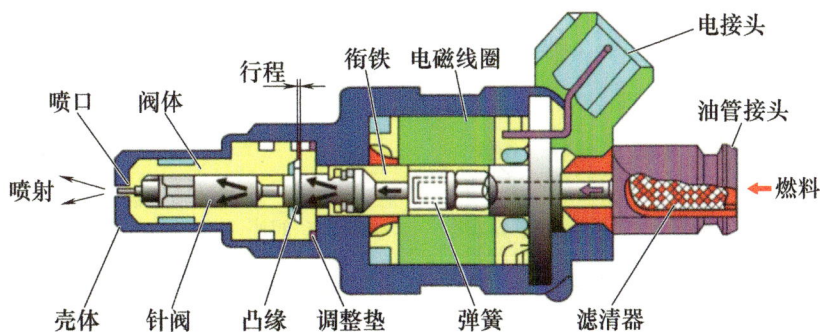

图 4-22　轴针式喷油器结构

针阀式喷油器的抗堵塞、抗污染能力较强，雾化性能较好。

一般燃油都经燃油总管分配到各喷油器，从顶部供油并在喷油器体内轴向流动，只有在针阀开启喷油时燃油才能流动。在发动机温度较高时，易产生气阻，影响汽车的热起动性能。在现代汽车上采用底部供油方式的喷油器日趋广泛，如图 4-23 所示。

2. 球阀式喷油器

球阀式喷油器的结构如图 4-24 所示。其结构与轴针式的主要区别在于针阀的结构不同。球阀的针阀是由钢球、导杆和衔铁用激光束焊接成整体，质量（1.8g）只有普通轴针式的一半。为保证燃油密封性，轴针式必须有较长的导向杆，球阀具有自定心作用，无须较长的导向杆，所以球阀的针阀质量轻，具有良好的密封性。工作过程与针阀式相似。图 4-25 为同等级的球阀式阀针与轴针式阀针的比较。

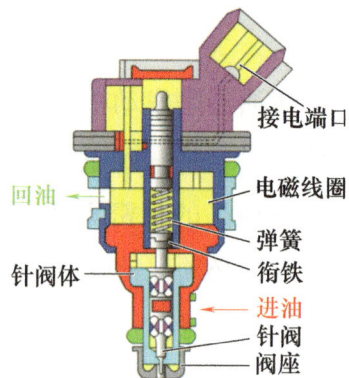

图 4-23 底部供油式电磁喷油器的结构

3. 片阀式喷油器

片阀式喷油器的结构如图 4-26 所示，它与其他类型喷油器的最大区别在于只用一块 0.5g 圆形阀片来代替针阀，并与孔式片阀组合成液压阀。由于片阀的运动惯量极小，有利于减少喷油器开启时的滞后时间，因而可提高喷油器的计量精度，动态流量范围可高达 20 以上，工作噪声低，而且耐久性及抗堵塞能力等明显优于普通针阀式喷油器。

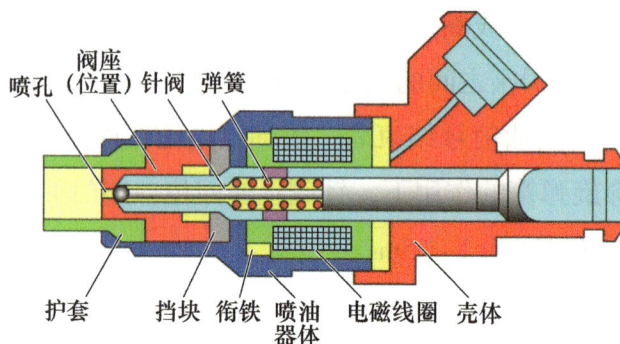

图 4-24 球阀式电磁喷油器

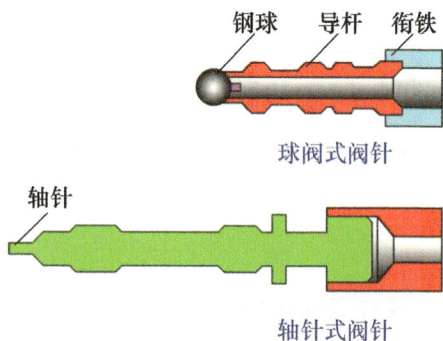

图 4-25 球阀式与轴针式阀针比较

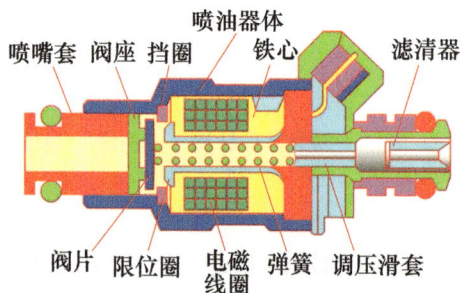

图 4-26 片阀式喷油器的结构

片阀式喷油器的工作情况如图 4-27 所示。当电磁线圈无电流通过时，片阀被螺旋弹簧压力和液体压力紧压在阀座上。当 ECU 发出喷油脉冲信号时，喷油器的电磁线

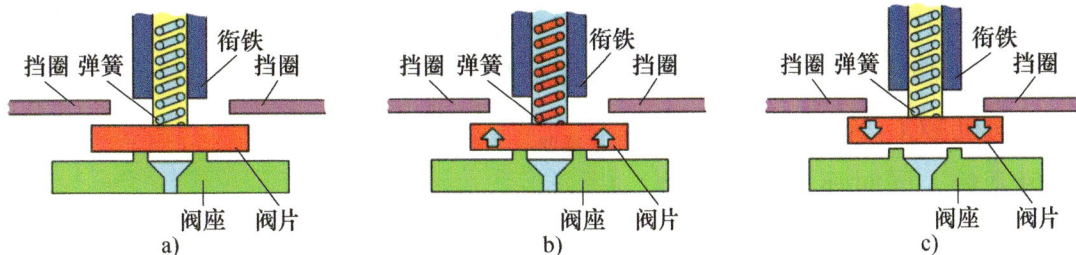

图 4-27　片阀式喷油器的工作情况

a）片阀静止在阀座上　b）片阀抬离阀座直到抵住挡圈　c）片阀离开挡圈落座

圈立刻通电产生磁场，在衔铁磁场力的作用下，片阀克服弹簧压力和液体压力的作用上移脱离阀座密封环，压力油从密封环中的计量孔喷出。待喷油信号结束后，喷油器电磁线圈的电流被切断，在螺旋弹簧和液体压力的作用下，片阀迅速回位，阀门关闭，喷油器停止喷油。

此外，在现代四气门发动机上广泛采用双孔式喷油器，如图 4-28 所示。在双孔式喷油器的头部加装一个可使流量严格均分化的双孔分流套，两股油束能同时将相同的燃油量分别喷入两个进气口中，有效改善四气门发动机的瞬时加速响应性能。与普通轴针式喷油器相比，这种双孔式喷油器的优点是具有较大的动态流量范围。

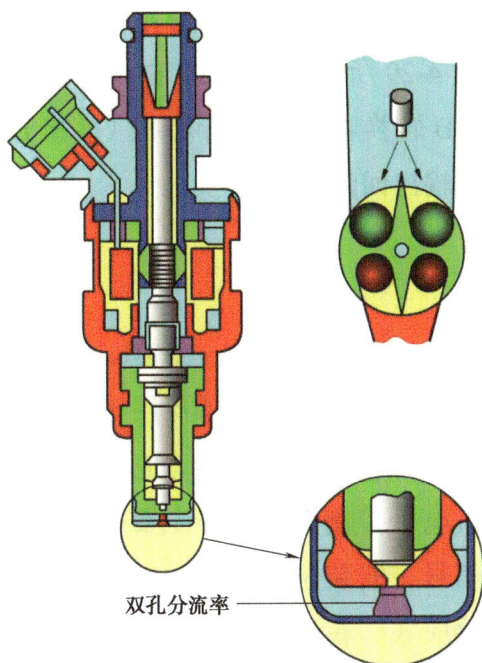

图 4-28　双孔式喷油器

第七节　电子控制系统

电子控制系统主要由 ECU、传感器和执行元件（执行器）组成。

一、电子控制器

发动机电子控制器也称发动机电子控制单元，简称发动机 ECU，它是一种电子综合控制装置，具有如下功能：接收传感器或其他装置输入信息，并给传感器提供 2V、5V、9V、12V 不等的参考（基准）电压；将输入的信息转变为计算机所能接收的信号；存储、计算、分析处理信息；计算输出值；存储相应车型的特点参数；存储运算中的数据、存储故障信息；运算分析功能；根据信息参数计算出执行命令数值；将输入与输出的信息与标准值对比，查出故障；输出执行命令；将计算机输出信号通过放大电路将信号放大以控制执行器工作或输出故障信息。

发动机 ECU 不仅用于控制燃油喷射系统，同时还具有点火提前角控制、怠速控制、排放控制、进气控制、增压控制、故障自诊断、失效保护和备用控制等多项控制功能。

发动机 ECU 的基本结构如图 4-29 所示，主要由输入回路、A/D 转换器、微型计算机（微机）和输出回路等组成。

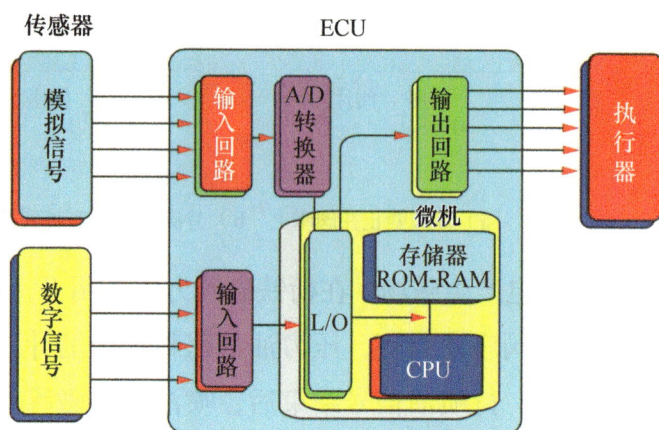

图 4-29　发动机 ECU 的基本组成

二、传感器

1. 发动机转速与曲轴位置传感器

发动机转速传感器用于检测发动机转速，曲轴位置传感器是检测活塞上止点及曲轴转角的传感器，它们一般制成一体。发动机转速与曲轴位置传感器是发动机电子控制系统中最主要的传感器之一，是控制点火时刻和喷油时刻不可缺少的信号，安装位置可在曲轴前端、飞轮上、凸轮轴前端和分电器内。它主要有电磁感应式、霍尔感应式和光电感应式等类型，其中以电磁感应式与霍尔感应式的应用较广。

（1）电磁感应式　实际安装在分电器内的电磁感应式传感器的结构如图 4-30 所示。它主要由永久磁铁、信号线圈和转子等组成。G 转子（曲轴位置传感器转子）和 Ne 转子（转速传感器转子）固定在分电器轴上，与分电器轴同步转动，信号线圈固定在分电器壳体上。

（2）霍尔感应式　如图 4-31 所示，霍尔感应式传感器是利用霍尔效应原理，产生与曲轴转角相对应的电压脉冲信号进行工作的。如图 4-31a 所示，当电流 I 通过磁场中的半导体基片，且电流方向与磁场方向垂直时，在垂直于电流和磁场方向的半导体基片的横向侧面上，产生一个与电流和磁场强度成正比的霍尔电压。

霍尔传感器可安装在发动机的曲轴前端、凸轮轴后端、飞轮壳上、分电器内部等部位。图 4-31b 为安装于分电器内的霍尔传感器结构图，它主要由开槽的触发叶轮、触发开关、半导体基片和带导板的磁铁等组成。触发叶轮的片数等于发动机的缸数，触发叶轮由分电器轴带动旋转，叶片不断地进出磁场的空气隙。

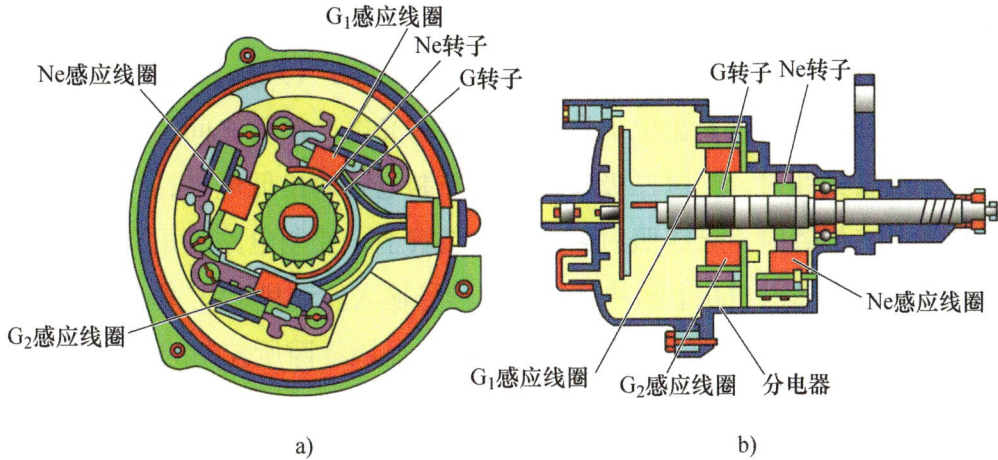

G₁感应线圈 Ne转子 G转子 Ne感应线圈 G转子 Ne转子 Ne感应线圈 G₂感应线圈 G₁感应线圈 G₂感应线圈 分电器

a) b)

图 4-30 电磁感应式传感器的结构

如图 4-31c 所示，当触发叶轮的叶片进入空气隙时，磁铁被叶片旁通，磁力线不能到达半导体基片，此时，传感器无霍尔电压输出；如图 4-31d 所示，当触发叶轮以其缺口对着空气隙时，磁力线经导板、空气隙到达半导体基片构成回路，这时传感器输出霍尔电压。

霍尔电压变化的时刻反映了曲轴的位置，单位时间内霍尔电压变化的次数可反映发动机的转速。

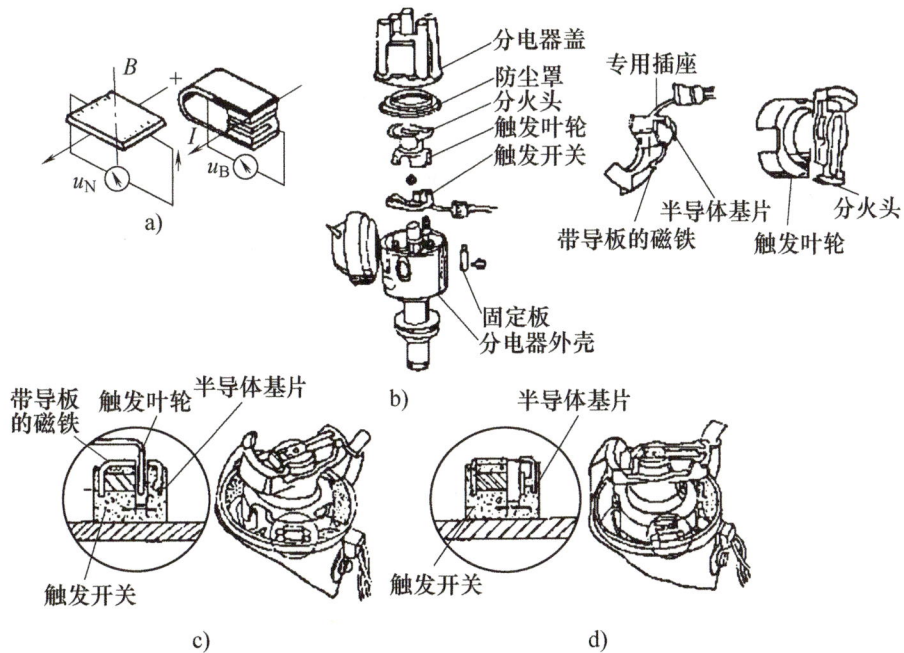

图 4-31 霍尔感应式传感器

a）霍尔效应原理图　b）霍尔传感器结构图　c）磁路被旁路　d）磁路通路

（3）光电感应式　光电感应式传感器结构如图 4-32 所示，主要由发光二极管、光电二极管、遮光盘和控制电路组成。它的安装位置在分电器内或直接安装于凸轮轴轴端。发光二极管、光电二极管和控制电路均固定在板座上，遮光盘随分电器或凸轮轴转动，其边缘分布有 360 条缝隙，每转过一条缝隙对应凸轮轴 1° 转角，曲轴 2° 转角。同时还刻有表示一缸上止点位置的缝隙和 60°（六缸发动机）或 90°（四缸发动机）间隔的间隙。遮光盘位于发光二极管和光电二极管之间，当遮光盘的转动挡住发光二极管光线时，光电二极管截止，控制电路输出低电平；当缝隙对准发光二极管和光电二极管时，光线照射到光电二极管上，控制电路输出高电平。遮光盘转一圈，传感器上输出 360 个脉冲信号；此信号输入发动机 ECU 作为转速信号；而缝隙较宽的 1 缸上止点位置标记和 60°（或 90°）间隔缝隙所控制的电路将向 ECU 输入 1 缸上止点位置信号和缸序判别信号。

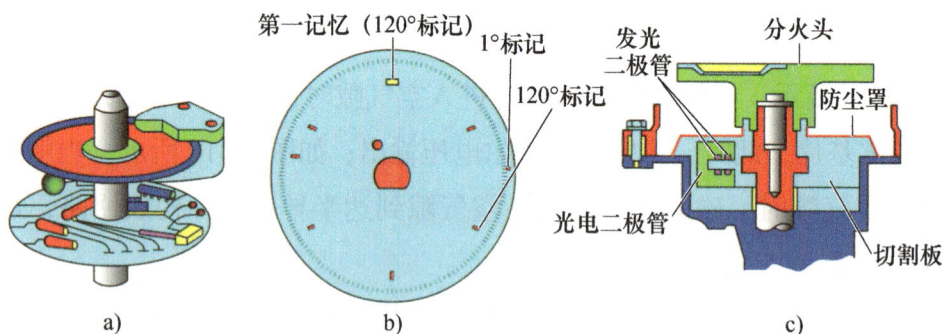

图 4-32　光电感应式传感器

2. 冷却液温度传感器

冷却液温度传感器用于检测发动机冷却液温度，其信号输入发动机 ECU，使发动机 ECU 对基本喷油量进行修正，在急速时，其信号又是发动机 ECU 控制急速控制装置的主要信号源。常见的冷却液温度传感器为热敏电阻式，其结构和控制电路如图 4-33 所示。

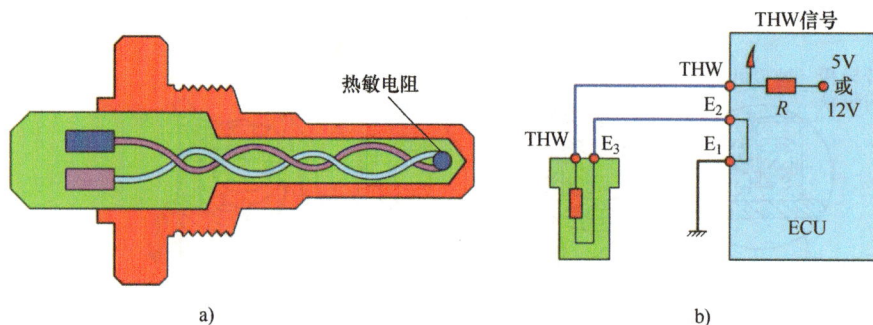

图 4-33　冷却液温度传感器

a）结构　b）控制电路

半导体热敏电阻具有随温度变化而阻值变化的特性，常分为负温度系数和正温度系数两种。负温度系数热敏电阻的特性是随温度的升高，电阻值下降，正温度系数的特性是随温度的升高，电阻值上升。当冷却液温度的变化引起电阻值变化时，发动机 ECU 检测到的 THW（冷却液温度）信号随之变化，发动机 ECU 据此对喷油量进行修正和控制怠速。

3. 进气温度传感器

进气温度传感器的功用是检测发动机的进气温度并将其变成电信号传给发动机 ECU，作为其电控系统控制功能的修正信号，以便对喷油量等进行修正，精确控制空燃比与点火时刻。进气温度传感器也常采用热敏电阻式，其结构原理与冷却液温度传感器相同。

4. 氧传感器

氧传感器通过检测发动机废气中氧的含量，向发动机 ECU 反馈混合气的浓度信息。单氧传感器安装在三元催化转化器之前的排气管上；双氧传感器前氧传感器安装在三元催化转化器之前的排气管上，后氧传感器安装在三元催化转化器之后消声器之前的排气管上，目前使用的氧传感器主要有氧化锆式和氧化钛式两种。图 4-34 为加热型二氧化锆式氧传感器的结构。

氧传感器用于产生电压信号的敏感元件是二氧化锆（ZrO_2），其外表面有一层铂，铂的外面还有一层陶瓷，起保护铂电极的作用。氧传感器敏感元件的内侧通大气，外侧通发动机排出的废气。当温度在 400℃ 以上时，敏感元件两侧的氧含量有较大的差异，两侧面就会产生一个电动势。敏感元件内侧因通大气而氧含量高，当混合气稀时，废气中的氧含量较多。敏感元件两侧的氧含量差异很小，产生的电动势也很小（0.1V 左右）；而当混合气过浓时，废气中氧的含量极少，敏感元件两侧氧浓度差异较大，产生的电动势也较大（0.8V 左右）。

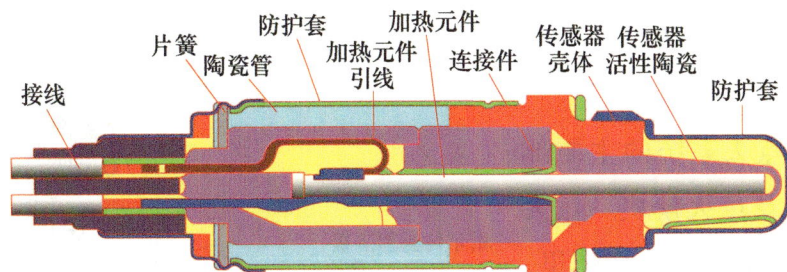

图 4-34　加热型二氧化锆式氧传感器的结构

传感器内部的加热器接 12V 电压，用于加热敏感元件，使其快速达到正常工作温度（300~850℃），加热电阻一般为 5~7Ω。氧传感器的故障一般可用解码器测出，在无检测仪器时可用手工闪码的方式进行诊断检查。

5. 爆燃传感器

爆燃传感器的功用是检测发动机有无爆燃现象，并将信号送入发动机 ECU。

上海桑塔纳 2000GSi 轿车 AJR 发动机及捷达轿车四缸 20 气门发动机都采用了 2

个压电式爆燃传感器，分别安装在缸体进气侧1缸和2缸、3缸和4缸之间，其结构
如图4-35所示。当发动机发生爆燃时，气缸中产生的爆燃信号
传递到爆燃传感器的压电陶瓷上，在压电陶瓷上产生一个电压
信号，发动机ECU根据这个电压信号识别爆燃缸位，并推迟该
缸的点火，以控制爆燃发生。

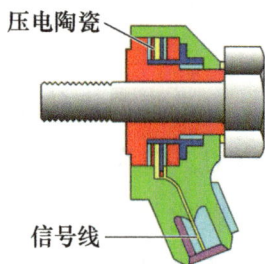

图4-35　爆燃传感器

三、执行元件（执行器）

执行器主要有点火装置、各类继电器、电动燃油泵、电磁
喷油器、急速控制调整阀等。这里主要介绍点火装置及继电器，其他执行器已在相
关内容中做过介绍。

1. 点火装置

无分电器点火系统是在微机控制的基础上，将点火系统中的分电器总成用电子
控制装置取而代之后制造而成，又称直接点火系统。它利用电子分火控制技术将点
火线圈的二次绕组直接与火花塞相连，即把点火线圈产生的高压电直接送给火花塞
进行点火，实现了点火系统全电子化的目标。

桑塔纳2000Gsi轿车AJR发动机、捷达王轿车发动机采用的是无分电器点火
装置。它主要由带点火模块的点火线圈、高压线、火花塞以及各种传感器组成，如
图4-36所示。点火由发动机ECU实施集中控制，点火顺序为1-3-4-2缸。点火时两
缸同时串联点火，一个气缸处于排气终了，另一个气缸处于压缩终了。由于处于排
气行程的气缸内压力较低，火花塞击穿电压较低，点火能量消耗较少，对处于压缩
行程的另一个气缸的点火效果影响不大。无分电器点火系统的优点是无旋转件、无
机械磨损、高压导线数量少、对
无线电干扰小。

无分电器点火系统的主要部
件是点火线圈及点火模块。点火
线圈及点火模块装在一个壳体里，
固定在气缸体上。点火线圈的壳
体上有各缸排序标识A、B、C、
D，对应的缸号分别是1、2、3、
4。1、4缸共用一个点火线圈，2、
3缸共用一个点火线圈。点火模块
根据发动机ECU指令控制点火线
圈一次绕组的通、断电，从而使

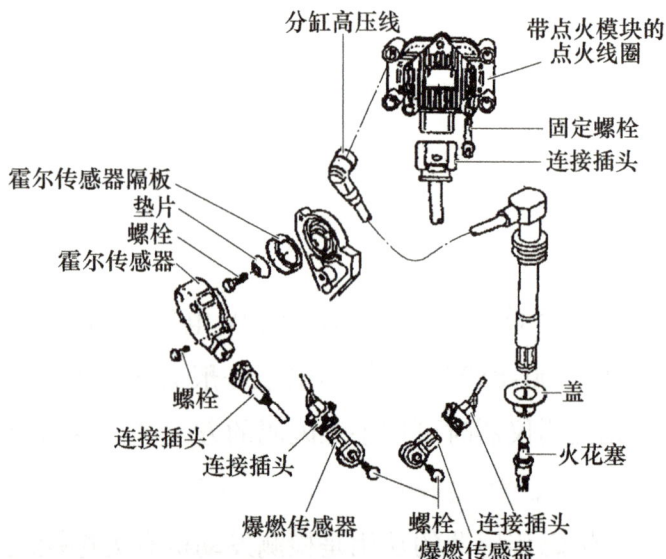

图4-36　无分电器点火系统

二次绕组在一次电流截断瞬间产生点火高压。

2. 继电器

（1）主继电器　主继电器是给电子控制系统各部分供电的继电器。主继电器的结构和电路如图 4-37 所示。接通点火开关后，电流将通过主继电器线圈，使其触点闭合，接通电子控制系统各部分的供电电路。

（2）断路继电器　L 型电控系统燃油泵工作控制电路中断路继电器的作用是：当发动机停转后，自动切断燃油泵的电源，如图 4-38 所示。

在 L 型燃油喷射系统中，燃油泵开关装在空气流量传感器内。发动机起动时，点火开关起动（ST）端接通，电路断开继电器内线圈 L2 通电，继电器触点闭合，电源向燃油泵电机通电，燃油泵开始工作。发动机起动后，吸入的空气流使空气流量传感器内的翼片转动，空气流量传感器内的燃油泵开关接通，继电器线圈 L1 通电。这时，即使起动端（ST）断开，其继电器触点仍呈接通状态。当发动机由于某种原因停止转动时，空气流量传感器内的燃油泵开关断开，继电器线圈 L1 断电，继电器触点断开，燃油泵停止工作。

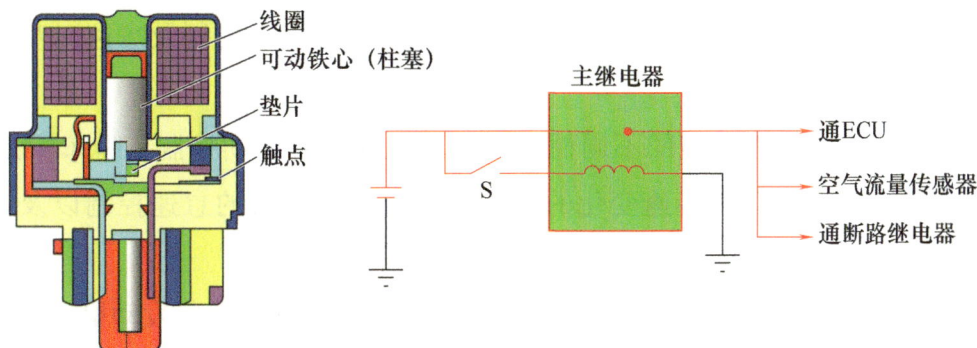

图 4-37　主继电器构造及电路

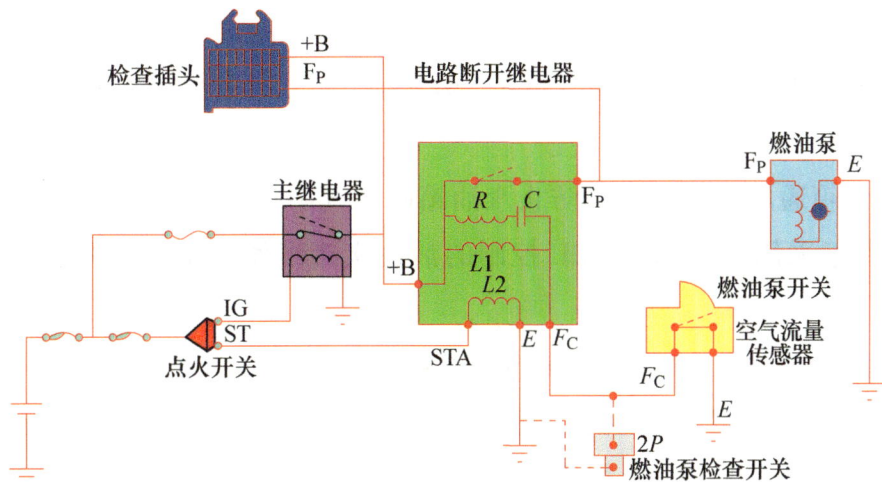

图 4-38　燃油泵控制电路（L 型 EFI 系统）

在检查燃油泵工作情况时，可用跨接线连接插座内的 +B 和 F_P 端子，当点火开关位于接通（ON）位置时，燃油泵就能工作。

四、电控汽油喷射系统的控制

1. 燃油喷射的控制

燃油喷射的控制主要是指喷油正时控制和喷油量的控制。发动机 ECU 对喷油量的控制主要是根据空气流量传感器检测的进气量和发动机转速确定基本喷油量，根据冷却液温度、进气温度、节气门开度、蓄电池电压等参数加以修正，最后确定喷油时间的长短（脉冲宽度），根据曲轴位置传感器的信号确定喷油时刻，获得该工况下的最佳空燃比。

2. 点火系统的控制

现代汽车广泛采用计算机控制点火系统。系统利用发动机转速、负荷、曲轴位置、冷却液温度、进气温度等传感器信号，计算机选择或计算点火提前角，根据结果控制点火线圈中一次电流的通断，控制点火系统的工作。

3. 辅助控制

（1）怠速控制　怠速控制的实质是对怠速时充气量的控制及怠速时喷油量的控制。

怠速控制的方式因车型的不同而不同，一般内容有起动控制、暖车（快怠速）控制、反馈控制、发动机转速变化的预控制、负荷增大时的怠速控制以及学习控制等。

怠速空气量的控制类型及方法因车型而异。对电控燃油喷射发动机来讲，目前可分为两种基本类型：一种是控制节气门旁通通道空气量的旁通空气道式；另一种是直接控制节气门关闭位置的节气门直动式。两种机构都利用调节空气通路面积的方法来控制空气流量。在节气门直动式中，必须克服沿节气门关闭方向增加的回位弹簧作用力，响应性不如旁通空气道式。旁通空气道式是目前较常见的一种。

（2）排放控制

1）汽油箱通风控制。为了防止汽油箱向大气中排放汽油蒸气所产生的污染，现代轿车普遍采用由发动机 ECU 控制的活性炭罐蒸发污染控制系统，如图 4-39 所示。

汽油箱中的汽油蒸气通过单向阀进入炭罐上部，空气从炭罐下部进入清洗活性炭。发动机工作时，ECU 根据发动机的转速、温度、空气流量等信号，控制活性炭罐电磁阀的动作来控制排放控制阀上部的真空度，从而控制排放阀的开闭动作。当排放控制阀打开时，汽油蒸气通过阀中的定量孔吸入进气歧管，然后进入气缸烧掉。

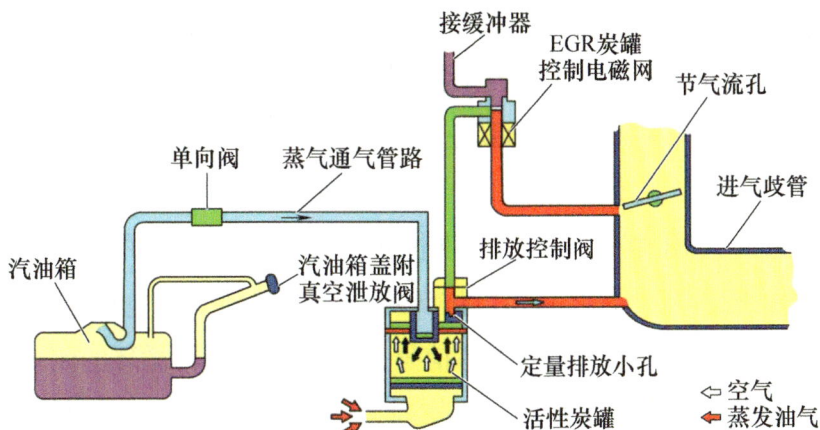

图 4-39 活性炭罐蒸发污染控制系统

2）废气再循环系统。废气再循环（Exhaust Gas Recirculation，EGR）是目前国外用于净化 NO_x 的一种有效措施。它将一部分废气引入进气管，与新鲜空气混合后进入气缸燃烧。降低了燃烧室内的最高温度，使 NO_x 生成量减少。通常，废气再循环程度用 EGR 率来表示，其定义是：

$$EGR 率 = EGR 流量 / （吸入空气量 + EGR 流量）$$

有资料表明，当 EGR 率达到 15% 时，NO_x 的排放量即可减少 60%。但是 EGR 率增大时，会使发动机动力性能下降，HC 含量上升。利用 ECU 来控制 EGR 率，即能使 NO_x 排放量有效性降低，又可保证发动机的动力性。EGR 电子控制系统的主要功能就是选择 NO_x 排放量多的发动机运转范围，进行适量的 EGR 率控制。

废气再循环主要执行部件为废气再循环阀（EGR 阀），如图 4-40 所示。EGR 阀主要由膜片、回位弹簧、阀门和阀座等组成，膜片上方为真空气室，阀门与膜片连动。如图 4-40c 所示，它安装在进气歧管和排气歧管之间的特殊通道中，因此，控制EGR 阀真空气室中的真空度，即可控制再循环废气量。

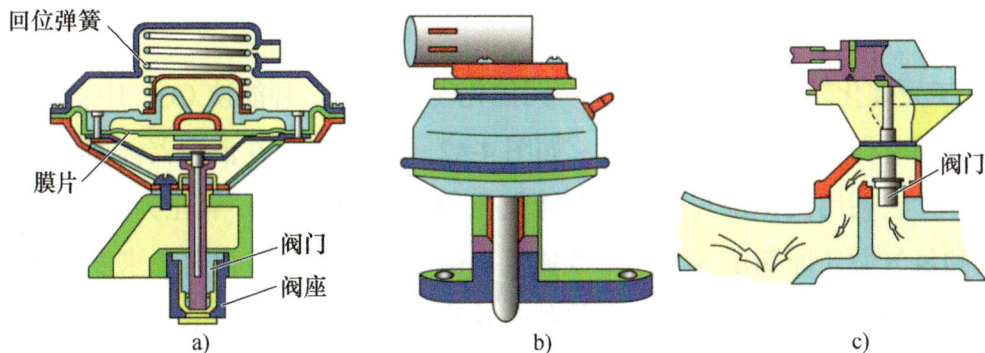

图 4-40 EGR 阀

适时、适量的废气再循环可减少 NO_x 的生成，过度的废气再循环会影响发动机的正常工作，特别是在息速、低转速小负荷及发动机处于冷态运动时，再循环的废气将会明显影响发动机的性能。应根据发动机工况的变化自动控制废气是否参与再循环和参与再循环的废气量。这种自动控制通常都是由发动机 ECU 监测发动机的运行状态，通过电磁阀来控制 EGR 阀真空气室内的真空度来实现的。图 4-41 所示即为一个废气再循环系统，主要由 EGR 阀、EGR 电磁阀和 CVC 阀等组成。其中 CVC 阀的功用是保持进入 EGR 电磁阀的真空度恒定不变；EGR 阀上的 EGR 位置传感器的功用是检测 EGR 阀的开度，并利用电位计将开启位置转变为电压信号，反馈给发动机 ECU，作为其控制废气再循环的参考信号，以实现废气再循环的闭环控制。

该系统的工作过程是：在发动机工作时，发动机 ECU 根据发动机转速、空气流量、进气管压力、冷却液温度、EGR 阀位置等信号，控制 EGR 电磁阀电磁线圈的通电时间的长短，控制进入 EGR 阀真空气室的真空度，来控制 EGR 阀的开度而改变参与再循环的废气量。

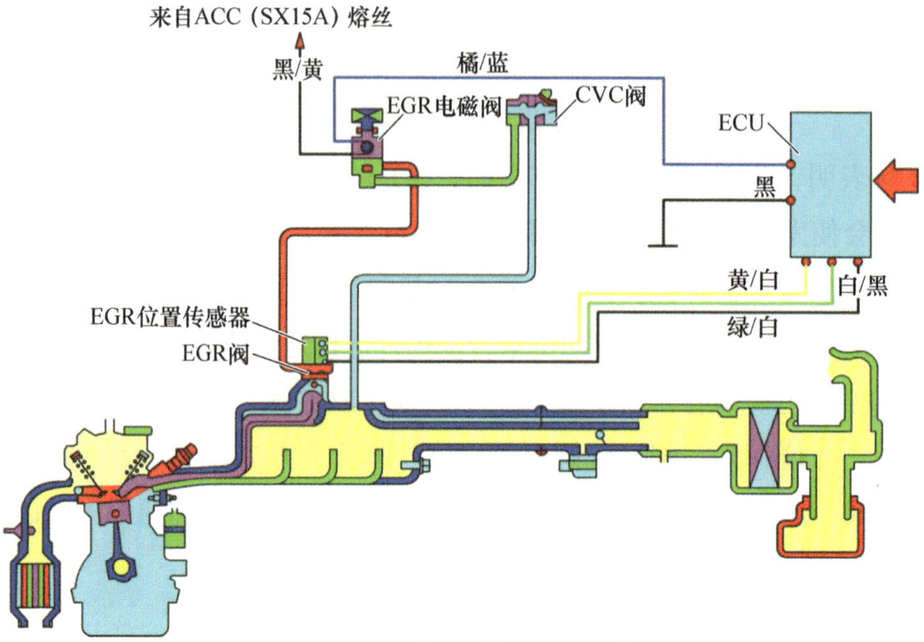

图 4-41　废气再循环控制系统

3）三元催化转化器循环控制。三元催化转化器是一种能使 CO、HC 和 NO_x 3 种有害成分同时得到净化的控制装置，如图 4-42 所示，它装在消声器前面。在催化剂的作用下，它利用汽车排气中的氧气做氧化剂，把 CO 与 HC 氧化为二氧化碳和水，以碳氢和氢气做还原剂使 NO_x 还原成氮气。由于三元催化转化器要求发动机空燃比能较精确地控制在理论空燃比附近的某一狭窄范围内，它常与电控喷油系统结合在一起使用。用氧传感器检测排气中的氧浓度，向发动机 ECU 输入一个排气中氧浓度变化的电信号，构成一个控制空燃比的反馈电路，使发动机混合气空燃比经常控制在理论空燃比附近，从而获得最佳的净化效果。

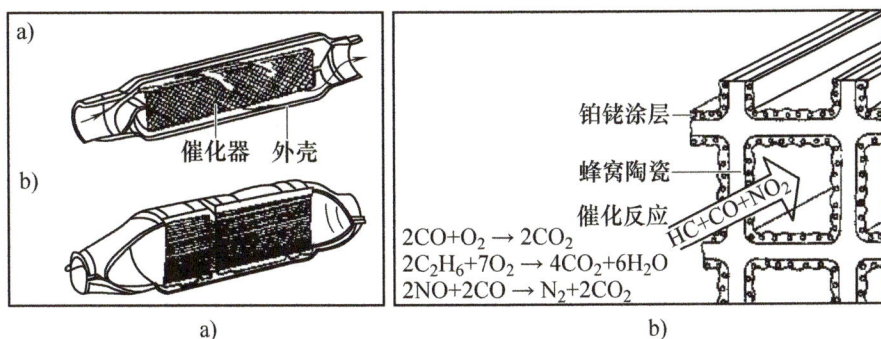

图 4-42　三元催化转化器的结构

a）颗粒状态催化剂　b）裂体蜂窝状催化剂

三元催化转化器由不锈钢外壳、载体和催化层 3 部分组成。载体分氧化铝、多孔陶瓷和金属网 3 种。目前应用最多的是陶瓷载体。

4）二次空气喷射（AIR）系统。二次空气喷射系统又称为空气管理系统，采用此系统的目的是进一步降低排气中的有害物及提高催化剂的氧化率。二次空气喷射系统的实质是将一定量的空气引入排气管中，使废气中的 CO 和 HC 进一步燃烧，以减少 CO 和 HC 的排放，是减少污染物排放的最早使用的办法，在采用催化转化器后，这一方法仍然采用。

图 4-43 为奥迪 A6 轿车发动机二次空气系统（属选装）的工作原理图。在冷起动阶段，发动机 ECU 通过二次空气泵继电器起动二次空气泵电机，使空气到达二次空气进气组合阀。此时，二次空气阀起动，使真空作用到二次空气进气组合阀上，二次空气进气组合阀开启，将二次空气送到气缸盖排气通道中。

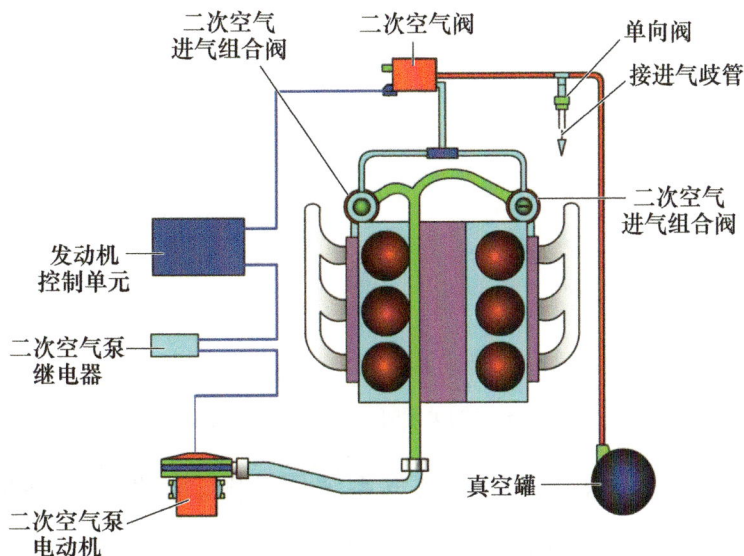

图 4-43　二次空气系统的工作原理

（3）可变进气控制

1）可变进气系统的概念。可变进气系统是利用发动机工作时，进气管道进气动态效应来提高充气效率，以达到在发动机转速范围内增大发动机的转矩和功率的目的。常将进气动态效应视为惯性效应和波动效应共同作用的结果。

利用进气动态效应来提高充气效率是指利用进气门关闭后，进气管的气体继续来回波动的作用来提高充气效率。在进气门关闭时，进气管的气流还在继续来回波动，在进气管中周而复始地来回传播，致使进气门处压力时高时低。如果进气管的形状、长度和直径合适，有利于压力波的反射和谐振，使正压波与下一个循环进气过程重合，就能使进气终了时的压力升高，达到提高充气效率的目的。

2）可变进气系统的结构形式。汽车发动机上采用设置动力腔、谐振腔及各种结构形式的可变进气系统，按照气体压力波传播的特点设计进气道，以利用进气动态效应来提高充气效率。

合适的进气道长度、直径（横截面）与发动机转速有关。一个长度和截面固定的进气道，只能在一定的转速范围内有较好的动态效应和充气效果。一般在低速工作时，较细长的进气道充气效果较好，在高转速工作时，短而粗的进气道充气效果较好。如果采用长度可变的进气道，可使发动机在较大的转速范围内都有较好的充气效果。在不同车型上采用的可变进气系统也不完全相同。

图 4-44 所示为奥迪 V6 发动机可变进气系统的进气歧管的几何形状。在发动机的进气歧管内设置进气转换阀，它由发动机 ECU 控制。

发动机转速低于 4100r/min，每个气缸进气道中的转换阀门总是处于关闭位置，形成路径较长而截面较小的进气管道，如图 4-44a 所示；当转速大于 4100r/min 时，进气道中的转换阀门开启，构成路径较短而截面较大的进气管道，如图 4-44b 所示。

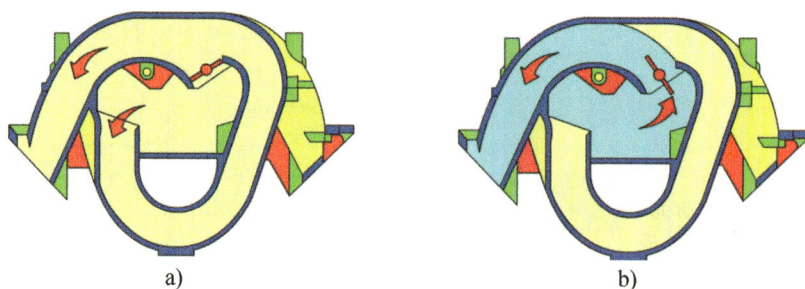

图 4-44　奥迪 V6 可变进气系统

a）转换阀关闭时　b）转换阀开启时

图 4-45 为日产汽车发动机可变进气系统原理图。当发动机在低速中、小负荷工作时，转换阀关闭，进气仅通过细长的进气管流入，可产生强烈的旋流，提高进气流速，由于细长管的动态效应，改善了中低速的转矩特性；在发动机高转速大负荷工作时，转换阀开启，形成短而粗的进气管道，提高了充气量，获得较大的功率。

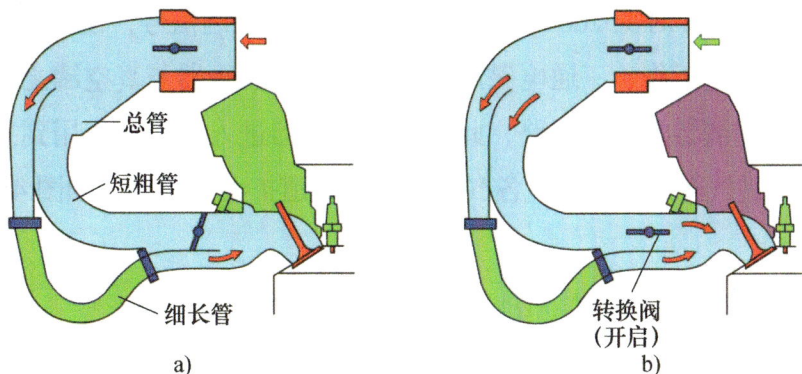

图 4-45　日产汽车发动机可变进气系统原理图

a）中、低速工作时　b）高转速工作时

3）可变进气转换阀的控制。可变进气转换阀的控制方法因车型不同有所差异，以日本丰田汽车公司采用的双进气管可变进气系统为例进行说明，如图 4-46 所示（图中只画带有转换阀的进气道，另一不带转换阀的进气道未画）。

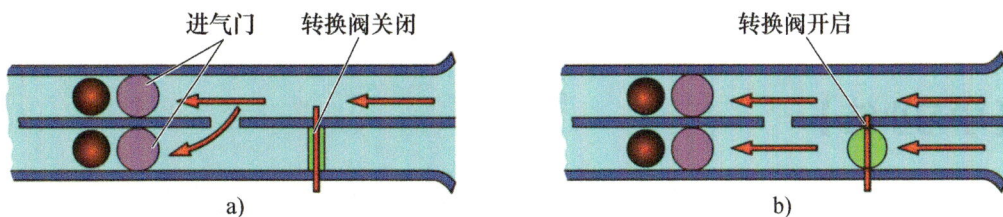

图 4-46　双进气管可变进气系统原理图

a）低转速时　b）高转速时

图 4-47 中，进气道中的进气转换阀的关闭和开启，是由膜片执行器来完成的。执行器膜片室内的工作压力由三通电磁阀进行控制。三通电磁阀的工作受发动机 ECU 控制。

三通电磁阀不通电时，膜片执行器与三通电磁阀的空气滤清器（通大气）之间的通路被关断（OFF），膜片执行器与真空罐之间形成通路（ON），此时真空罐的负压作用在执行器膜片室。当三通电磁阀通电时，膜片执行器与空气滤清器（大气）之间形成通路（ON），而膜片执行器与真空罐之间的通道被关闭（OFF），此时大气压作用在执行器膜片室。

进气转换阀的控制过程是：发动机中、低速（低于 5200r/min）工作时，三通电磁阀不通电，关闭执行器与空气滤清器之间的通路，开启执行器与真空罐之间的通路；此时储存在真空罐的进气歧管的负压，通过三通电磁阀作用到执行器的膜片室，吸力作用使执行器带动拉杆，关闭进气转换阀，即关闭了各气缸中的一个进气道，如图 4-47a 所示。

当发动机高速工作时（5200r/min 以上），ECU 输出控制信号，使驱动电路晶体管导通，三通电磁阀通电工作。三通电磁阀通电后，关闭执行器与真空罐之间的通路，开启执行器与空气滤清器之间的通路，此时空气滤清器进入的大气作用到执行器的膜片室，通过拉杆使进气转换阀打开，各气缸的进气通道扩大为两个，如图 4-47b 所示。

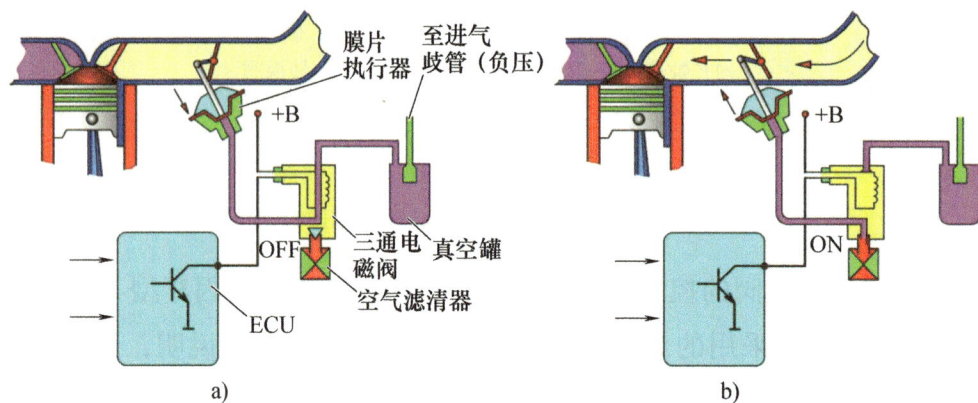

图 4-47　发动机可变进气控制系统原理图

a）中低速工作时　b）高转速工作时

【学习小结】

1. 汽油机燃料供给系统的功用是根据发动机各种不同工况的要求，准确地计量空气与燃油的混合比，并将一定数量和浓度的可燃混合气供入气缸，最后将燃烧做功后的废气排入大气。

2. 可燃混合气是指燃料与空气的混合物，对汽油机而言就是汽油与空气混合形成的混合气。可燃混合气浓度表示方法有过量空气系数和空燃比。过量空气系数是指燃烧 1kg 燃料实际供给的空气质量与理论上 1kg 燃料完全燃烧所需的空气质量之比，用 α 表示。$\alpha=1$ 的可燃混合气定义为理论混合气；$\alpha<1$ 为浓混合气；$\alpha>1$ 为稀混合气。空燃比是指实际吸入发动机中空气的质量与燃料质量的比值，用 R 或 A/F 表示。A/F=14.7 表示理论混合气；A/F>14.7 为稀混合气；A/F<14.7 为浓混合气。

3. 可变进气系统是通过进气系统的调谐作用，提高发动机的充气效率，以获得最佳的输出功率。

【思考题】

1. 简述燃油压力调节器的功用。

2. 简述空气流量传感器的功用。

3. 简述进气管绝对压力传感器的功用及工作原理。

第五章 发动机冷却系统

【学习目标】

1）能解释冷却系统的组成、功用及工作原理。

2）正确拆装各装置及部件，并进行相关部位的检验和调整。

3）能分析和排除故障。

第一节 概 述

一、冷却系统的作用

发动机工作时，气缸内燃烧气体的温度达到 2200~2800K（汽油机），如果不对汽油机采取必要的冷却措施，将不能保证其正常工作。发动机冷却系统的任务就是使发动机得到适度的冷却，从而保持在最适宜的温度范围内工作。

二、冷却系统的分类

发动机冷却系统按冷却介质的不同，可分为水冷和风冷两类。

（1）水冷却系统 通过冷却液在水套内循环流动吸收热量，再将热量散入大气而进行冷却的一系列装置。水冷却系统因冷却效率高、散热均匀、工作可靠而广泛用于汽车发动机上。

（2）风冷却系统 将发动机中高温零部件的热量通过装在气缸体和气缸盖表面的散热片直接散入大气中而进行冷却的一系列装置。风冷却系统因冷却效果差、噪声大、功耗大等缺点，仅用于部分小排量及军用汽车发动机，如图5-1所示。

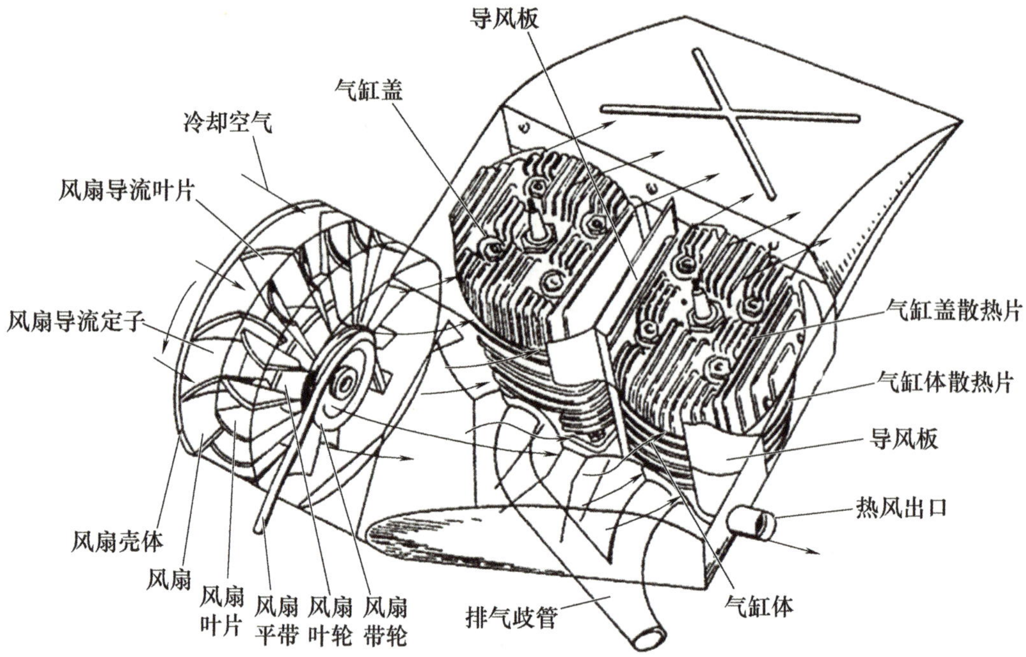

图 5-1　发动机风冷却系统示意图

扫一扫

冷却系统的循环示意图

第二节　水冷却系统的组成及水路循环

目前，汽车发动机上普遍采用的是强制循环式水冷却系统，如图 5-2 所示。它利用水泵将冷却液压力提高，使其在发动机冷却系统中循环流动，并通过散热器将热量散入大气中。

水冷发动机的气缸盖和气缸体制有相互连通的水套。冷却液在水泵的作用下，流经气缸体及气缸盖的水套而吸收热量，然后沿水管流入散热器。利用汽车行驶的速度和风扇的强力抽吸，使气流通过散热器，从而使流经散热器的高温冷却液的温度下降。冷却后的水流被水泵再次泵入发动机的水套中，如此循环将发动机工作时产生的热量不断带走，保证发动机的正常工作。

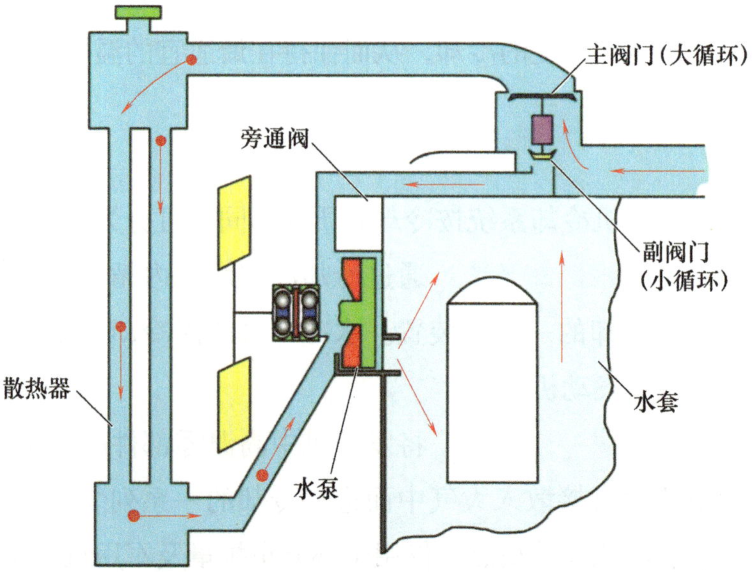

图 5-2　强制循环式水冷系统

发动机装配中，各相

对运动部件均留有一定的间隙，这些间隙必须在发动机达到规定工作温度的条件下，才能保证发动机润滑的正常。为使发动机在低温时减少热量损失、缩短暖机时间，冷却系统中设有调节温度的装置，如节温器、风扇离合器及百叶窗等。

第三节　水冷却系统的主要部件

一、散热器

散热器的作用是将冷却液的热量散发到大气中，使发动机得到正常的工作温度。散热器主要由散热片、芯管、上下水室等组成，其断面构造如图 5-3 所示。散热器芯管大都采用扁圆形断面，有利于散热和承受冷却液循环及受热的膨胀力。

散热器上水室设有加水口，加水口通过闭式冷却系统的散热器盖密封，这种闭式冷却系统的散热器盖为压力式结构，当冷却液受热膨胀使系统压力增大时，仍能密封而不致因冷却液温度达到 373K（100℃）以上时冷却液在此喷出。因散热器盖上制有卸压阀和真空阀，其工作原理如图 5-4 所示。

当冷却液温度增高使体积膨胀时，系统压力也随之增大。当冷却系统压力超过规定值时（如 100~120℃时的压力为 0.03~0.1MPa），散热器盖上的卸压阀便自动打开，过高的压力将随卸压阀的开启通过溢流管流出。

当汽车行驶或发动机负荷降低后，冷却液温度和压力随之下降，此时真空补偿阀门打开可以补充进一部分空气或储液罐中的冷却液。

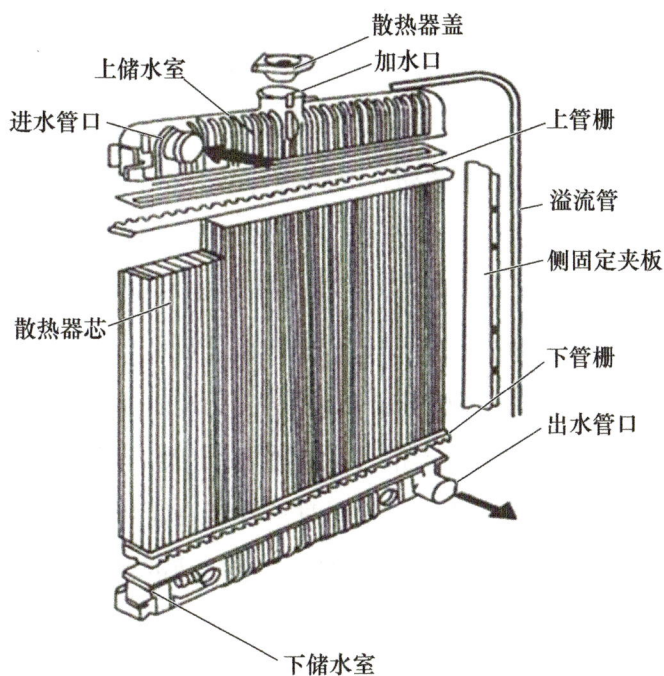

图 5-3　散热器的断面构造

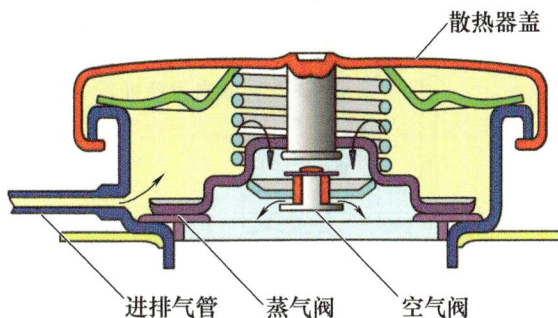

图 5-4　散热器盖、卸压阀的工作原理图

由于闭式冷却系统在热状态下具有一定的压力，因此打开散热器盖时应注意避免冷却液溅出烫伤。

发动机冷却系统中加注长效防冻液，不仅可以防止冷却液冻结，而且还有效地避免了冷却系统集结水垢，延长了冷却系统部件的使用寿命。

二、节温器

节温器的作用是随发动机负荷的变化及冷却液温度的变化，自动调节进入散热器的冷却液流量，以保证发动机的最佳温度运转。

汽车上普遍装有节温器，如图5-5所示，为双阀蜡式节温器。它主要由推杆、上支架、大循环阀座、大循环阀门、小循环阀门、小循环阀门弹簧、下支架、大循环阀门弹簧和温度感应体等组成。

蜡式节温器的工作原理：当发动机冷却液温度低于349K（76℃）时，温度感应体内的石蜡呈固态，大循环阀门被弹簧压紧在阀座上，同时带动小循环阀门向上移动，节温器自动关闭气缸盖通往散热器的通道，同时开放由出水口至水泵的循环水

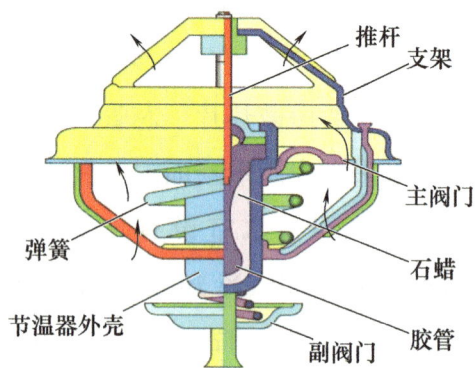

图 5-5　双阀蜡式节温器的构造

通道，在发动机水套内形成小循环如图5-6a所示，可以加快冷却液温度的升高。

当冷却系统温度达到349K（76℃）时，节温器温度感应体内的石蜡开始熔化，由固态逐渐变成液态使体积发生膨胀，其中的橡胶管被压缩变形并推动中心杆向上移动。但是，由于推杆上端受上支架的限制，所以迫使温度感应体向下移动使大循环阀门逐渐开启。与此同时，套装在温度感应体下端的小循环阀门在弹簧的作用下随温度感应体下移而逐渐关闭，冷却液的循环方式由小循环向大循环过渡。随着发动机

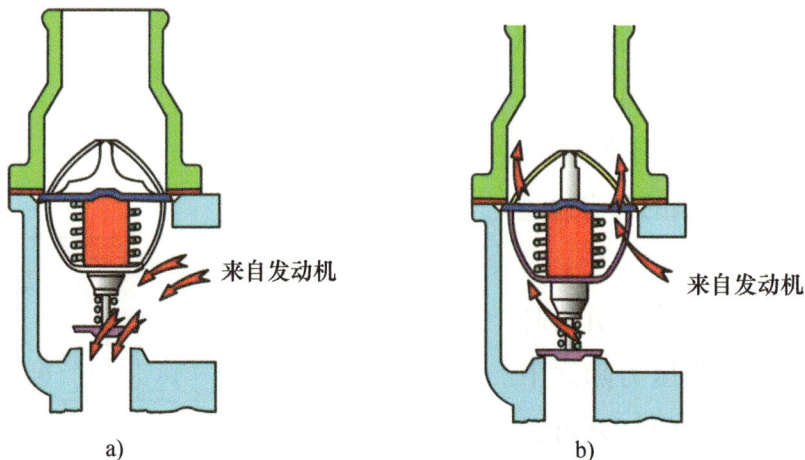

图 5-6　节温器形成的小循环

a）小循环　b）大循环

冷却液温度继续升高到359K（86℃）以上时，大循环阀门全开而小循环阀门全闭，如图5-6b所示，使发动机冷却液控制在最佳工作温度353~363K（80~90℃）范围内。

反之，当冷却液温度低于76℃时，液态的石蜡开始凝固、收缩，大循环阀门在弹簧的作用下压紧在阀座上，同时小循环阀门上移，使之重新恢复到小循环工作状态。

三、水泵

水泵一般安装在发动机前端，通常与风扇一起用带轮同轴驱动。水泵的作用是对冷却液加压后，使之在冷却系统中循环流动。

发动机广泛采用离心式水泵。它具有结构紧凑、泵水量大及因故障停止工作时，不妨碍冷却液在冷却系统内自然循环等优点，如图5-7所示。当叶轮旋转时，水泵内的冷却液被叶片推动一起旋转，在离心力的作用下甩向叶轮边缘，由壳体收集送往出水管，压入发动机冷却液道。与此同时，叶轮中心因具有负压而使散热器中的冷却液经进水管被吸入水泵。

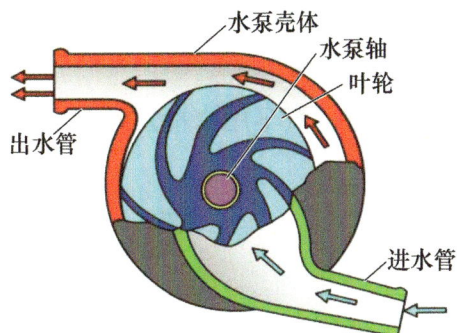

图5-7 离心式水泵示意图

图5-8所示为一汽捷达轿车EA827型发动机水泵的纵剖面图。水泵轴通过向心球轴承支承在水泵壳体上。水泵轴左端通过水泵轴凸缘，用紧固螺栓与水泵带轮相连，右端则连接水泵叶轮。为防止泵内高压冷却液沿泵轴向外渗漏，在叶轮的前端装有密封装置。

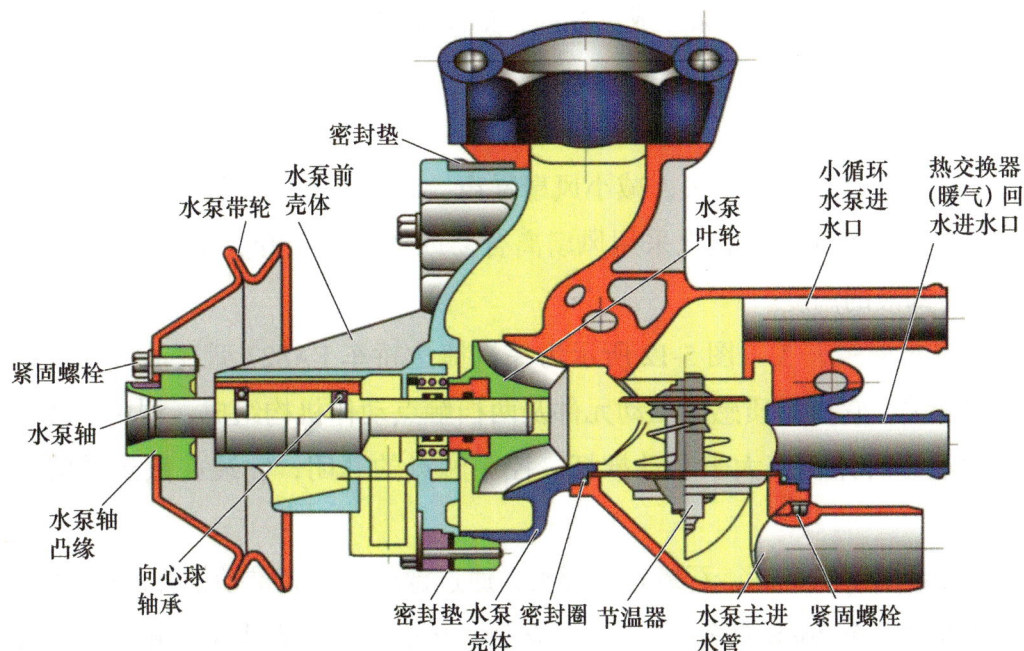

图5-8 水泵的纵剖面图

一汽捷达轿车 5 气门发动机水泵结构如图 5-9 所示，由叶轮、同步带轮、水泵轴承、轴承座和水封等组成。

四、风扇

风扇通常安装在散热器的后面并与水泵同轴驱动，用来提高流经散热器的空气流速和流量，增强散热器的散热能力，同时对发动机其他附件也有一定的冷却作用。风扇的风量主要取决于风扇的直径、转速、叶片形状及安装角等。

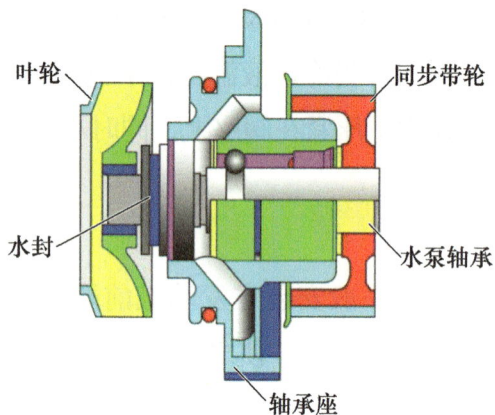

图 5-9　5 气门发动机水泵结构

目前，汽车用水冷发动机大多采用轴流式风扇，如图 5-10 所示。

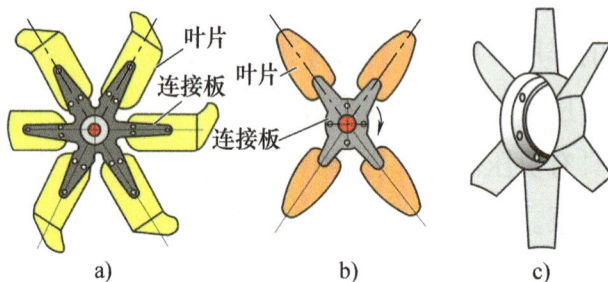

图 5-10　轴流式风扇类型

a）叶尖前弯的风扇　b）尖窄根宽的风扇　c）尼龙压铸整体风扇

一般风扇和电动机一起由曲轴带轮通过 V 带驱动。为便于 V 带的安装及调整，通常将发电机与发电机的支架做成可调的，如图 5-11 所示。

五、风扇离合器和温控开关

为了减少发动机功率损失，减小风扇噪声，改善低温起动性能，节约燃料及降低排放，在有些汽车发动机上采用风扇离合器或风扇温控开关来控制风扇的转速，自动调节冷却液的温度。

（1）风扇温控开关　图 5-12 所示为一汽捷达轿车 EA827 型发动机的双温蜡质热敏温控开关。它由蜡质感温驱动元件及两档触点动作机构组成，利用石蜡受热由固态变为液态时体积变大来移动推杆，控制触点的开闭，它装在散热器的膨胀水箱上。

随冷却液温度的升高，石蜡开始膨胀，通过橡胶密封膜推动推杆而压动拉簧架。当冷却液温度升至 368K（95℃）时，低速触点闭合，散热器电动风扇接通电源，以1600r/min 低速运转。当冷却液温度继续上升，至 378K 时，因石蜡继续膨胀而使高速触点闭合，使散热器电动风扇以 2400r/min 的高速运转，以增强冷却强度。当冷却液温度下降时，石蜡体积收缩，推杆在触点拉力的作用下回缩而使触点断开，实现了对散热器风扇的控制。

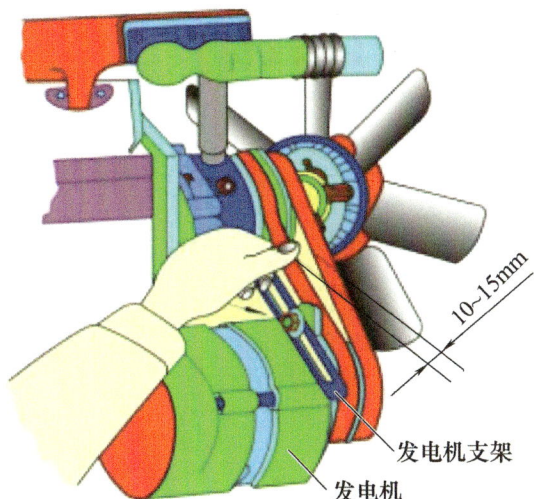

图 5-11　风扇的驱动及 V 带张紧装置

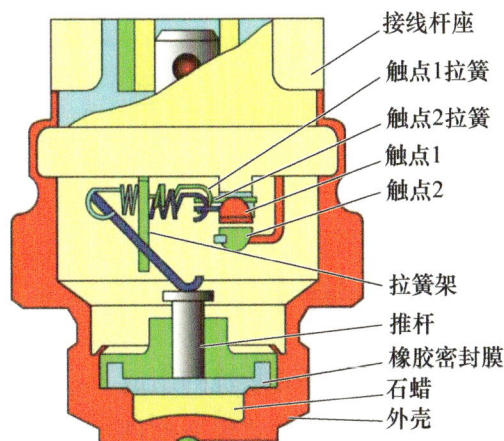

图 5-12　双温蜡质热敏温控开关

（2）百叶窗　在某些汽车发动机散热器的前面还装有起辅助调节冷却强度的百叶窗。它由许多片活动挡板组成，可由驾驶人通过手柄在驾驶室内操纵、控制；也可由感温器根据冷却液温度的高低自动调节百叶窗挡风板的开度，来调节流经散热器的空气量，使发动机保持在适宜的温度下工作。

【学习小结】

1. 发动机冷却系统按冷却介质的不同，可分为水冷和风冷。

2. 汽车发动机上普遍采用的是强制循环式水冷系统。它利用水泵将冷却液提高压力，使其在发动机冷却系统中循环流动。

【思考题】

1. 简述冷却系统的功用。

2. 简述节温器的工作原理。

第六章　发动机润滑系统

【学习目标】

1）能解释润滑系统的组成、功用及工作原理。

2）正确拆装各装置及部件，并进行相关部位的检验和调整。

3）分析和排除故障。

一、润滑系统的功用及润滑方式

润滑系统的功用是将清洁的机油以一定的压力不断地供给各运动零部件的摩擦表面，以减少零部件的摩擦和磨损；流动的机油还能清除摩擦表面的磨屑、尘砂、积炭等杂质；此外，机油还能吸收摩擦表面的热量，填充零部件间隙与空隙，减少气体泄漏，帮助活塞环加强密封，减缓零部件间冲击振动，降低工作噪声及防止零部件间表面生锈。

发动机运转时，由于发动机各运动零部件的工作条件不同，所要求的润滑条件也不同，需采取不同的润滑方式。发动机润滑多采用压力润滑、飞溅润滑、复合润滑和润滑脂润滑。

二、发动机润滑系统的组成

扫一扫

发动机润滑
系统示意图

润滑系统主要由油底壳、机油泵、限压阀及旁通阀、机油滤清器、机油冷却器、机油压力表、温度表和机油尺组成，此外，发动机润滑系统还包括部分油管和在发动机机体上加工出的油道等。

机油冷却器如图 6-1 所示，主要由双头螺栓、弹簧垫圈、六角螺母及垫片、机油冷却器盖板、油道螺塞、"O"形密封圈、安全阀总成和平垫圈等组成。

机油冷却器在有些热负荷较高的发动机上设置，其作用是加强机油的冷却，保持机油的温度在正常工作范围（343~363K）内。

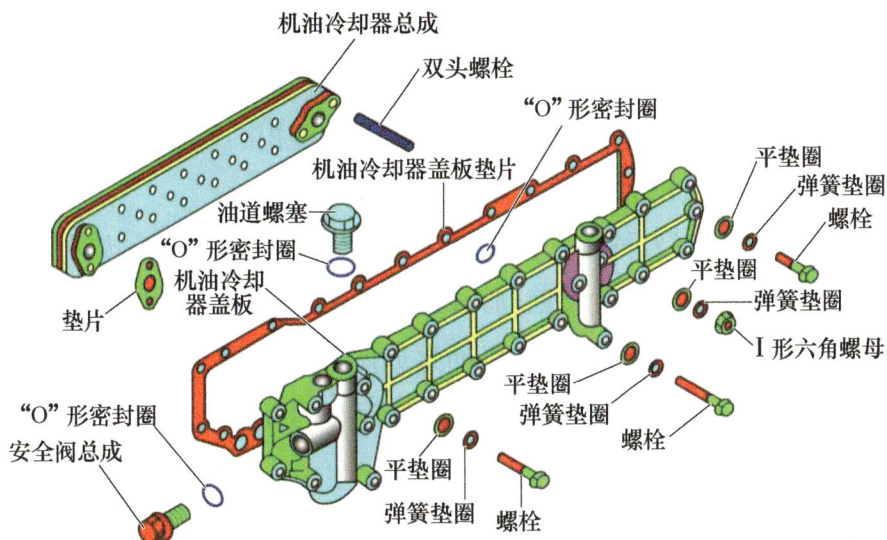

图 6-1 机油冷却器

三、润滑系统的主要部件

（一）机油泵

机油泵的作用是将一定数量的机油建立起压力并输送到各摩擦表面。

1. 齿轮式机油泵

齿轮式机油泵分为外齿式机油泵和内齿式机油泵两种。

（1）外齿式机油泵　外齿式机油泵如图 6-2 所示，主要由泵体、泵盖、滤网、限压阀和主动齿轮、从动齿轮组成，其工作原理如图 6-3 所示。

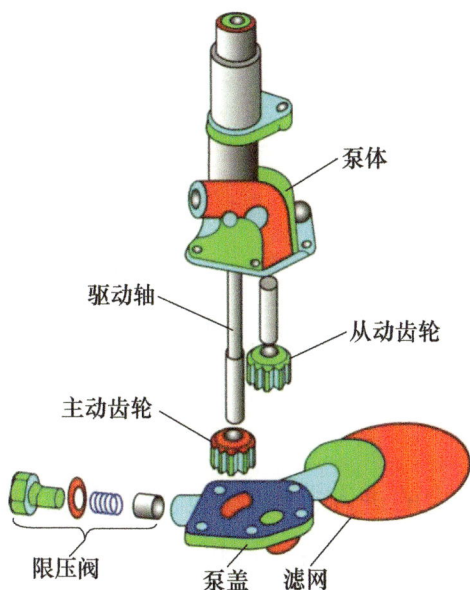

扫一扫

外齿式机油泵

图 6-2 外齿式机油泵

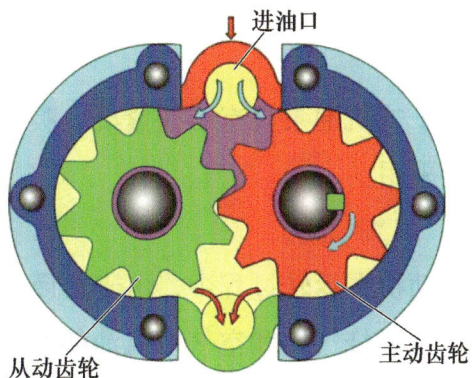

图 6-3 外齿式机油泵工作原理

机油泵主动齿轮由凸轮轴驱动旋转，从动齿轮依图 6-3 所示方向转动，进油口容积因齿轮向脱离啮合方向旋转而增大，腔内产生一定真空，机油便从进油口进入油腔。齿轮旋转时，将机油带到出油腔，而出油口的容积因齿轮进入啮合而减小，油压随即升高，机油便被从出油口压送到发动机油道。

因机油泵出油量及压力与齿轮转速成正比，当发动机高速运转时，机油压力会超过规定值，限压阀开启，机油又回到入口处，以保证一定的输油量及压力。

（2）内齿轮式机油泵 内齿轮式机油泵如图 6-4 所示，主要由泵体、主动外齿轮和从动内齿轮组成，以同方向转动，将油储存在内外齿轮间的半月块间，以产生泵油作用。

2. 转子式机油泵

转子式机油泵的工作原理如图 6-5 所示。由于主动内转子和从动外转子都装在机油泵壳体内，内转子固定在主动轴上。外转子可在壳体内转动，两者之间有一定的偏心距。从动外转子每个齿的齿形轮廓线保证在任何角度时，都与主动内转子齿形轮廓线总有一点相接触。主动内转子转动时，带动从动外转子向同一方向旋转。与进油口相通的进油腔，因内、外齿的逐渐脱离啮合而使容积增大，产生真空将油吸入并带到出油腔内。此时，因内、外齿逐渐进入啮合而使容积减小，油压升高，机油从出油口被压入主油道。

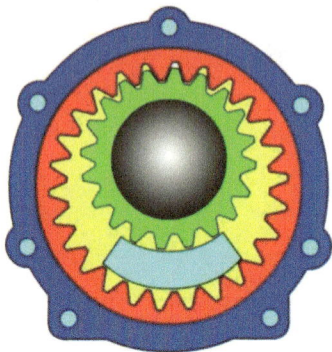

图 6-4　内齿轮式机油泵

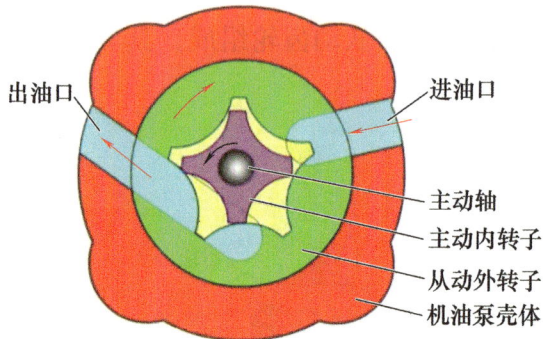

图 6-5　转子式机油泵的工作原理

转子式机油泵具有结构紧凑、吸油真空度高、输油量大、供油均匀等特点，因而广泛采用。

（二）滤清器

发动机在运转过程中，由于金属磨屑、灰尘的进入、水、积炭等将导致机油的变化以及燃烧气体和空气对机油的氧化作用，使机油变脏，这将加速运动零部件的磨损及堵塞油道，造成供油不足而加速机件的磨损和损伤。为了减少或清除杂质，保持机油的清洁，延长机油的使用寿命，在发动机润滑系统中均装有滤清器。

为了保证滤清效果，一般使用多级滤清器：集滤器、机油粗滤器和机油细滤器。不同型号的发动机润滑系统采用的机油滤清器有所不同，一般有全流式机油滤清器、分流式机油滤清器和并用式机油滤清器，如图6-6所示。

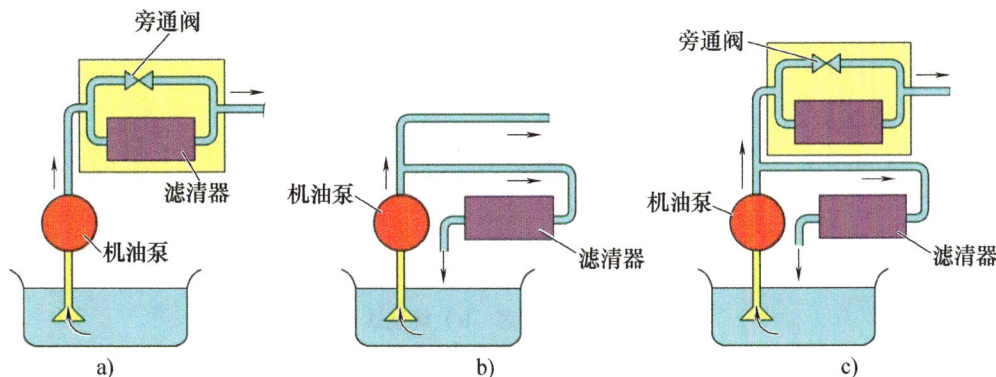

图 6-6　机油滤清方式示意图

a）全流式　b）分流式　c）并用式

1. 集滤器

集滤器装在机油泵之前的吸油端，多采用滤网式，防止粒度大的杂质进入机油泵，发动机使用的集滤器目前分为浮式集滤器和固定式集滤器两种。

浮式集滤器工作时漂浮在机油油面上，以保证油泵总是吸入最上层较清洁的机油，但油面上泡沫易被吸入，使机油压力降低。固定式集滤器装在油面下，吸入的机油清洁度稍逊于浮式集滤器，但润滑可靠，故基本取代了浮式集滤器。

2. 机油粗滤器

机油粗滤器用于滤去机油中粒度较大（直径为 0.05~0.10mm）的杂质。它对机油的流动阻力较小，故可以串联于机油泵与主油道之间，即属于全流式滤清器。

机油粗滤器根据滤清元件之间（滤芯）的不同，可以有各种不同的结构形式。一般发动机均采用纸质粗滤器。

图 6-7 所示为两种形式的机油粗滤器，一种为可以更换纸质滤芯的，经济性较好，但保养时需要拆卸清洗；另一种为旋装式滤清器，滤芯与壳体制成一个整体，直接与滤清器的上座旋入，经济性较差。滤清器壳体由环形密封圈密封。机油由上盖的进油口进入滤清器，通过滤芯滤清后，经上盖的出油口流入主油道，当滤芯被积污堵塞，其内外压差达到 15~17kPa 时，旁通阀的球阀即被顶开，大部分机油不经滤芯滤清，直接进入主油道，以保证主油道所需的机油量。

3. 机油细滤器

机油细滤器主要滤去机油中的细小杂质（直径在 0.001~0.05mm），其流量小阻力大，机油流量仅占机油泵流量的 10%~15%。故多数细滤器安装方法为分流式，即与主油道并联。

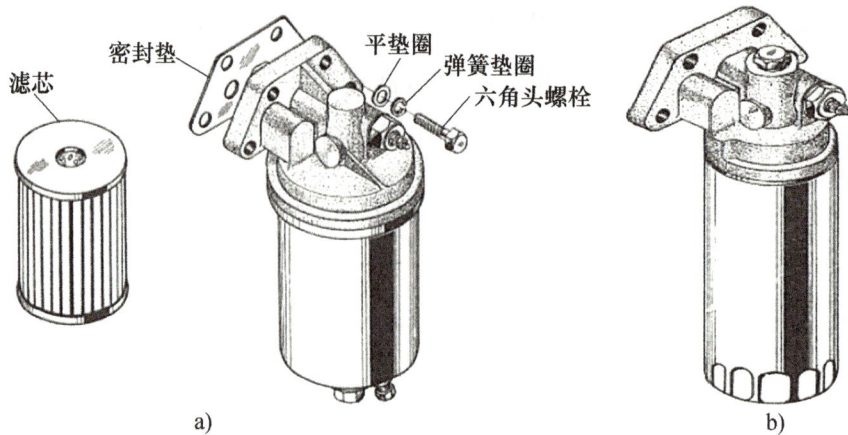

图 6-7　机油粗滤器的构造

a）可更换滤芯　b）旋装式

如 CA6110 型柴油发动机均采用离心式机油细滤器，如图 6-8 所示。

整体全流式机油滤清器如图 6-9 所示，机油滤清器串联在油路中，机油泵输出的全部机油经过滤清器滤芯（一般为整体式纸质滤芯，一次性使用），当滤芯堵塞时机油可通过旁通阀进入主油道，保证最低条件的润滑。

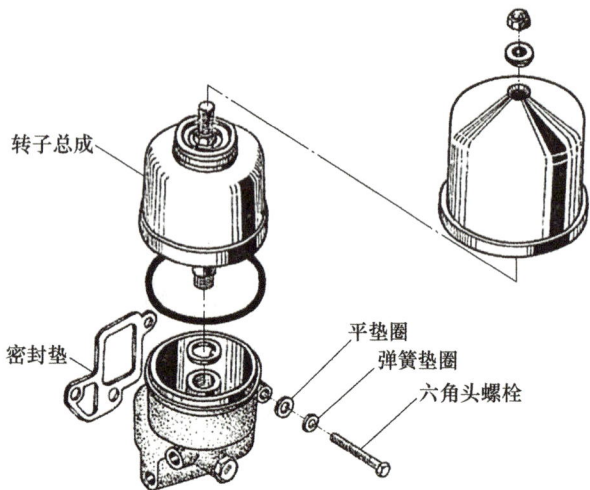

图 6-8　离心式机油细滤器

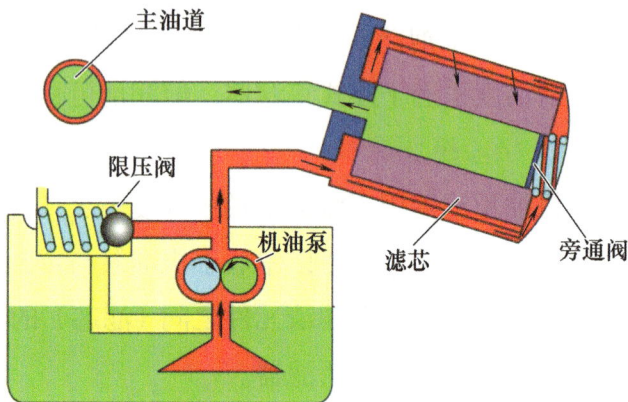

图 6-9　整体全流式机油滤清器

四、曲轴箱通风

发动机运转时，少量的可燃混合气和废气经活塞环漏入曲轴箱内。漏入曲轴箱内的可燃混合气形成水蒸气将机油稀释，使机油黏度下降；废气中的水蒸气凝结于机油中形成泡沫，影响机油的循环。废气中的水蒸气和酸性物质还会侵蚀零部件并使机油的油质变坏。同时，漏入曲轴箱内的气体使箱内压力和温度升高，造成机油从油封、衬垫处泄漏。因此曲轴箱必须设有通风装置，使漏入的气体排入大气中。

曲轴箱通风的方法有两种：一是曲轴箱所设计的通气口直接与大气相通称为自然通风。一般多用于柴油机上；二是曲轴箱所设计的通气口与发动机进气管道相连接，利用吸气的真空度作用，使曲轴箱内气体被吸入气缸再次燃烧称为强制通风。

汽油机曲轴箱一般多采用强制通风。图6-10为V形发动机曲轴箱强制通风示意图，为了防止发动机低速小负荷时进气管的真空度太大而将机油从曲轴箱内吸出，在通风管上装有单向阀（PVC阀）。

单向阀（PVC阀）构造如图6-11所示，当发动机在小负荷低速运转时，进气管真空度较大，此时阀克服弹簧的压力被吸靠在阀座上，曲轴箱内的废气经阀的中心小孔进入进气管。由于节流作用，防止了曲轴箱内的机油被吸出。当负荷加大时，进气管真空度降低，阀在弹簧张力的作用下离开阀座而逐渐打开，通风量逐渐加大。当发动机在大负荷时，阀全开，通风量最大。因此既更新了曲轴箱内的气体，又避免了机油无谓的消耗。

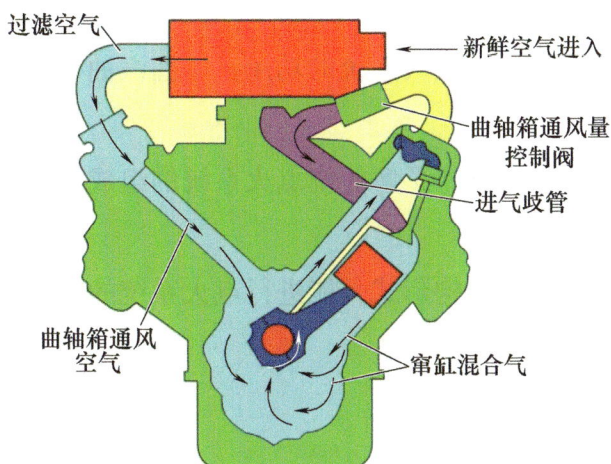

图 6-10　V形发动机曲轴箱强制通风示意图

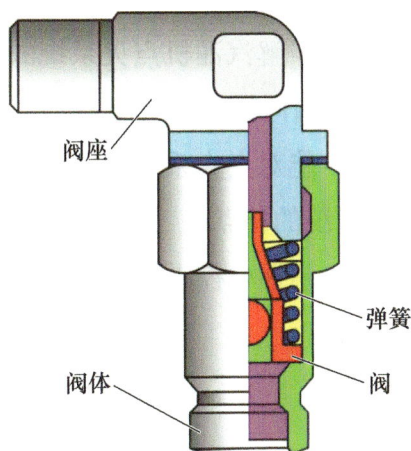

图 6-11　单向阀（PVC阀）

【学习小结】

1. 润滑系统的功用是在发动机工作时连续不断地将数量足够、压力和温度适当的洁净机油输送到全部运动副的摩擦表面，并在摩擦表面之间形成油膜，实现液体摩擦，减轻机件磨损，此外，还能起到清洁、吸热、密封、减振、降噪、防锈的功能。

2. 润滑方式有压力润滑、飞溅润滑、复合润滑和润滑脂润滑。

3. 曲轴箱通风装置可以排出漏入曲轴箱内的气体并加以利用，同时使新鲜的空气进入曲轴箱，形成对流。

【思考题】

1. 简述润滑系统的功用。

2. 简述齿轮式机油泵的结构及工作原理。

3. 简述转子式机油泵的结构及工作原理。

第七章　汽油机点火系统和起动系统

1）了解汽油机点火系统的组成，掌握汽油机点火系统的功用，掌握汽油机各部件组成的作用及工作原理。

2）能对点火系统的工作顺序进行安装及调试，了解传统点火系统的组成与电控点火系统的特点。

3）掌握电控点火系统的各传感器的功用及结构形式，能进行点火系统的简单故障分析。

第一节　汽油机点火系统概述

汽油机气缸内的可燃混合气在压缩行程终了时，利用电火花点燃，燃烧后产生强大的能量，推动活塞运动，使发动机完成做功过程。能适时在燃烧室内产生电火花的装置，被称为点火系统。

目前，在国内外汽车上使用的点火系统种类较多，主要有传统点火系统、无触点电子点火系统、微机控制点火系统等。

传统点火系统由蓄电池或发电机供给的 12V 低压电，经点火线圈和断电器转变为高压电，再经配电器分送到各缸火花塞，使其电极间产生电火花。

无触点电子点火系统取消了断电器的触点，用点火信号发生器产生点火信号，控制点火系统工作。它可以避免由触点引起的各种故障，减少了维护工作，还可以增大一次电流，提高二次电压和点火能量，改善混合气的燃烧状况，提高发动机的动力性和经济性，并减少排气污染。

微机控制点火系统由微机控制装置根据各传感器提供的信号，确定点火时刻，并发出点火控制信号，可使发动机实际点火提前角接近理想点火提前角。在各种运转条件下，点火提前角可获得精确的控制。在怠速时，最佳点火提前角的主要目标是运转平稳、排放污染最低、油耗最小；在部分负荷时，主要要求降低油耗和提高行驶安全；在大负荷时，重点是提高最大转矩和避免工作中产生爆燃。

第二节　传统点火系统

1. 传统点火系统的组成

传统点火系统的组成如图 7-1 所示，主要包括电源、点火线圈、分电器和火花塞等。

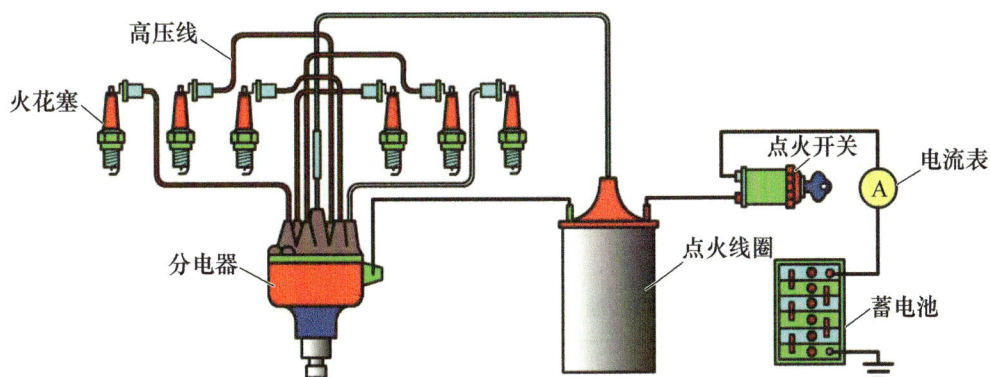

图 7-1　传统点火系统的组成

电源一般由蓄电池和发电机共同组成，可供给点火系统所需的点火能量。

点火线圈能将点火瞬间所需的能量存储在线圈的磁场中，还可将电源提供的低压电转变为足以在电极间产生击穿点火的 15~20kV 高压电。

分电器可根据发动机的工作时序，将点火线圈产生的高压电依次送到各缸火花塞。它包括断电器、配电器、电容器和点火提前机构等部分。断电器由活动触点和凸轮组成（凸轮的凸棱数与气缸数相等），其作用是闭合和断开活动触点，从而实现初级电路的接通和断开。配电器由分火头和分电器盖组成，分电器盖上有侧电极（其数目与气缸数相等）和侧接线插孔。当分火头旋转时，它上面的导电片轮流和各侧电极对应。从而将点火线圈产生的高压电按发动机的工作循环顺序送往各缸火花塞。断电器凸轮和配电器分火头装在同一轴上，由发动机配气机构凸轮轴驱动，因此，转速为曲轴转速的 1/2。电容器的作用是减小断电器触点火花，延长触点使用寿命并提高二次电压。点火提前机构随发动机转速、负荷和汽油辛烷值变化改变点火提前角。

火花塞将具有一定能量的电火花引入气缸，点燃气缸内的混合气。

2. 传统点火系统的工作原理

传统点火系统的工作原理如图 7-2 所示。发动机工作时，断电器轴连同凸轮一起在发动机凸轮轴的驱动下旋转。凸轮转动时，断电器触点交替地闭合和打开。当触点闭合时，接通点火线圈一次绕组的电路，电流从蓄电池正极—电流表—点火开关—点火线圈"+"接线柱—附加电阻 R—点火线圈一次绕组—断电器触点—搭铁—蓄电池负极。初级电路在点火线圈的铁心中产生磁场，并因铁心的作用而加强。当断电器凸轮将活动触点打开时，初级电路被切断，一次电流迅速消失，它所形成的磁场也随之消失，两个绕组中的磁通量发生变化，这样在两个绕组中就会感应出电动势。由于二次绕组的匝数多，在二次绕组中就感应出 15~20kV 的电动势，足以击穿火花塞的电极间隙，产生电火花点燃可燃混合气。高压电流由点火线圈的二次绕组—附加电阻 R—点火开关—电流表—蓄电池—搭铁—火花塞的侧电极—火花塞中心电极—配电器的侧接线插孔—分火头—点火线圈二次绕组另一侧，构成回路。发动机工作时，上述过程周而复始地重复进行，若要发动机停止工作，只要关闭点火开关，切断初级电路即可。

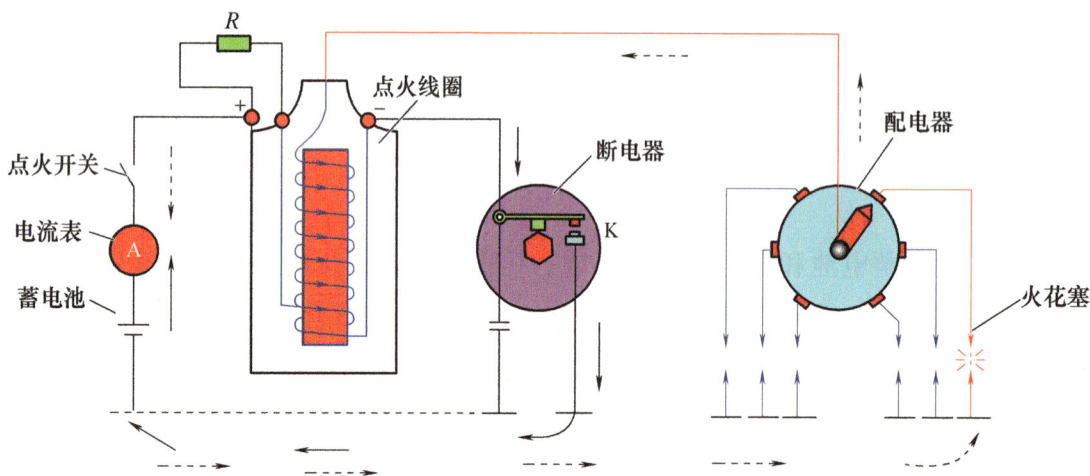

图 7-2　传统点火系统的工作原理

第三节　电控点火系统

电控电子点火系统是现代汽车发动机集中控制系统中的一个子系统，因此又称电控点火系统（ESA 系统），与传统点火系统和普通电子点火系统相比，电控点火系统彻底取消了断电器、离心式点火提前角调节器、真空式点火提前角调节器等机械装置，完全实现了电子控制，而且控制功能更强大、控制精度更高。

1. 电控点火系统的类型

电控点火系统可分为有分电器式和无分电器式两种类型，其组成和控制原理基本相同。

1）有分电器的电控点火系统，由于机械装置本身的局限性，无法保证在各种工况下所要求的最佳点火提前角。此外，由于分电器中运动部件的磨损，会导致驱动部件松旷，影响点火提前角的稳定性和均匀性。

2）无分电器的电控点火系统是一种全电子化的点火系统。其突出优点是：由于无机械传动，减少了分火头与旁电极这一中间跳火间隙的能量损耗及由此产生的射频干扰，无机构磨损、不需调整、工作可靠。此外，由于无分电器，使发动机各部件的布置更容易、更合理。

2. 电控点火系统的基本原理

电控点火系统主要由电源、传感器、ECU、点火器、点火线圈、分电器（有分电器电控点火系统）、火花塞等组成，如图 7-3 所示。

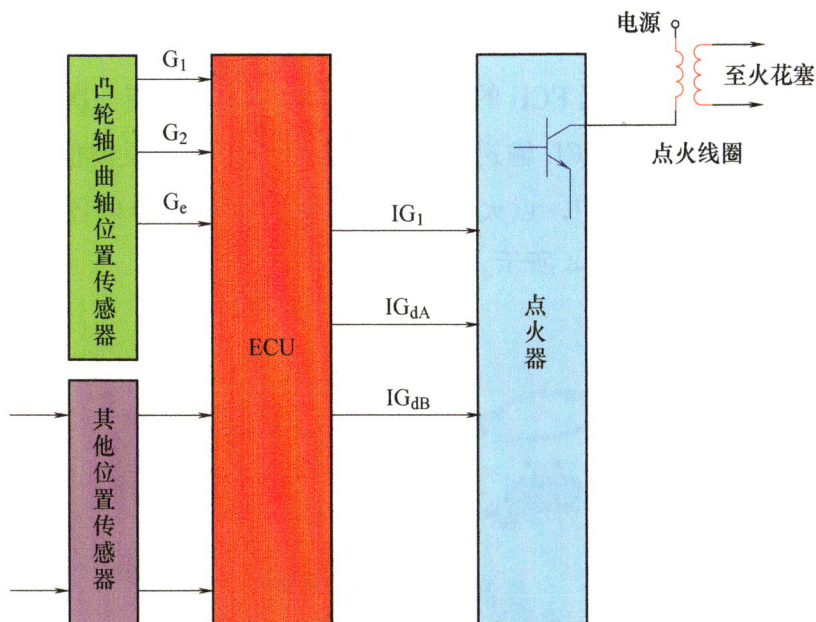

图 7-3 电控点火系统的基本组成

1）电源。电源一般由蓄电池和发电机共同组成，主要是给点火系统提供所需的电能。

2）传感器。主要用于检测发动机各种运行参数的变化，为 ECU 提供点火控制所需的信号。主要传感器有凸轮轴位置传感器、曲轴位置传感器、爆燃传感器、进气管绝对压力传感器（或空气流量传感器）、节气门位置传感器和冷却液温度传感器等。

3）ECU。ECU是电控点火系统的中枢。在发动机工作时，它不断地接收各传感器的信息，按内存的程序计算出最佳点火提前角，并向点火器发出指令。

4）点火器。点火器是电控点火系统的执行元件，它可将电子控制系统输出的点火信号进行功率放大后，驱动点火线圈工作。

5）点火线圈。点火线圈可将火花塞跳火所需的能量存储在线圈的磁场中，并将电源提供的低压电转变为足以在电极间产生击穿点火的15~20kV高压电。在有分电器的电控点火系统中，只有一个点火线圈，而无分电器点火系统中则有多个点火线圈。

6）分电器。在有分电器的电控点火系统中，分电器根据发动机的点火顺序，将点火线圈产生的高压电依次输送给各缸火花塞。

7）火花塞。火花塞主要利用点火线圈产生的高压电产生电火花，点燃气缸内的混合气。

3. 电控点火系统各主要部件的构造

1）点火器。点火器内部电路主要由气缸判别电路、闭合角控制电路、恒流控制电路和安全信号电路等组成。

点火器的主要功能是根据ECU的控制信号，控制点火线圈一次绕组回路的通电或断电，并在完成点火后向ECU输送点火确认信号IG_f（又称反馈信号或安全信号）。在有分电器式电控点火系统中，点火器和点火线圈一般都与分电器组装在一起，称之为整体式点火组件，如图7-4所示。

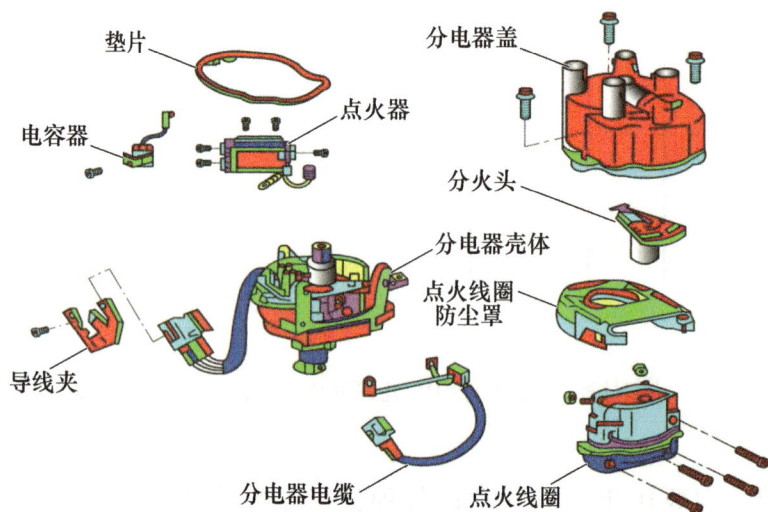

图7-4　整体式点火组件

在无分电器电控点火系统中，点火器一般单独安装在点火线圈附近，如图7-5所示。在此系统中，点火器除需根据 ECU 的控制信号控制点火线圈一次绕组回路的通或断，并向 ECU 发回点火确认信号外，还必须根据 ECU 的控制信号控制各点火线圈的工作顺序，以保证点火顺序与各缸做功次序相一致。

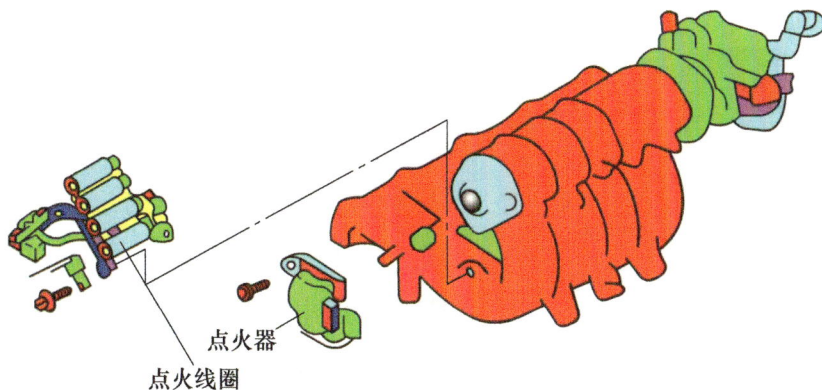

图 7-5　无分电器电控点火系统点火器位置

2）爆燃传感器。爆燃传感器是爆燃控制系统的重要部件，其功能是检测发动机是否发生爆燃及爆燃强度，ECU 根据爆燃传感器产生的电压信号对点火提前角实现反馈控制。

发动机工作时，由于爆燃所引起气缸体的机械振动是不可避免的，为了精确地控制混合气的燃烧过程，提高控制系统的工作可靠性，在 ECU 内设有爆燃信号识别电路，以判定发动机是否发生爆燃和爆燃强度，从而实现对点火提前角的反馈控制。

爆燃传感器可分为电感式和压电式两种类型，电感式爆燃传感器主要由铁心、永久磁铁、线圈及壳体等组成，如图 7-6 所示。

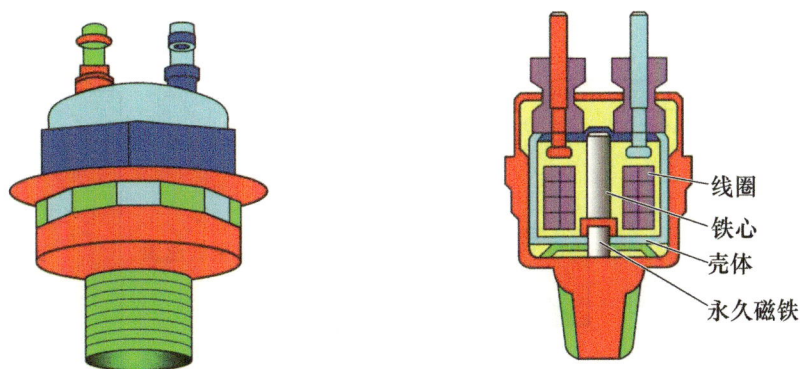

图 7-6　电感式爆燃传感器的结构

电感式爆燃传感器利用电磁感应原理检测发动机爆燃。当发动机发生爆燃时，铁心受振动而使线圈磁通发生变化，从而产生感应电动势。当电感式爆燃传感器的固有振动频率与发动机爆燃时的振动频率相同时，该传感器输出的信号电压最大。

压电式爆燃传感器利用压电效应原理检测发动机爆燃情况。与其他压电式传感器一样，必须配合一定的电压放大器或电荷放大器，将信号放大并将高阻抗输入变换为低阻抗输出。

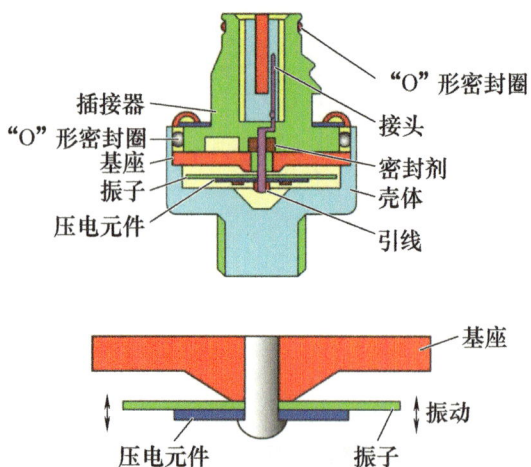

图 7-7　压电式共振型爆燃传感器

按结构不同，压电式爆燃传感器又分为共振型、非共振型等类型。压电式共振型爆燃传感器的组成如图 7-7 所示。该传感器主要由压电元件、振子、基座、壳体等组成。压电元件紧贴在振子上，振子固定在基座上。压电元件检测振子的振动压力，并转换成电信号输送给 ECU，输出信号与电感式爆燃传感器相似。由于共振型爆燃传感器振子的固有频率与发动机爆燃时的振动频率一致，所以必须与发动机配套使用，通用性差。但当爆燃发生时，振子与发动机共振，压电元件输出的信号电压明显增大，易于测量。

3）点火控制电路。各车型的点火控制电路基本相同，日本丰田皇冠 3.0 轿车点火控制电路如图 7-8 所示。点火开关接通后，蓄电池经 30A 熔体和点火开关向点火器的"+B"端子和点火线圈的"+"端子供电，点火线圈的"-"端子和点火器的"C-"端子经点火器内的晶体管搭铁，从而形成回路。ECU 根据各种传感器的信号，通过"IG$_t$"端子控制点火器内晶体管的导通与截止。点火后，点火器通过"IG$_f$"端子向 ECU 反馈点火确认信号。

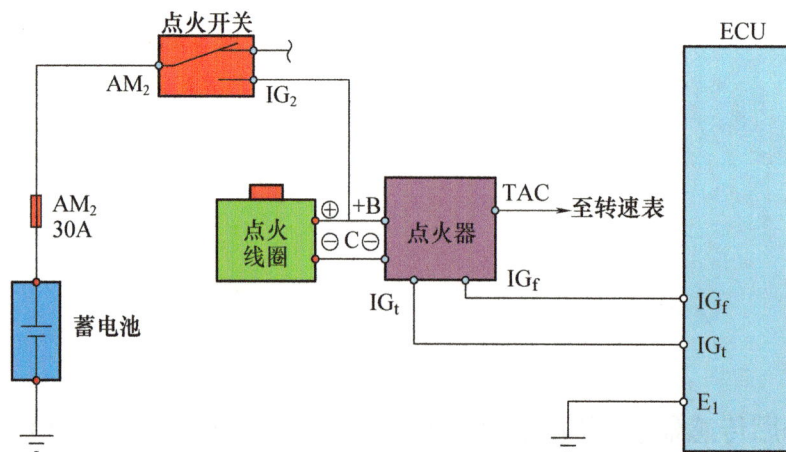

图 7-8　日本丰田皇冠 3.0 轿车点火控制电路图

第四节　发动机起动系统

发动机的起动。发动机靠外力驱动使之着火燃烧，从开始运转到着火燃烧所经历的过程称为发动机的起动。

要使发动机顺利起动，必须克服运转阻力，尤其是压缩行程的压缩气体阻力和各运动件的摩擦阻力，克服这些阻力所需要的转矩称为起动转距。柴油机的压缩比比汽油机大得多，起动更困难，需要的起动转距也更大。起动发动机时，还要求有一定的曲轴转速，称为起动转速。汽油机要求不低于50~70r/min，柴油机要求不低于150~300r/min。

发动机常用的起动方式有人力起动、辅助汽油机起动和电力起动机起动。目前大多数运输车辆都采用电力起动机起动，电力起动机起动方式是由直流电动机通过传动机构将发动机起动，它具有操作简单、体积小、质量小、安全可靠、起动迅速并可重复起动等优点，一般将这种电力起动机简称为起动机。

起动系统的作用是按发动机的要求，提供一定的转矩，使发动机达到规定的转速，顺利完成起动过程。

起动系统主要由蓄电池、起动机、起动继电器、点火开关等组成，如图7-9所示。

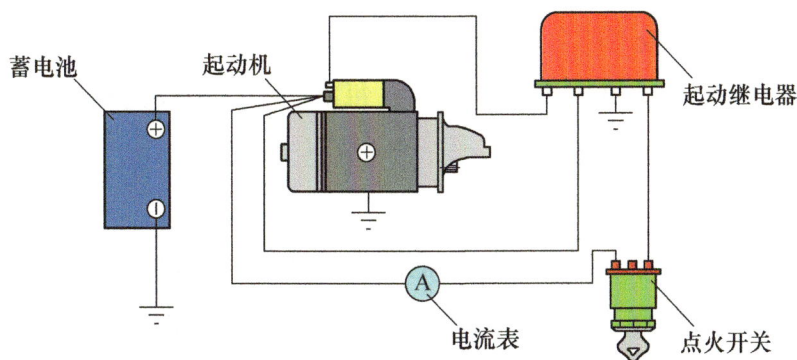

图 7-9　起动系统的组成

电磁操纵式起动机一般由直流电动机、离合机构和控制装置3部分组成，如图7-10所示。

1. 直流电动机

电动机的作用是将蓄电池输入的电能转换为机械能，产生电磁转矩。直流电动机主要由电枢、磁极和换向器等主要部件构成。

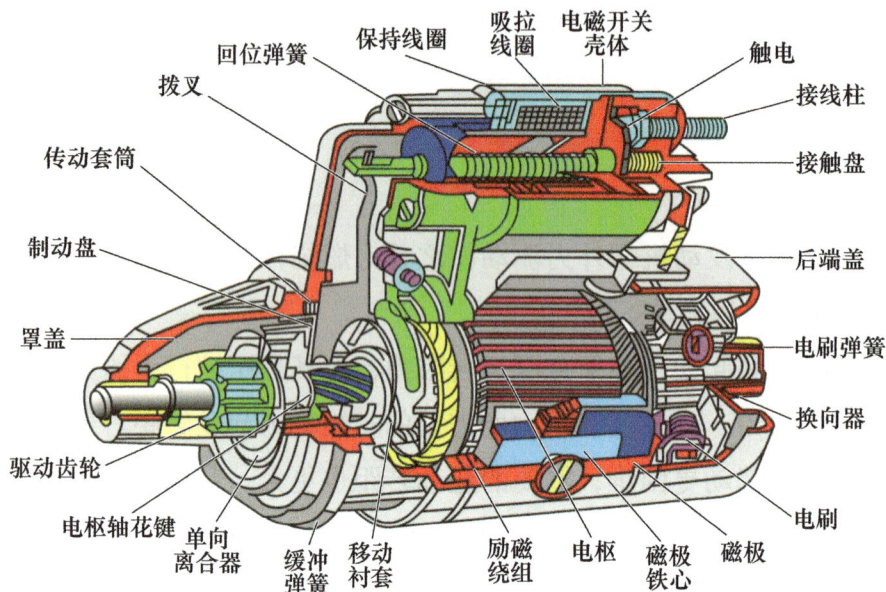

图 7-10　电磁操纵式起动机的组成

（1）**电枢**　电枢是直流电动机的旋转部分，包括电枢轴、换向器、电枢铁心、电枢绕组。为了获得足够的转矩，通过电枢绕组的电流一般为 200~600A，因此电枢绕组采用较粗的矩形裸铜线绕制成成型绕组。电枢绕组各线圈的端头均焊接在换向器片上，通过换向器和电刷将蓄电池的电流引进来。

（2）**磁极**　磁极一般是 4 个，两对磁极相对交错安装在电动机定子内壳上，低碳钢板制成的机壳也是磁路的一部分，也有用 6 个磁极的起动机。

（3）**电刷与电刷架**　电刷架一般为框式结构，其中正极电刷架与端子绝缘固装，负极电刷架直接搭铁。电刷置于电刷架中，电刷由铜粉与石墨粉压制而成，呈棕红色。电刷架上装有弹性较好的盘形弹簧。

（4）**轴承**　因为起动机工作时间短暂，每次工作时间仅几秒钟，所以一般都是采用青铜石墨轴承或铁基含油轴承。

2. 离合机构

离合机构的作用是将直流电动机的电磁转矩传递给发动机使之起动，同时又能在发动机起动后自动打滑，保护起动机不致飞散损坏。目前，起动机常用的离合机构有滚柱式、摩擦片式和弹簧式 3 种。

滚柱式离合机构是目前国内外汽车起动机中使用最多的一种，如图 7-11 所示。它由外座圈、内座圈、滚柱及柱塞等组成。内座圈毂的花键套筒和起动机轴以花键联结，外座圈与驱动齿轮相连。外座圈与内座圈之间的间隙宽窄不等，呈楔形槽。当起动机电枢旋转时，转矩由花键套筒传到内座圈上，内座圈随电枢一起旋转，这时滚柱便滚入楔形槽的窄处被卡住，于是转矩传递给起动机驱动齿轮，带动飞轮旋转使发动机起动，如图 7-11a 所示。当发动机起动后，曲轴转速增高，飞轮齿圈带动驱动齿轮旋转，此时飞轮齿圈旋转方向虽未改变，但已由主动齿轮变为从动齿轮，且外座圈的转速大于内座圈的转速，于是使滚柱滚入楔形槽的宽处，使内、外座圈相对打滑，如图 7-11b 所示。这样转矩就不能从起动机驱动齿轮传给电枢，也就防止了电枢超速飞散。

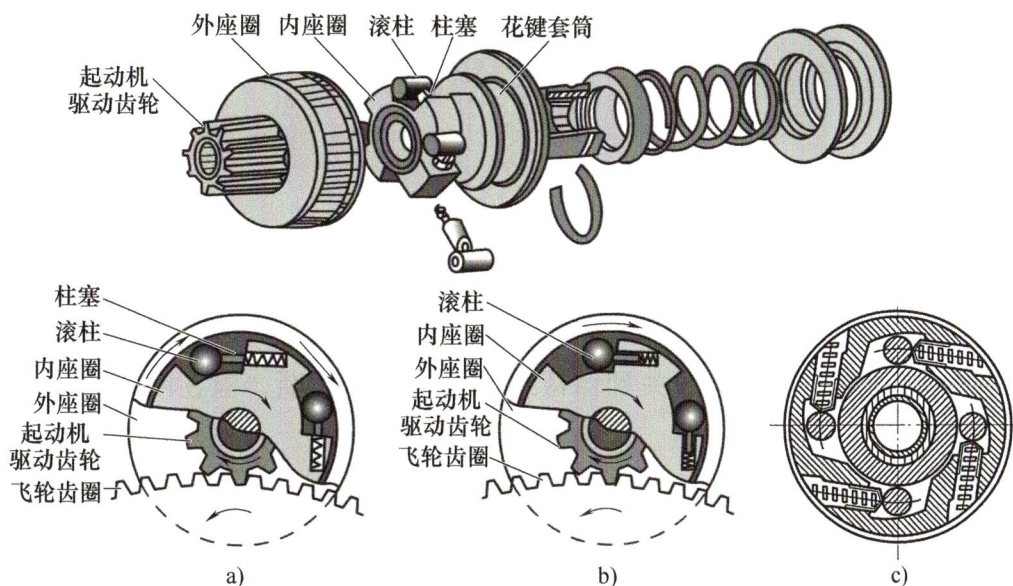

图 7-11　滚柱式离合器的结构

a）开始啮合　b）脱离啮合　c）剖视图

这种滚柱式离合器具有结构简单、坚固耐用、体积小、质量小、工作可靠等优点，因此得到广泛采用。其不足之处是不能用于大功率起动机上。

3. 控制装置

控制装置的作用是用来接通和断开直流电动机与蓄电池之间的电路，同时还能接入和切断点火线圈的附加电阻。

起动机的控制装置一般是蓄电池开关，有的还采用了起动继电器。

电磁开关安装在直流电动机壳体上方，如图 7-12 所示，吸引线圈与保持线圈的匝数相同，绕向也相同。接通起动开关时，吸引线圈中的电流经起动机的励磁绕组和电枢绕组后搭铁，而保持线圈直接搭铁。此时两个线圈产生较强的相同方向的电磁吸力，吸引可动铁心向左移动。

铁心的移动通过拨叉将驱动齿轮推向飞轮，同时通过电枢中的较小电流使电枢轴缓慢旋转，这样有利于啮合。当驱动齿轮与飞轮齿圈完全啮合时，可动触点与固定触点也刚好完全闭合。

此时，吸引线圈被短路，只靠保持线圈吸力将可动触点与固定触点保持在接通状态，强大的起动电流通过励磁绕组和电枢绕组使起动机快速转动。

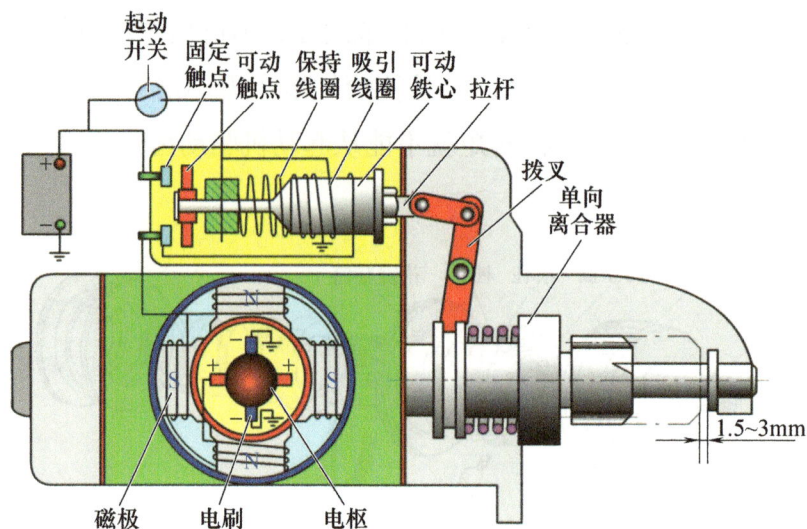

图 7-12　起动机电磁开关

发动机起动后，从起动开关到保持线圈的电流被切断，但在断开起动开关的瞬间。两触点应处在闭合状态，电流从触点到吸引线圈，在经保持线圈搭铁，这时，两个线圈产生的电磁力大小相等，方向相反，相互抵消。铁心在回位弹簧的作用下返回原位，触点断开，起动机因断电而停转，同时驱动齿轮与飞轮齿圈脱开而回位。

【学习小结】

1. 点火系统的种类主要有传统点火系统、无触点电子点火系统和微机控制点火系统等。

2. 传统点火系统主要由电源、点火线圈、分电器和火花塞等组成。

3. 起动机由直流电动机、离合机构和控制装置 3 部分组成。

4. 直流电动机主要由电枢、磁极和换向器等部件构成。

【思考题】

1. 简述汽油机点火系统的功用及类型。

2. 简述爆燃传感器的功用。

3. 简述起动机的结构。

第八章 汽车底盘

【学习目标】

1）熟悉汽车底盘的组成，即传动系统、转向系统、行驶系统和制动系统。

2）掌握各系统的组成、功用及结构特点，各系统的关键部位的调整。

3）了解各系统及其部件总成的基本原理和简单的故障分析。

第一节 汽车传动系统概述

汽车传动系统的布置形式由发动机的安装位置以及汽车的驱动形式决定。一般用车轮总数 × 驱动车轮数来表示汽车的驱动形式。一般分为发动机前置前轮驱动（FF 型）、发动机前置后轮驱动（FR 型）、发动机中置后轮驱动、发动机后置后轮驱动（RR 型）、全轮驱动等。

发动机前置前轮驱动简称前置前驱，英文简称 FF。大部分乘用车采用这种布置形式，该形式应用也较为广泛，大多数的货车及部分客车均有采用，如图 8-1 所示。

1. 传动系统的功用与分类

（1）传动系统的功用　将发动机发出的动力按需要传给汽车的驱动轮。

（2）传动系统的分类　按照结构和传动介质不同可分为机械式、静液式、液力机械式和电力式等。

2. 传动系统的组成

（1）离合器　它是汽车传动系统中直接与发动机相联系的部件，其功用是按照需要适时地切断或接合发动机与传动系统之间的动力传递。

（2）变速器　其功用是改变发动机输出转速的高低、转矩的大小以及输出轴的旋转方向，也可以切断发动机传递给驱动轮的动力。

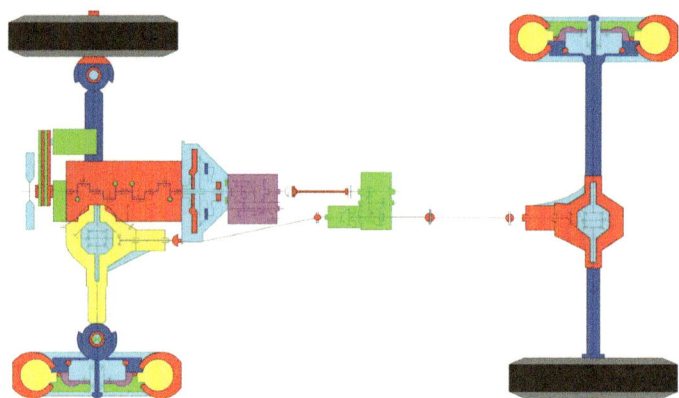

图 8-1　发动机前置前轮驱动的结构示意图

（3）万向传动装置　其功用是将变速器输出的动力传递给主减速器，并适应两者之间距离和轴线夹角的变化。

（4）主减速器　其功用是降低转速、增大转矩，改变动力输出方向。

（5）差速器　其功用是将主减速器传来的动力分配给左右两半轴，并允许左右两半轴以不同的角速度旋转，以此满足左右两驱动轮在转弯或不平道路上行驶过程中速度不相等时的需要。

（6）半轴　其功用是将差速器传来的动力传给驱动轮，使驱动轮获得旋转的动力。四轮驱动的汽车上，在变速器与万向传动装置之间装有分动器，其功用是把发动机的动力分配给前后桥。

第二节　离　合　器

一、离合器的功用和要求

1. 离合器的功用

离合器的功用是可靠地切断或传递发动机至变速器（传动系统）的动力。具体功用包含以下 3 个方面。

1）传递转矩，使发动机与传动系统平顺地接合，保证汽车起步平稳。

2）保证换档时工作平顺。

3）防止传动系统过载。

2. 对离合器的要求

1）保证可靠地传递发动机的最大转矩而不打滑，具有合适的储备能力，防止传动系统过载。

2）分离迅速彻底。

3）接合平顺柔和。

4）具有良好的热稳定性和散热能力。

5）离合器从动部分的转动惯量要尽可能小，以减轻换档时齿轮的冲击。

6）操纵轻便，以减轻驾驶人的疲劳。

112

二、离合器的分类

1. 按从动盘的数目分类

目前，汽车上广泛应用摩擦式离合器。按从动盘的数目可分为单片式和双片式。单片式离合器一般使用在乘用车、客车及部分中小型客车上，因为发动机的最大转矩一般不是很大，单片从动盘就可以满足动力传递的要求。双片式离合器增加了一个从动盘，使得在其他条件不变的情况下，比单片式离合器所传递的转矩增大一倍，多用于重型车辆上。

2. 按压紧弹簧的形式分类

摩擦式离合器按压紧弹簧的形式可分为周布弹簧离合器、中央弹簧离合器、膜片弹簧离合器。周布弹簧离合器和中央弹簧离合器采用螺旋弹簧，分别沿压盘圆周和中央布置；膜片弹簧离合器采用膜片弹簧，目前使用最多的离合器是膜片弹簧离合器。它广泛应用于轿车和载货汽车。本节只介绍在汽车传动系统中应用最广泛的膜片弹簧离合器。

扫一扫

膜片弹簧离合器的结构

三、膜片弹簧离合器

1. 膜片弹簧离合器的基本组成

膜片弹簧离合器由主动部分、从动部分、压紧机构和操纵机构四部分组成，如图8-2所示。

主动部分包括飞轮、离合器盖和压盘，离合器盖用螺栓固定在飞轮上，压盘可轴向移动，这样，当发动机转动时，动力便经飞轮、离合器盖传到压盘，并一起转动。

从动部分为从动盘。从动盘带有双面的摩擦衬片，离合器正常结合时摩擦衬片分别与飞轮和压盘相接触。从动盘通过花键毂装在变速器输入轴的花键上。

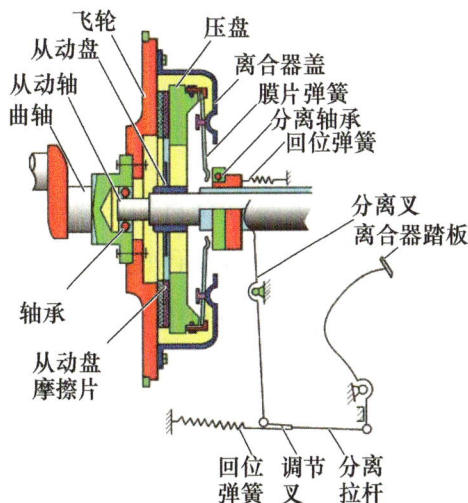

图8-2 膜片弹簧离合器的基本组成

压紧机构通过膜片弹簧起压紧弹簧的作用，它们装在压盘与离合器盖之间，用来将压盘和从动盘压向飞轮，使飞轮、从动盘和压盘三者压紧在一起。因此驾驶人不踩离合器踏板时，飞轮、从动盘和压盘处在压紧状态，传递发动机的动力。

膜片弹簧用优质钢板制成，其形状如图8-3所示。其上开有若干个径向切槽，切槽的内端开通，外端为圆孔，每两切槽之间钢板形成一个弹性杠杆，成为分离指。膜片弹簧既是压紧弹簧又是分离杠杆。

操纵机构由离合器踏板、分离拉杆、调解叉、分离叉、分离套筒、分离轴承、分离杠杆（分离指）、回位弹簧等组成。

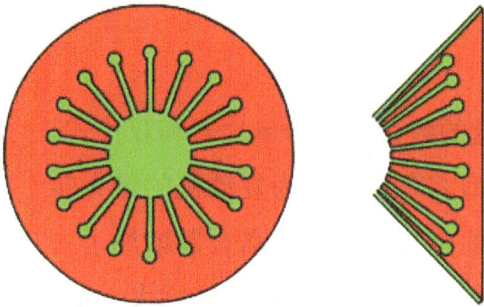

图 8-3　膜片弹簧

2. 膜片弹簧离合器的自由间隙和踏板自由行程

离合器自由间隙是指当离合器处于正常接合状态时，分离轴承与分离指之间应留有一定量的间隙，防止从动盘摩擦片磨损变薄时，离合器接合不彻底。因此，为消除这一间隙和操纵机构零部件的弹性变形所需的离合器踏板行程称为离合器踏板自由行程。

3. 膜片弹簧离合器的构造

膜片弹簧离合器的构造如图 8-4 所示。

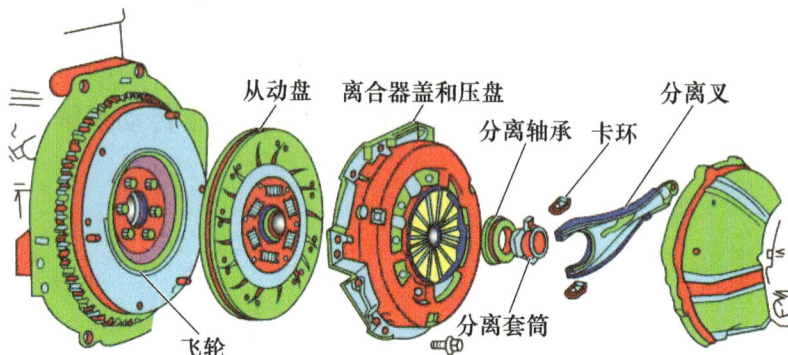

图 8-4　膜片弹簧离合器的构造

膜片弹簧离合器盖和压盘结构如图 8-5 和图 8-6 所示。离合器盖通过螺栓固定在飞轮上，为了保持正确的安装位置，离合器盖通过定位销进行定位。压盘与离合器盖之间通过周向均布的 3 组或 4 组传动片来传递转矩。传动片用弹簧钢片制成，每组两片，一端用铆钉铆在离合器盖上，另一端用螺栓连接在压盘上。

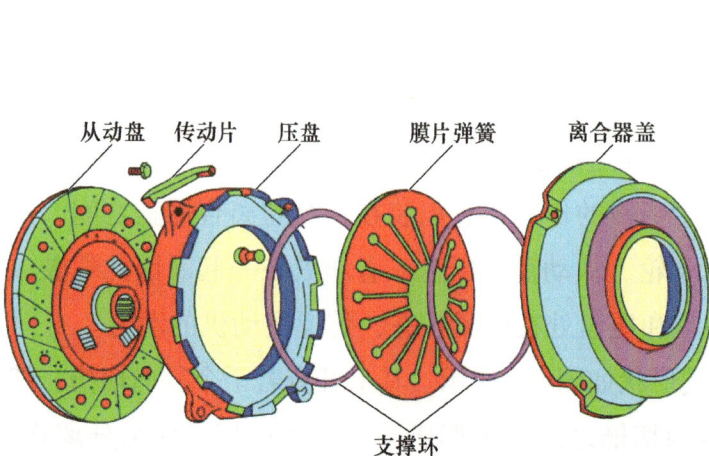

图 8-5　膜片弹簧离合器盖和压盘分解图

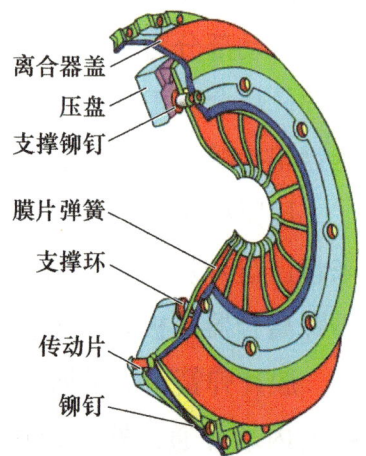

图 8-6　膜片弹簧离合器盖和压盘示意图

从动部分包括从动盘和从动轴，从动盘一般都带有扭转减振器，发动机传到传动系统的转速和转矩是周期性变化的，使传动系统产生扭转振动，这将使传动系统零部件受到交变性冲击载荷，导致零部件损坏。采用扭转减振器可以有效地防止传动系统的扭转振动。带扭转减振器的从动盘如图 8-7 所示。从动盘钢片外圆周铆接有波浪形弹簧钢片，摩擦衬片分别铆接在弹簧钢片上，从动盘钢片与减振器盘铆接在一起，这两者之间夹有摩擦垫圈和从动盘毂。从动盘毂、从动盘钢片和减振器盘上都有 6 个圆周均布的窗孔，减振弹簧装在窗孔中。

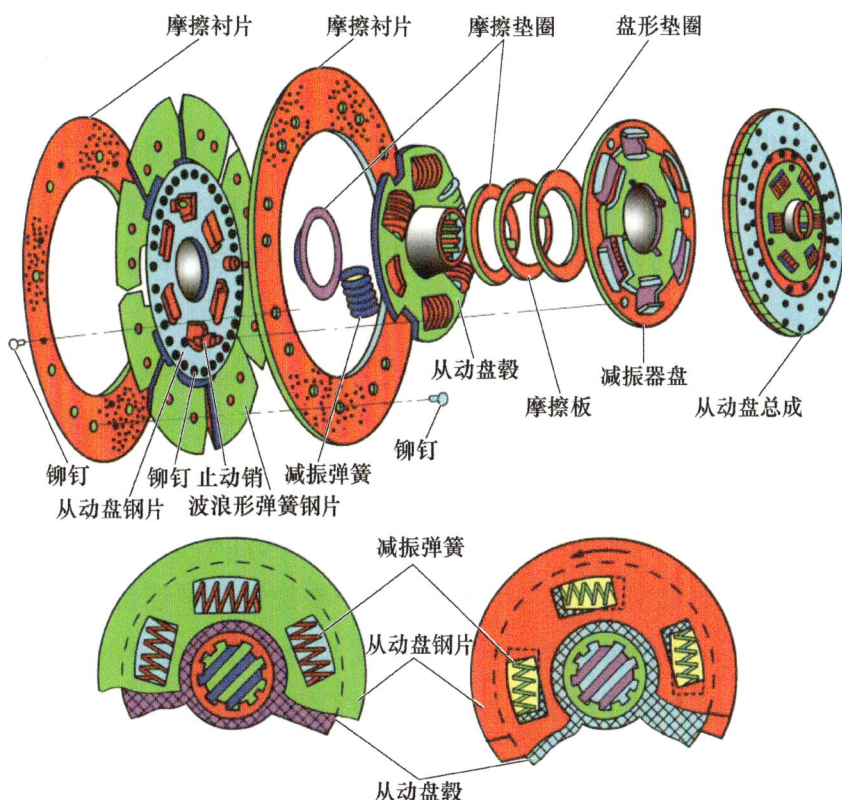

图 8-7　带扭转减振器的从动盘

当从动盘受到转矩时，转矩从摩擦衬片传到从动盘钢片，再经减振弹簧传给从动盘毂，此时弹簧将被压缩，吸收发动机传来的扭转振动。

4. 膜片弹簧离合器的工作原理

膜片弹簧离合器的工作原理如图 8-8 所示。当离合器盖未安装到飞轮上时，膜片弹簧不受力而处于自由状态，此时离合器盖与飞轮之间有一距离 S，如图 8-8a 所示。当离合器盖通过螺栓固定在飞轮上时，膜片弹簧在支撑环处受压产生弹性变形，此时膜片弹簧的外圆周对压盘产生压紧力使离合器处于接合状态，如图 8-8b 所示。当踩下离合器踏板时，分离轴承推动膜片弹簧，使膜片弹簧以支撑环为支点，外圆周向后翘起，通过分离钩拉动压盘后移，使离合器分离，如图 8-8c 所示。

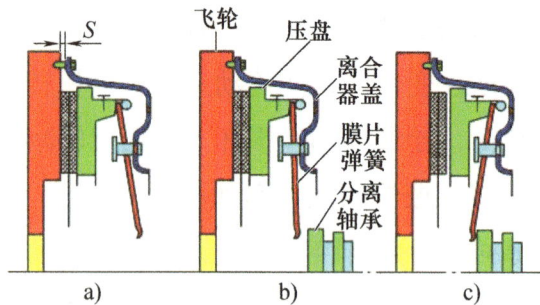

图 8-8　膜片弹簧离合器的工作原理

a）安装前位置　b）安装后接合位置　c）分离位置

四、离合器的操纵机构

离合器的操纵机构是离合器的重要组成部分，是驾驶人用以使离合器分离、接合的一套装置，它始于离合器踏板，终止于离合器壳内的分离轴承。根据离合器的工作特点和结构特点，离合器操纵机构分为机械式、液压式和气压式 3 种。

1. 机械式离合器操纵机构

机械式离合器操纵机构有杠杆式和拉索式两种。图 8-9 所示为杠杆式离合器操纵机构。当踩下离合器踏板时，离合器分离叉下部向左移动，推动分离轴承使离合器分离。杆式传动装置中节点较多，因而摩擦损失较大，此外，其工作还会受到车身或车架变形的影响。对于需要远距离操纵的离合器，其杆系较难布置。

拉索式离合器操纵机构如图 8-10 所示，用一根挠性拉索连接踏板和分离叉。当踩下离合器踏板时，拉索使分离叉运动。它不受车身或车架变形的影响，布置容易，但是拉索寿命较短，拉伸刚度较小，只适用于轿车和微型汽车。

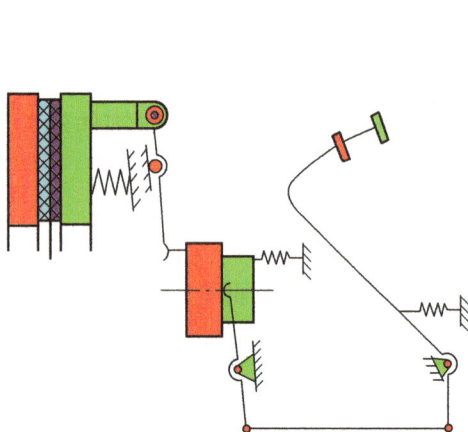

图 8-9　杠杆式离合器操纵机构

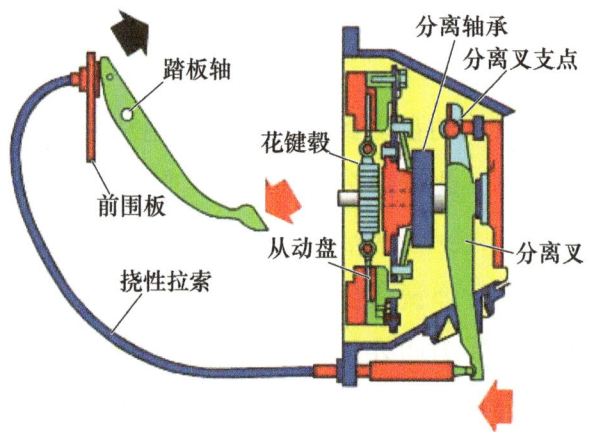

图 8-10　拉索式离合器操纵机构

2. 液压式离合器操纵机构

液压系统由主缸和工作缸组成。当踏板受到作用力时，在主缸中建立起液压，压力通过液压软管送到工作缸。此压力用于移动分离叉来实现离合器的操纵。液压式离合器操纵机构如图 8-11 所示。目前，液压式离合器操纵机构在各种类型车上广泛应用。

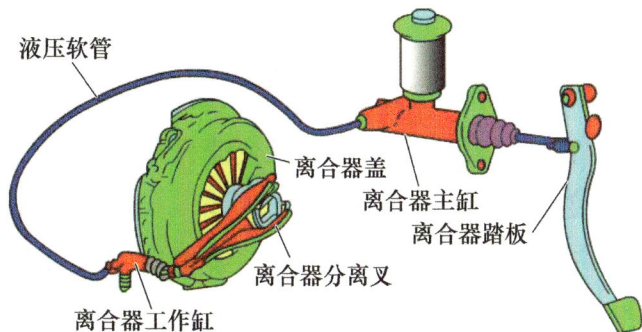

图 8-11　液压式离合器操纵机构

第三节　手动变速器

一、变速器的功用

1）实现变速变矩，汽车发动机转矩变化范围较小、转速高，不能适应汽车实际的行驶状况。所以必须改变发动机的转矩和转速特性，变速器可通过不同的档位来实现这一功用。

2）实现倒车。发动机的旋转方向是不能改变的，为了实现汽车的倒向行驶，变速器中设置了倒档。

3）实现中断动力传动。变速器中设有空档，在发动机起动、怠速运转、变速器换档、汽车滑行和暂时停车等情况下，均需要把变速器挂入空档，中断发动机的动力传动。

二、变速器的分类

1. 按传动比的变化方式分类

按变速器传动比的变化方式可分为有级式、无级式和综合式 3 种。

（1）有级式变速器　有级式变速器采用齿轮传动，具有若干个定值传动比，目前使用最为广泛。有级式变速器的优点是结构简单、易于制造、工作可靠、传动效率高。

（2）**无级式变速器（CVT）** 它的传动比在一定范围内可连续变化。这种变速器在中、高级轿车的应用逐渐增多。

（3）**综合式变速器** 它是由液力变矩器和有级齿轮式变速器组成的液力机械式变速器，由电脑来自动实现换档，目前广泛应用于自动档车辆中。

2. 按变速器操纵方式分类

按变速器操纵方式可分为手动变速器、自动变速器和手自一体变速器3种。

（1）**手动变速器** 它通过驾驶人用手操纵变速杆来选定档位，并直接操纵变速器的换档机构进行档位变换。

（2）**自动变速器** 这种变速器的自动控制系统根据发动机的负荷和车速变化情况自动选定档位并进行档位变换，即自动地改变传动比，驾驶人只需要操纵加速踏板控制车速。

（3）**手自一体变速器** 这种变速器可以自动换档，也可以手动换档。

3. 普通齿轮变速器的工作原理

手动变速器是利用不同齿数的齿轮啮合传动实现转速和转矩变化的。一对齿数不同的齿轮啮合传动时可以变速。两齿轮的转速与其齿数成反比，设主动齿轮转速为 n_1，齿数为 z_1，转矩为 M_1；从动齿轮转速为 n_2，齿数为 z_2，转矩为 M_2，则两齿轮传动比（主动齿轮转速与从动齿轮转速之比） i_{12} 为

$$i_{12} = \frac{n_1}{n_2} = \frac{z_2}{z_1} = \frac{M_2}{M_1}$$

当小齿轮为主动齿轮，带动大齿轮转动时，输出转速降低，即 $n_2 < n_1$，称为减速传动，此时传动比 $i_{12} > 1$，如图 8-12a 所示；当大齿轮驱动小齿轮时，输出转速升高，即 $n_2 > n_1$，称为增速传动，传动比 $i_{12} < 1$，如图 8-12b 所示。这就是齿轮传动的变速原理。汽车变速器就是根据这一原理利用若干大小不同的齿轮副传动而实现的变速。

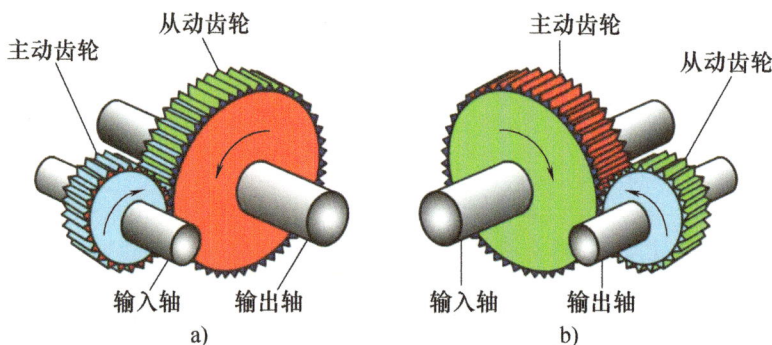

扫一扫

齿轮传动的
基本原理

图 8-12　齿轮传动的基本原理

4. 手动变速器的变速传动机构

手动变速器包括变速传动机构和操纵机构两部分。变速器传动机构是变速器的

主体，主要由一系列相互啮合的齿轮副、同步器、支撑轴以及作为基础件的壳体组成，主要作用是改变传动比、旋转方向。其按工作轴的数量（不包括倒档轴）可分为二轴式变速器和三轴式变速器。

（1）二轴式变速器的变速传动机构　二轴式变速器主要用于发动机前置前轮驱动的汽车，一般与驱动桥（前桥）合称为手动变速驱动桥。目前，我国常见的国产轿车均采用这种变速器。

前置发动机有纵向布置和横向布置两种形式，与其配用的二轴式变速器也有两种不同的结构形式。发动机纵置时，主减速器为一对锥齿轮，如图 8-13 所示；发动机横置时，主减速器采用一对圆柱齿轮，如图 8-14 所示。

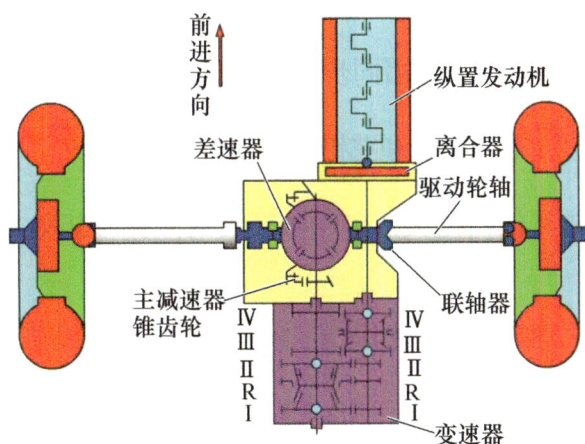

图 8-13　发动机纵置二轴式变速器示意图

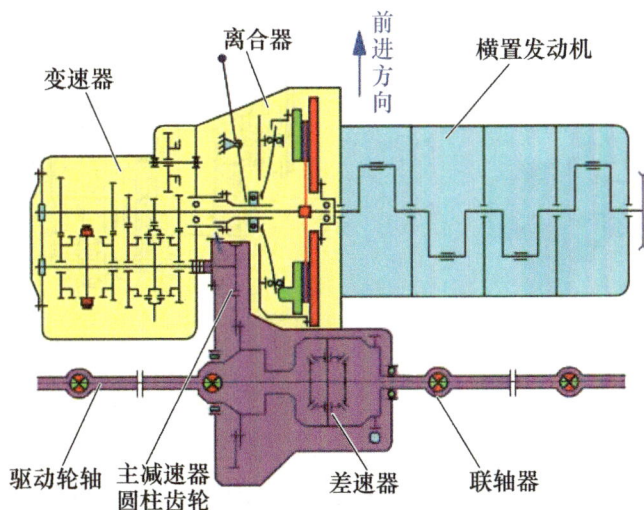

图 8-14　发动机横置二轴式变速器示意图

图 8-15 为一汽宝来的 MQ200-02T 五档变速器结构简图。它为发动机横置前驱的二轴式变速传动机构，有 5 个前进档和 1 个倒档，前进档全部采用同步器换档。

一汽宝来的 MQ200-02T 各档齿轮动力传递路线如下：

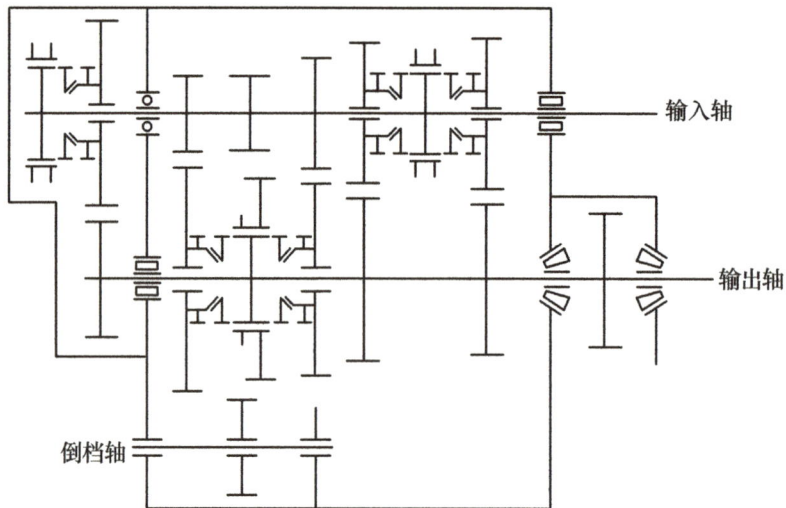

图 8-15　一汽宝来的 MQ200-02T 五档变速器结构简图

一档：操纵换档装置使一 / 二档同步器左移，发动机动力经输入轴、一档主动齿轮、一档从动齿轮、同步器接合套和花键毂传至输出轴输出。一档传动比 $i_1 = \dfrac{33}{10} = 3.3$，由于一档传动比数值较其他档位大，可产生较大的减速增矩效果，有利于汽车起步，如图 8-16 所示。

二档：操纵换档装置使一 / 二档同步器右移，发动机动力经输入轴，二档主动齿轮、二档从动齿轮、同步器接合套和花键毂传至输出轴输出。二档传动比 $i_2 = \dfrac{35}{18} = 1.944$，产生减速增矩效果，但相对于一档车速较快，有利于汽车升速，如图 8-17 所示。

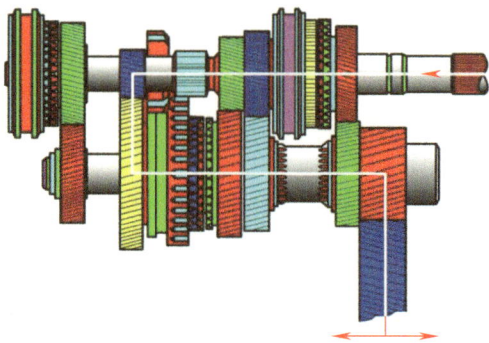

图 8-16　一档动力传递路线

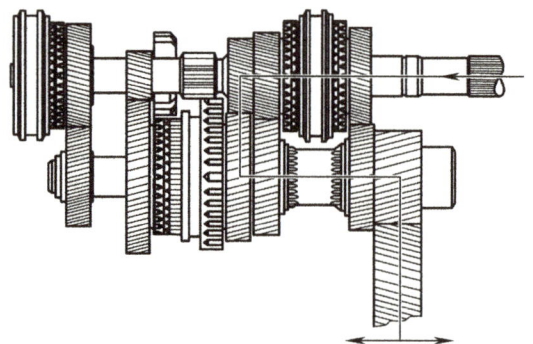

图 8-17　二档动力传递路线

三档：操纵换档装置使三 / 四档同步器左移，发动机动力经输入轴、同步器花键毂、三档主动齿轮、三档从动齿轮传至输出轴输出。三档传动比 $i_3 = \dfrac{34}{26} = 1.308$，产生减速增矩效果，但相对于二档车速较快，有利于汽车升速，如图 8-18 所示。

四档：操纵换档装置使三 / 四档同步器右移，发动机动力经输入轴、同步器花键毂、四档主动齿轮、四档从动齿轮传至输出轴输出。四档传动比 $i_4=\dfrac{35}{34}=1.029$，由于四档传动比接近1，所以近似直接档效果，动力传递路线，如图8-19所示。

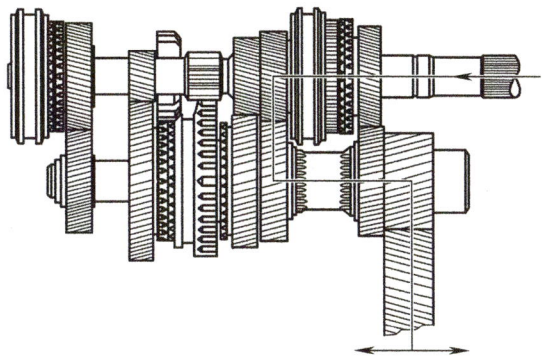

图8-18 三档动力传递路线

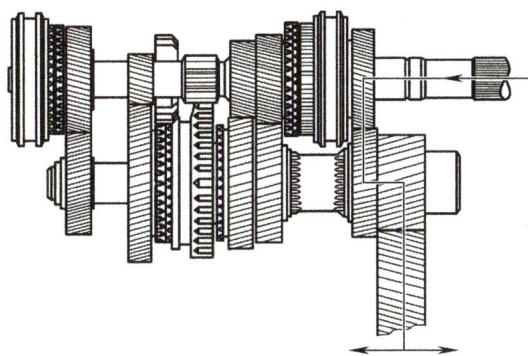

图8-19 四档动力传递路线

五档：操纵换档装置使五档同步器右移，发动机动力经输入轴、同步器花键毂、五档主动齿轮、五档从动齿轮传至输出轴输出。五档传动比 $i_5=\dfrac{36}{43}=0.837$，由于五档传动比小于1，所以产生超速效果，输出转速增加，转矩减小，如图8-20所示。

倒档：操纵换档装置使倒档轴上的倒档齿轮移向与处于空档位置的一/二档同步器接合套外壳上的直齿轮啮合，发动机动力经倒档主动齿轮、倒档齿轮、倒档从动齿轮、一、二档同步器花键毂传至输出轴输出。因为相对于其他前进档位多出一个传动齿轮，改变了传动方向，所以得到反向输出效果，如图8-21所示。

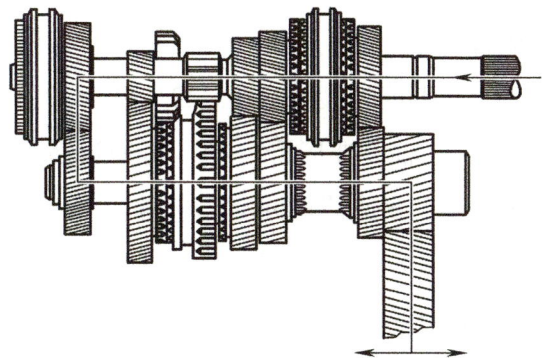

图8-20 五档动力传递路线

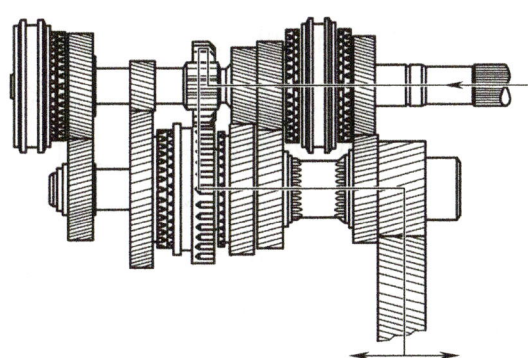

图8-21 倒档动力传递路线

发动机纵置前驱的二轴式变速器的结构和动力传递路线与横置式二轴变速器类似，在这里就不再讲述。

（2）三轴式变速器的变速传动机构　三轴式变速器用于发动机前置后轮驱动的汽车，如图8-22所示，其有三根主要的传动轴，一轴、二轴和中间轴，所以，称为三轴式变速器。另外，还有倒档轴。该变速器为六档变速器，各档传动情况如下：

121

图 8-22 所示为变速器的空档位置。当第一轴旋转时，通过齿轮 2 带动中间轴及其上的各齿轮旋转。由于齿轮 8、9、16、17、22 和 25 是空套在第二轴上的，故第二轴不能被驱动。

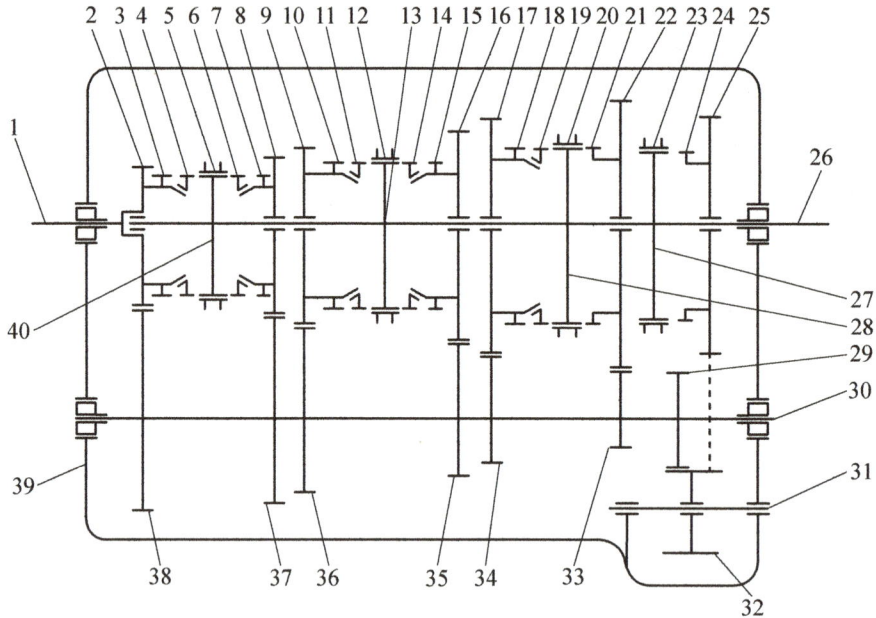

图 8-22　三轴式变速器结构简图

1– 第一轴　2– 第一轴常啮合传动齿轮　3– 第一轴齿轮接合齿圈　4– 六档同步器锁环　5、12、20、23– 接合套　6– 五档同步器锁环　7– 五档齿轮接合齿圈　8– 第二轴五档齿轮　9– 第二轴四档齿轮　10– 四档齿轮接合齿圈　11– 四档同步器锁环　13、27、28、40– 花键毂　14– 三档同步器锁环　15– 三档齿轮接合齿圈　16– 第二轴三档齿轮　17– 第二轴二档齿轮　18– 二档齿轮接合齿圈　19– 二档同步器锁环　21– 一档齿轮接合齿圈　22– 第二轴一档齿轮　24– 倒档齿轮接合齿圈　25– 第二轴倒档齿轮　26– 第二轴　29– 中间轴倒档齿轮　30– 中间轴　31– 倒档轴　32– 倒档中间齿轮　33– 中间轴一档齿轮　34– 中间轴二档齿轮　35– 中间轴三档齿轮　36– 中间轴四档齿轮　37– 中间轴五档齿轮　38– 中间轴常啮合传动齿轮　39– 变速器壳体

要挂上一档，可操纵变速杆，通过拨叉使接合套 20 右移，与一档齿轮接合齿圈 21 接合后，动力便可从第一轴依次经齿轮 2、38、中间轴、齿轮 33、22、接合齿圈 21、接合套 20、花键毂 28，再通过花键联结传给第二轴。要脱开一档，可通过拨叉使接合套 20 左移，使接合套与接合齿圈 21 脱离啮合，变速器退回空档位置。

若将接合套 20 继续左移使之与二档同步器锁环 19 的接合齿圈和二档齿轮接合齿圈 18 接合后，变速器便从一档换入二档。此时动力从第一轴依次经齿轮 2、38、中间轴、齿轮 34、17、接合齿圈 18、接合套 20、花键毂 28，最后传给第二轴。

同理，使接合套 12 右移到与接合齿圈 15 接合，可得到三档。使接合套 12 左移到与接合齿圈 10 接合，便换上四档。使接合套 5 右移到与接合齿圈 7 接合，则换入五档。

若使接合套 5 左移到与接合齿圈 3 接合，则换入第六档，此时动力从第一轴经齿轮 2、接合齿圈 3、接合套 5 和花键毂 40 直接传给第二轴，不再经过中间轴齿轮传动，故这种档位称为直接档。

为实现汽车倒向行驶，在中间轴的一侧还设置了较短的倒档轴 31，其上空套着倒档中间齿轮，它与第二轴倒档齿轮 25 为常啮合斜齿轮。倒档中间齿轮 32 与中间轴上的齿轮 29 也为常啮合斜齿轮。使接合套 23 右移与接合齿圈 24 接合，即得倒档。动力从第一轴经齿轮 2、38、中间轴、齿轮 29、32、25、接合齿圈 24、接合套 23、花键毂 27 传到二轴。由于增加了一个中间齿轮，故第二轴的旋转方向与第一轴相反，汽车实现倒向行驶。

三、手动变速器的换档方式

（1）直齿滑动齿轮式换档　对于采用直齿轮传动的档位，常采用这种换档形式。如桑塔纳变速器的倒档，东风 EQ1090 型汽车五档变速器中的一档和倒档就是采用这种换档方式，由于直齿轮传动冲击大、噪声大、承载能力低，所以变速器中的直齿轮传动及滑动齿轮式换档越来越少，只限于一档和倒档采用。

（2）接合套式换档　这种换档方式，用于常啮合斜齿轮传动的档位。图 8-23 所示为未装同步器时五档变速器的四、五档齿轮的换档过程示意图，为使挂档平顺，驾驶人应采取合理的换档操作步骤。现以图 8-23 所示的无同步器的五档变速器中四、五档（四档为直接档，五档为超速档）的互换过程为例。

（3）同步器式换档　它是在接合套式换档机构的基础上又加装了同步元件而构成的一种换档装置。目前，几乎所有的轿车和大部分载货汽车均采用同步器式换档。

1）同步器的功用：同步器的功用是在换档时使接合套与待接合齿圈的圆周速度迅速相等，即迅速达到同步状态，并防止两者在同步之前进入啮合，从而可消除换档的冲击，并使换档操作平顺、简捷和轻便。

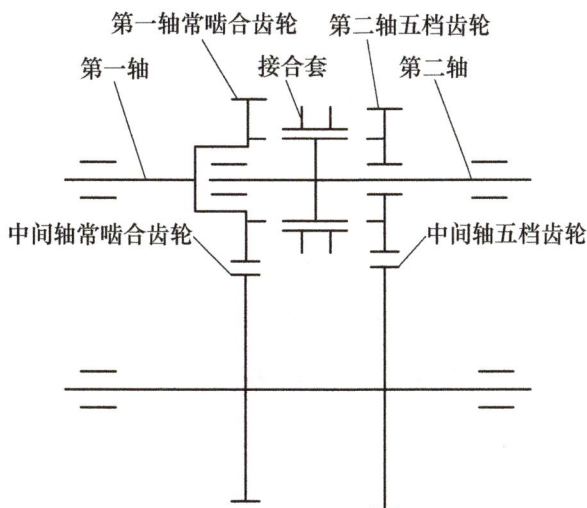

图 8-23　未装同步器时五档变速器的四、
五档齿轮换档过程示意图

2）同步器的构造及工作原理：同步器有常压式、惯性式和自行增力式等种类，目前所采用的同步器几乎都是摩擦式惯性同步器。惯性式同步器是依靠摩擦作用实现同步的，在其上面有专设机构，以保证接合套与待啮合的花键齿圈在达到同步之前不能接触，从而避免齿间冲击。按锁止装置不同，惯性同步器又可分为锁环式惯性同步器和锁销式惯性同步器。

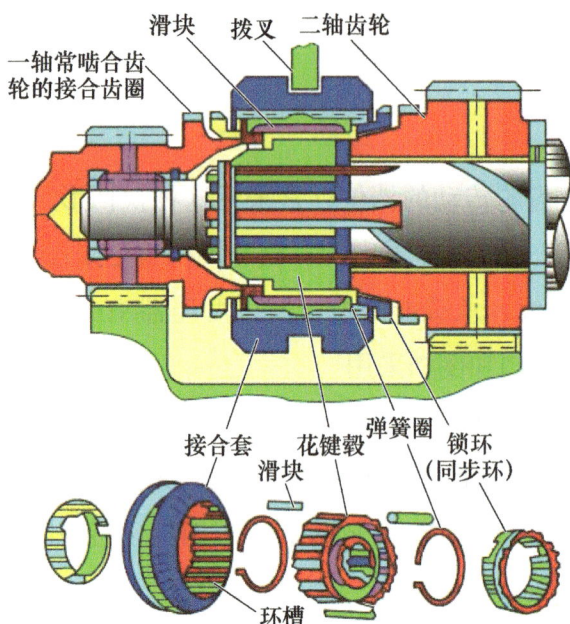

图 8-24　锁环式惯性同步器的结构

① 锁环式惯性同步器的构造。锁环式惯性同步器的结构如图 8-24 所示，花键毂用内花键套装在二轴外花键上，用垫圈、卡环轴向定位。花键毂两端与两个齿轮之间各有一个青铜制成的锁环（即同步环），锁环上有短花键齿圈，其花键的尺寸和齿数与花键毂、两个齿轮的外花键齿相同。两个齿轮和锁环上的花键齿，靠近接合套的一端都有倒角（锁止角），与接合套齿端的倒角相同。锁环有内锥面，与齿轮的外锥面锥角相同。在锁环内锥面上制有细密的螺纹（或直槽），当锥面接触后，它能及时破坏油膜，增加锥面间的摩擦力。锁环内锥面摩擦副称为摩擦件，外沿带倒角的齿圈是锁止件，锁环上还有三个均布的缺口。三个滑块分别装在花键毂上三个均布的轴向槽内，沿槽可以轴向移动。滑块被两个弹簧圈的径向力压向接合套，滑块中部的凸起部位压嵌在接合套中部的环槽内。滑块和弹簧是推动件。滑块两端伸入锁环的缺口中，滑块窄，缺口宽，两者之差等于锁环的花键齿宽。锁环相对滑块顺转和逆转都只能转动半个齿宽，且只有当滑块位于锁环缺口的中央时，接合套与锁环才能接合。

② 锁环式同步器的工作原理。以二档换三档为例，讲述同步器的工作原理，如图 8-25 所示。

空档位置：接合套刚从二档退入空档时，如图 8-25a 所示，三档齿轮、接合套、锁环以及与其有关联的运动件，因惯性作用而沿原方向继续旋转（图示箭头方向）。由于三档齿轮是高档齿轮（相对于二档齿轮来说），所以接合套、锁环的转速低于三档齿轮的转速。

挂档：欲换入三档时，驾驶人通过变速杆使拨叉推动接合套联同滑块一起向左移动，如图 8-25b 所示，滑块又推动锁环移向三档齿轮，使锥面接触。驾驶人作用在接合套上的轴向推力，使两锥面有正压力 F_N，又因两者有转速差，所以产生摩擦力距，通过摩擦作用，三档齿轮带动锁环相对于接合套逆向转动一个角度，使锁环缺口靠在滑块的另一侧（上侧）为止，此时接合套的内齿与锁环上错开了半个齿宽，接合套的齿端倒角面与锁环的齿端倒角面相互抵住。

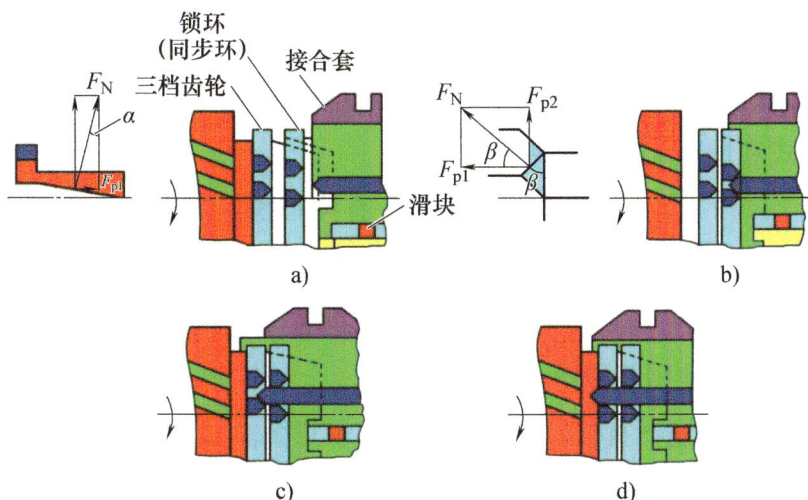

图 8-25　锁环式惯性同步器工作原理

锁止：驾驶人的轴向推力使接合套的齿端倒角面与锁环的齿端倒角面之间产生正压力形成一个企图拨动锁环相对于接合套逆转的力矩，称为拨环力矩。这样，在锁环上同时作用着方向相反的摩擦力矩和拨环力矩，同步器的结构参数可保证在同步前（存在摩擦力矩）拨环力矩始终小于摩擦力矩，所以在同步之前无论驾驶人施加多大的操纵力，都不会挂上档，即产生锁止作用，如图 8-25b 所示。

同步啮合：随着驾驶人施加于接合套上的推力加大，摩擦力矩不断增加，使三档齿轮的转速迅速降低。当三档齿轮、接合套和锁环达到同步时，作用在锁环上的摩擦力矩消失。此时在拨环力矩的作用下，锁环、三档齿轮以及与之相连的各零部件都对于接合套逆转一角度，滑块处于锁环缺口的中央，如图 8-25c 所示，键齿不再接触，锁环的锁止作用消除。接合套压下弹簧圈继续左移（滑块脱离接合套的内环槽而不能左移），与锁环的花键齿圈进入啮合。进而再与三档齿轮进入啮合，如图 8-25d 所示，换入三档。

四、变速器的操纵机构

1. 变速器操纵机构的功用与要求

变速器操纵机构的功用是保证驾驶人根据汽车使用条件，准确可靠地使变速器挂入所需要的档位工作，并可随时使之退入空档，为了使变速器在任何情况下都能准确、安全、可靠地工作，对变速器操纵机构提出下列要求：

1）能防止变速器自动换档和自动脱档，为此，在操纵机构中应设有自锁装置。

2）能保证变速器不会同时挂入两个档位，以免造成发动机熄火或零部件的损坏。为此，在操纵机构中设有互锁装置。

3）能防止误挂倒档，为此，在操纵机构中设有倒档锁装置。

2. 变速器操纵机构的类型及构造

变速器操纵机构根据其变速操纵杆（简称变速杆）与变速器的相互位置的不同可分为直接操纵式和远距离操纵式两种类型。

（1）直接操纵式操纵机构　变速杆及所有换档操纵装置都设置在变速器盖上，驾驶人可直接操纵变速杆来拨动变速器盖内的换档操纵装置进行换档。它具有换档位置易确定、换档快、换档平稳等优点。一般前置发动机后轮驱动汽车的变速器距离驾驶人座位较近，使用此种操纵形式较多。

图 8-26 为六档变速器直接操纵式操纵机构示意图。

不同变速器由于档位数及档位排列位置不同，其拨叉和拨叉轴的数量及排列位置也不相同。例如，上述的六档变速器的 6 个前进档用了 3 根拨叉轴，倒档独立使用了 1 根拨叉轴，共有 4 根拨叉轴；五档变速器具有 3 根拨叉轴，其二、三档和四、五档各占一根拨叉轴，一档和倒档共用一根拨叉轴。

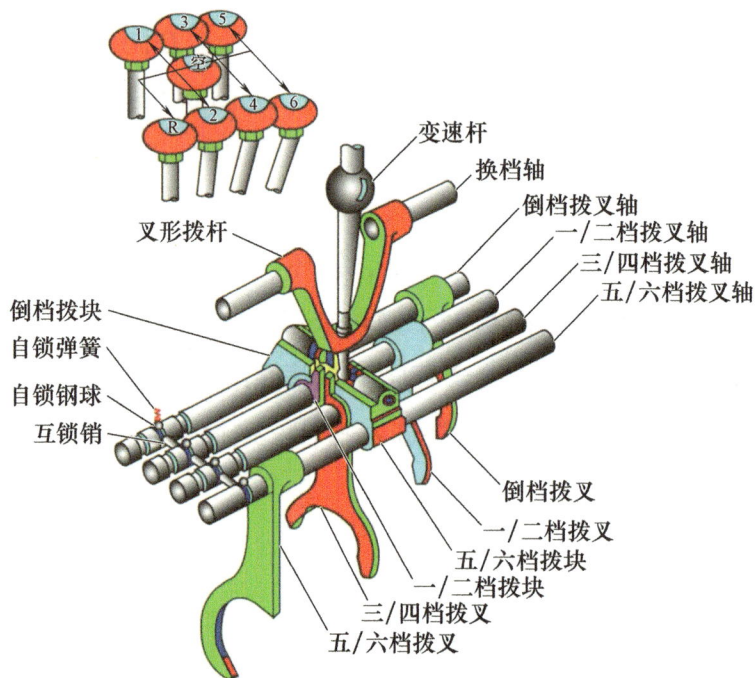

图 8-26　六档变速器直接操纵式操纵机构

（2）远距离操纵式操纵机构　发动机前置前轮驱动或发动机后置后轮驱动的汽车上，通常汽车变速器距离驾驶人座位较远，因而变速杆不能直接布置在变速器盖上，变速杆和变速器之间通常需要用连杆机构连接，进行远距离操纵。为此在变速杆与变速器之间加装了一套传动杆件构成远距离操纵的形式。它具有变速杆占据的驾驶室空间小，驾驶室乘坐方便等优点，但换档操作的准确性和可靠性稍差。

图 8-27 所示为变速杆安装在驾驶室地板上的换档联动装置，其变速杆在驾驶人座位近旁穿过驾驶室地板安装在车架上，中间通过拉杆传递变速杆的左右摆动以实现选档，变速杆的前后移动实现挂档。有些轿车采用两根拉索来实现选档和挂档，有利于车上布置与安装，目前应用较广。

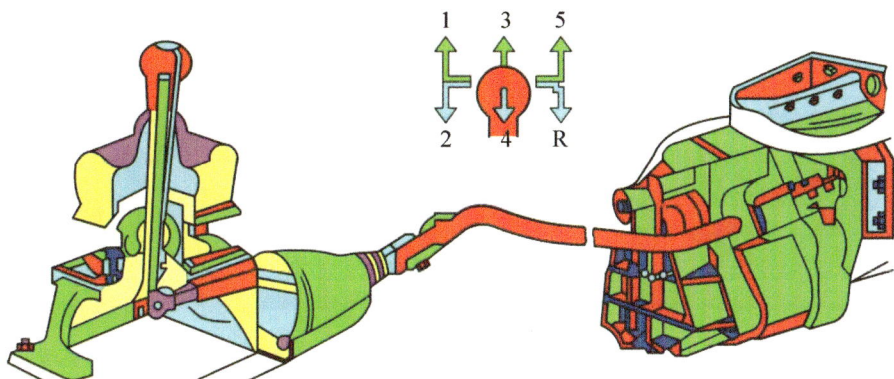

图 8-27　远距离操纵式操纵机构

3. 锁止装置

为了保证变速器在任何情况下均能准确、安全、可靠地工作，变速器操纵机构一般均具有换档锁止装置，包括自锁装置、互锁装置和倒档锁装置。不同变速器的换档锁止装置的结构类型有所不同，下面以直接操纵式变速器为例进行说明。

（1）自锁装置　自锁装置用于防止变速器自动脱档或挂档，并保证传动齿轮全齿啮合。大多数变速器的锁止装置均采用自锁钢球对拨叉轴进行轴向定位锁止，如图 8-28 所示。

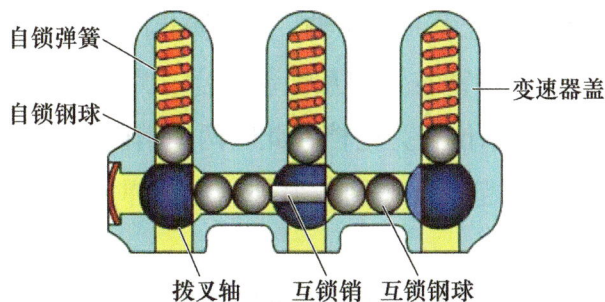

图 8-28　变速器自锁和互锁装置

在变速器盖中加工有深孔，孔中装入自锁钢球和自锁弹簧，其位置正处于拨叉轴的正上方，每根拨叉轴对着自锁钢球表面沿轴向设有三个凹槽，凹槽的深度小于自锁钢球的半径。中间的凹槽对正自锁钢球时为空档位置，前边或后边的凹槽对正自锁钢球时则处于某一个工作档位置，相邻凹槽之间的距离保证齿轮处于全齿啮合或是完全退出啮合，凹槽对正自锁钢球时，钢球便在自锁弹簧的压力作用下嵌入该凹槽内，拨叉的轴向位置便被锁定，不能自行挂档或自行脱档。当需要换档时，驾驶人通过变速杆对拨叉轴施加一定的轴向力，克服自锁弹簧的压力而将自锁钢球从拨叉轴凹槽中挤出并推回孔中。拨叉轴可滑过钢球进行轴向移动，并带动拨叉及相应的接合套或滑动齿轮轴向移动，当拨叉轴移至其一个凹槽与自锁钢球对正时，钢球又被压入凹槽，此时拨叉所带动的接合套或滑动齿轮便被拨入空档或被拨入另一个工作档位。

（2）互锁装置　互锁装置用于防止同时挂上两个档位，如图8-29所示。

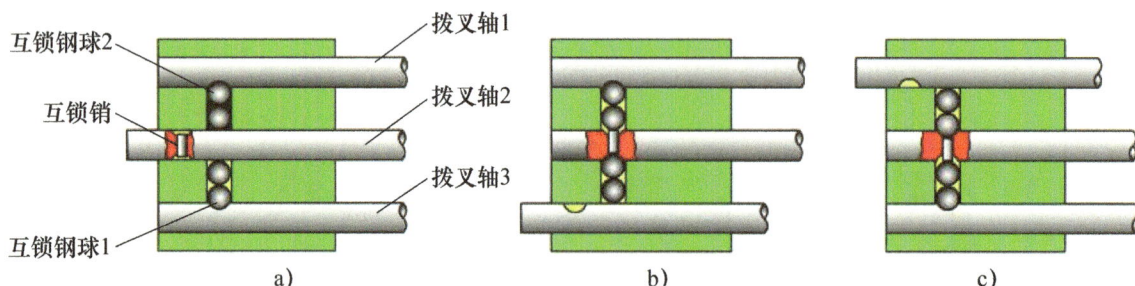

图8-29　变速器互锁装置

互锁装置由互锁钢球和互锁销组成。当变速器处于空档时，所有拨叉轴的侧面凹槽同互锁钢球、互锁销都在一条直线上。当移动中间拨叉轴2时，如图8-29a所示，拨叉轴2两侧的内钢球从其侧凹槽中被挤出，而两外钢球分别嵌入拨叉轴1和拨叉轴3的侧面凹槽中，因而将拨叉轴1和拨叉轴3刚性地锁止在其空档位置。若欲移动拨叉轴3，应先将拨叉轴2退回到空档位置，于是在移动拨叉轴3时，自锁钢球4便从拨叉轴3的凹槽中被挤出，同时通过互锁销和其他钢球将拨叉轴2和拨叉轴1均锁止在空档位置，如图8-29b所示。同理，当移动拨叉轴1时，拨叉轴2和拨叉轴3被锁止在空档位置，如图8-29c所示。由此可知，互锁装置的工作原理是当驾驶人用变速杆推动某一拨叉轴时，自动锁止其余拨叉轴，从而防止同时挂入两个档位。

有的变速器操纵机构将自锁装置和互锁装置合二为一，如图8-30所示。空心锁销内装有锁止弹簧，图中所示位置为空档，此时两锁销内端面距离a等于槽深b，不可能同时拨动两根拨叉轴，起互锁作用。另外，自锁弹簧的预紧力和空心锁销对拨叉轴又起到自锁作用。

（3）倒档锁装置　倒档锁装置用于防止误挂倒档。图8-31所示为常见的锁销式倒档锁装置。当驾驶人挂倒档时，变速杆下端压缩倒档锁弹簧将锁销推入锁销孔内，才能使变速杆下端进入拨块的凹槽中进行换档。由此可见，倒档锁的作用是使驾驶人必须对变速杆施加更大的力才能挂入倒档，起到警示注意的作用，以防止误挂倒档。

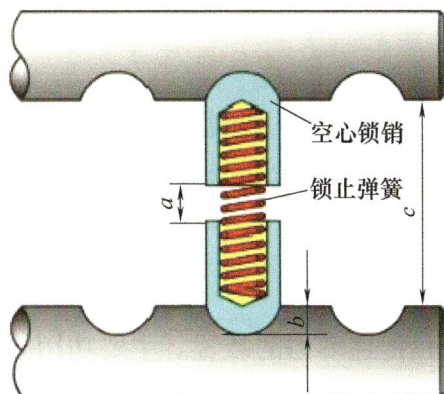

图 8-30　自锁和互锁合一的锁止装置

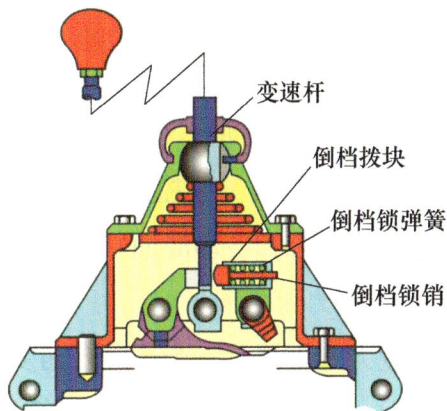

图 8-31　锁销式倒档锁装置

第四节　自动变速器

一、自动变速器的分类

自动变速器按结构、按控制方式的不同，可分为机械式自动变速器、电控液力自动变速器、无级自动变速器和双离合自动变速器。

1. 机械式自动变速器

机械式自动变速器（AMT）是在原有手动变速器的基础上增加了电控系统，来自动控制离合器的接合、分离和档位的变换。

2. 无级自动变速器

无级自动变速器（CVT）是采用传动带和工作直径可变的主、从动齿轮相配合来传递动力，可以实现传动比的连续改变。

3. 电控液力自动变速器

电控液力自动变速器（AT）是目前应用最广泛，技术最成熟的自动变速器。按照变速器机构的不同，电控液力式自动变速器又分为行星齿轮自动变速器和平行轴齿轮自动变速器，其中行星齿轮自动变速器应用最广泛。

4. 双离合自动变速器

双离合自动变速器简称 DCT，大众品牌对该技术应用较早，也比较广泛，而且把其称为 DSG，三菱简称为 SST，保时捷简称为 PDK，宝马简称为 DKG，福特、沃尔沃简称为 Powershift，奥迪简称为 S-Tronic 等。与传统的自动变速器相比，其换档时间快，舒适性更高，而且能满足消费者对驾驶运动感和车辆省油的双重要求。目前，双离合变速器应用日趋广泛。

二、自动变速器的组成

电控液力自动变速器是目前应用最广泛的，以电控液力变速器为例介绍自动变速器的基本组成。电控液力自动变速器由液力变矩器、齿轮变速机构、液压控制系统、电控系统和冷却滤油装置组成。

1. 液力变矩器

液力变矩器是一个通过自动变速器油（ATF）传递动力的装置。主要功用如下：

1）在一定范围内自动、连续地改变传动比，以适应不同行驶阻力的要求。

2）具有自动离合器的功用。在发动机不熄火、自动变速器位于动力档（D 位或 R 位）情况下，汽车可以处于停车状态。驾驶人可通过控制节气门开度控制液力变矩的输出转矩，逐步加大输出转矩，实现动力的柔和传递。

2. 齿轮变速机构

齿轮变速机构由行星齿轮机构或平行轴齿轮机构组成，不同的运动状态组合可得到不同的速比，实现不同的档位，其主要功用如下：

1）在液力变矩器的基础上再将转矩增大 2~4 倍，以提高汽车的行驶适应能力。

2）实现倒档传动。

3）实现空档。

3. 液压控制系统

液压控制系统是由油泵、各种控制阀及与之相联通的液压换档执行元件（如离合器、制动器等）组成的液压控制回路。汽车行驶中根据驾驶人的要求和行驶条件的需要，控制离合器和制动器的工作状况的改变来实现机械变速器的自动换档。

4. 电控系统

电控系统将自动变速器的各种控制信号输入电控单元（ECU），经 ECU 处理后发出控制指令控制液压系统中的各种电磁阀实现自动换档，并改善换档性能。

5. 冷却滤油装置

ATF 在自动变速器工作过程中会因冲击、摩擦产生热量，并吸收齿轮传动过程中所产生的热量，油温会升高。油温升高将导致 ATF 黏度下降，传动效率降低，因此，必须对 ATF 进行冷却，保持油温在 80~90℃。ATF 是通过油冷却器与冷却液或空气进行热量交换的。自动变速器工作中各部件磨损产生的机械杂质由滤油器从油中过滤分离出去，以减小机械磨损，防止堵塞液压油路和导致控制阀卡滞。

三、自动变速器的工作原理

电控液力自动变速器的组成和工作原理如图 8-32 所示。电控液力自动变速器是通过各种传感器，将发动机的转速、节气门开度、车速、发动机冷却液温度、ATF温度等参数信号输入 ECU，然后 ECU 再根据这些信号，按照设定的换档规律，向换档电磁阀、油压电磁阀等发出动作控制信号；换档电磁阀和油压电磁阀再将 ECU 的动作控制信号转变为液压控制信号，阀板中的各控制阀根据这些液压控制信号，控制换档执行元件的动作，从而实现自动换档。

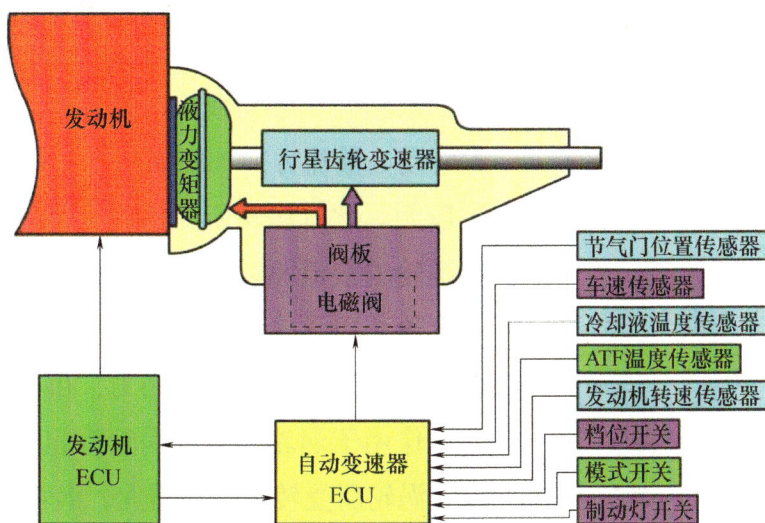

图 8-32 电控液力自动变速器的组成和工作原理

四、液力变矩器

液力变矩器位于发动机和机械变速器之间，以 ATF 为工作介质，起传递转矩、变矩、变速及离合的作用。液力变矩器主要由泵轮、涡轮、导轮、变矩器壳体等组成，如图 8-33 所示。

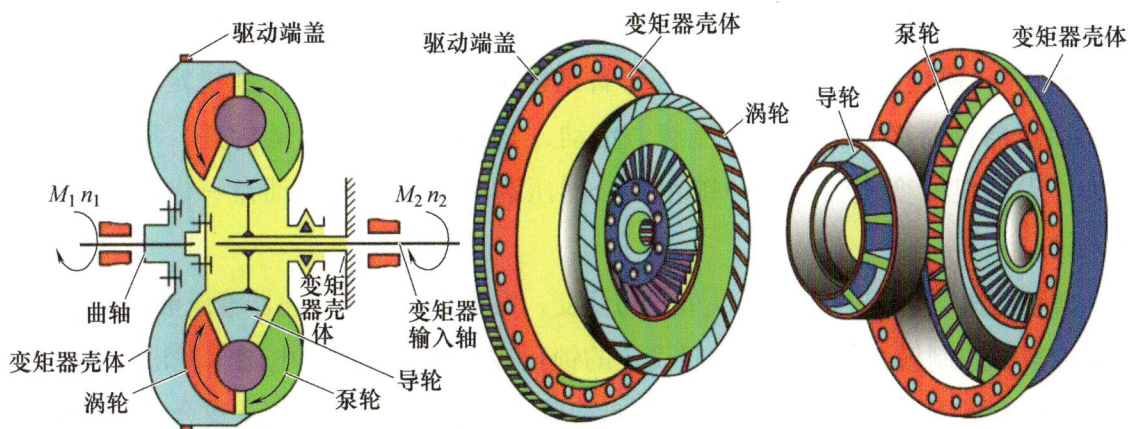

图 8-33 液力变矩器示意图

泵轮是液力变矩器的输入元件，位于液力变矩器的后端，与液力变矩器壳体刚性连接。变矩器壳体总成用螺栓固定在发动机的曲轴后端，随发动机曲轴一起旋转。

涡轮是液力变矩器的输出元件，它通过花键孔与行星齿轮系统的输入轴相连。涡轮位于泵轮前方，其叶片面向泵轮叶片。

导轮位于涡轮和泵轮之间，是液力变矩器的反应元件，通过单向离合器单方向固定在导轮轴或导轮套管上。

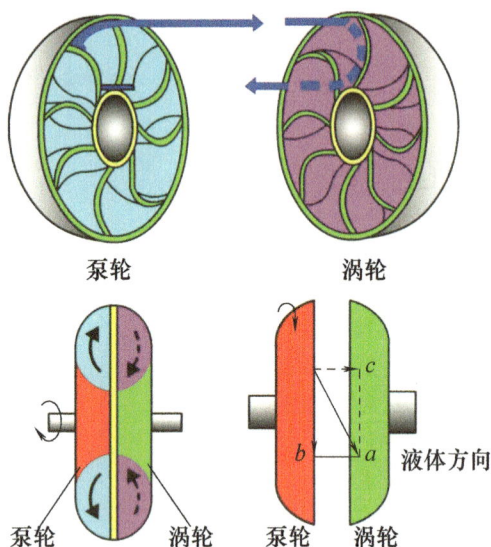

图 8-34　液力变矩器工作时液流方向

泵轮、涡轮和导轮装配好后，会形成断面为循环圆的环状体，在环形内腔中充满 ATF。

液力变矩器工作时，发动机带动泵轮转动，泵轮叶片带动液流冲向涡轮，从而驱动涡轮转动，液流方向如图 8-34 所示。刚起步时转矩最大，此时涡轮所受来自泵轮的冲击力，冲到涡轮的液流驱动涡轮后，由于叶片形状，冲向导轮，而导轮不动，冲击导轮的液流受到阻碍，可使涡轮受到反作用力，由于这个反作用力也作用于涡轮，且对涡轮都起增势作用，所以使涡轮所受转矩得到增大。涡轮转速升高后，液流变向会冲击导轮叶背，而失去增矩作用，并对涡轮产生一定阻力。所以现在所用导轮都使用单向离合器，当液流去冲击叶背时，导轮转过一个角度，使其继续增矩。

液力变矩器是用液力来传递汽车动力的，而液压油的内部摩擦会造成一定的能量损失，因此传动效率较低。为提高汽车的传动效率，减少燃油消耗，现代很多轿车的自动变速器采用一种带锁止离合器的综合式液力变矩器。带锁止离合器的液力变矩器由前盖、锁止离合器片、减振器、涡轮、导轮、推力轴承和泵轮等组成。

带锁止离合器的液力变矩器的特点是：汽车在变工况下行驶时（如起步、经常加减速），锁止离合器分离，相当于普通液力变矩器；当汽车在稳定工作下行驶时，锁止离合器接合，动力不经液力传动，直接通过机械传动传递，动力传递路线为：发动机→变速器壳体→锁止离合器压盘→减振器→从动盘→齿轮变速机构输入轴。

自动变速器 ECU 根据车速、节气门开度、发动机转速、变速器液压油温度、操纵手柄位置、控制模式等因素，按照设定的锁止控制程序向锁止电磁阀发出控制信号，操纵锁止控制阀，以改变锁止离合器压盘两侧的油压，从而控制锁止离合器的工作。

当车辆低速行驶时，油液流至锁止离合器的前端。锁止离合器压盘前端与后端的压力相同，使锁止离合器处于分离状态，如图 8-35 所示。这时输入液力变矩器的动力完全通过 ATF 传至涡轮。

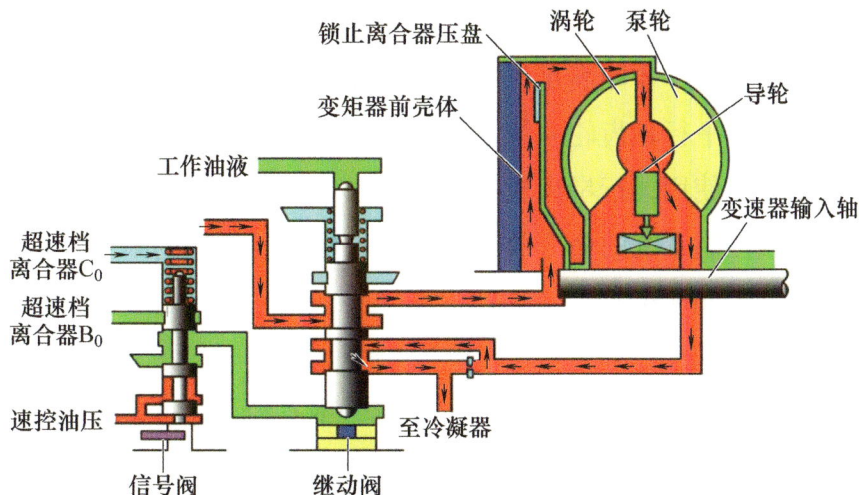

图 8-35 锁止离合器分离状态

　　当车辆在良好道路上以中速至高速（通常 >50km/h）行驶，且车速、节气门开度、变速器油温度等因素符合一定要求时，ATF 流至锁止离合器的后端，这样，使锁止离合器压盘与液力变矩器壳体一起转动，如图 8-36 所示。这时输入液力变矩器的动力通过锁止离合器的机械连接，由压盘直接传至涡轮输出，传动效率为 100%。

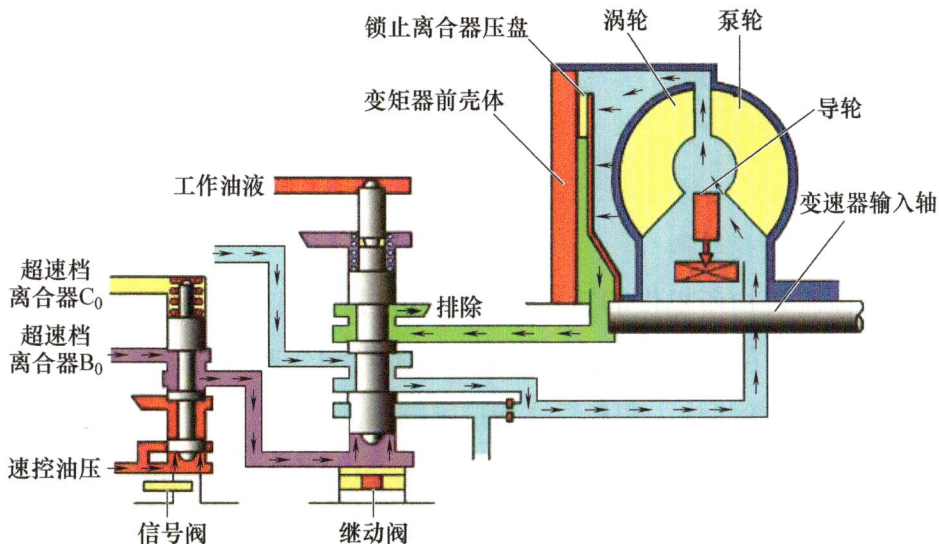

图 8-36 锁止离合器接合状态

　　另外，锁止离合器在接合时还能减少液力变矩器中的液压油因液体摩擦而产生的热量，有利于降低液压油的温度。有些车型的液力变矩器的锁止离合器盘上还装有减振弹簧，以减小锁止离合器在接合时瞬间产生的冲击力。

五、齿轮变速机构

1. 齿轮变速机构的功用

液力变矩器可以在一定范围内自动无级地改变转矩和传动比，以适应行驶阻力的变化，但变矩比小，不能完全满足汽车使用的要求，必须与齿轮变速器组合使用，扩大传动比的变化范围，才能满足汽车行驶的要求。自动变速器的齿轮变速系统主要由行星齿轮系统和平行轴齿轮系统，目前绝大多数自动变速器多采用行星齿轮系统与液力变矩器配合使用。行星齿轮系统由行星齿轮机构和执行机构组成，执行机构根据自动变速器控制系统的命令放松或固定行星齿轮机构的某个元件，通过改变动力传递路线得到不同的传动比。

2. 单排行星齿轮机构

单排行星齿轮机构主要由一个太阳轮（或称为中心轮）、一个带有若干个行星齿轮的行星架和一个齿圈组成，如图 8-37 所示。

齿圈又称为齿环，有内齿，其余齿轮均为外齿轮。太阳轮位于机构的中心，行星齿轮与之外啮合，行星齿轮与齿圈内啮合。通常行星齿轮有 3~6 个，通过滚针轴承安装在行星齿轮轴上，行星齿轮轴对称，均匀地安装在行星架上。行星齿轮机构工作时，行星齿轮除了绕自身轴线的自转外，同时还绕着太阳轮公转，行星架也绕太阳轮旋转。太阳轮与行星齿轮是外啮合，两者的旋转方向相反；而行星齿轮与齿圈是内啮合，两者的旋转方向相同。

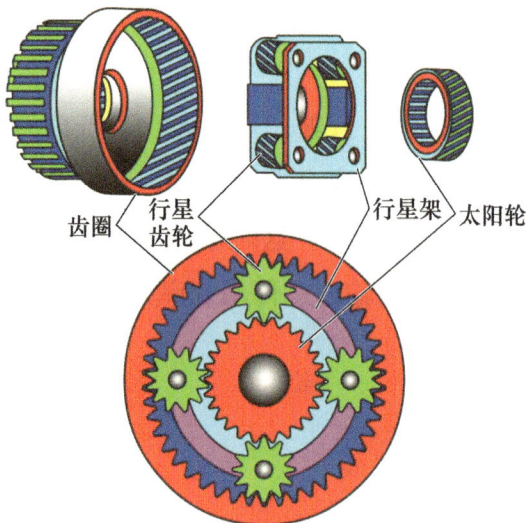

图 8-37　单排行星齿轮结构

3. 复合式行星齿轮机构

单排行星齿轮机构所提供的适用传动比数目是有限的，为了获取较多的档位，可采用两排或多排行星齿轮机构。在现代汽车的自动变速器中，目前广泛采用两种类型的复合式行星齿轮机构：辛普森式和拉维娜式。

（1）辛普森式行星齿轮机构　辛普森式行星齿轮机构是由两排行星齿轮机构共用一个太阳轮组成的复合式行星齿轮机构，如图 8-38 所示。

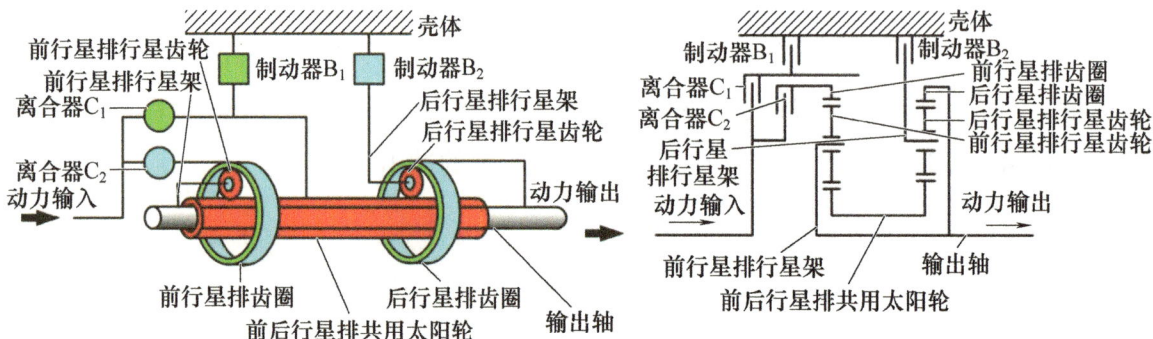

图 8-38　辛普森式行星齿轮结构

该机构中有 4 个换档执行元件，分别为离合器 C_1、C_2 和制动器 B_1、B_2。离合器 C_1 用于连接输入轴和前后行星排共用太阳轮；离合器 C_2 用于连接输入轴和前行星排齿圈及制动器 B_1。

输入轴通过直接档离合器和前进档离合器分别与太阳轮和前排齿圈相连，二档制动器可用来固定太阳轮，低档、倒档制动器可使后排行星架成为固定元件，单向离合器保证后排行星架只能沿顺时针方向转动，前排行星架和后排齿圈与输出轴相连而成为输出元件。

各档执行元件工作情况见表 8-1。

表 8-1　各档执行元件工作情况

档位		执行元件				
		C_1	C_2	B_2	B_3	F_1
D	1	○				○
	2	○		○		
	3	○	○			
R			○		○	

注：○—表示工作。

（2）拉维娜式行星齿轮机构　如图 8-39 所示，它由一个前面单行星齿轮式行星排和后面一个双行星齿轮式行星排组合而成。大太阳轮、长行星齿轮、行星齿轮架和齿圈共同组成一个单行星齿轮式行星排；小太阳轮、短行星齿轮、长行星齿轮、行星齿轮架和齿圈共同组成一个双行星齿轮式行星排。

设小太阳轮、齿圈和行星齿轮架的转速分别为 n_1、n_2 和 n_3，齿数分别为 z_1、z_2 和 z_3，齿圈与小太阳轮的齿数比为 α，其运动规律为

$$n_1 - \alpha n_2 + (\alpha - 1) n_3 = 0$$

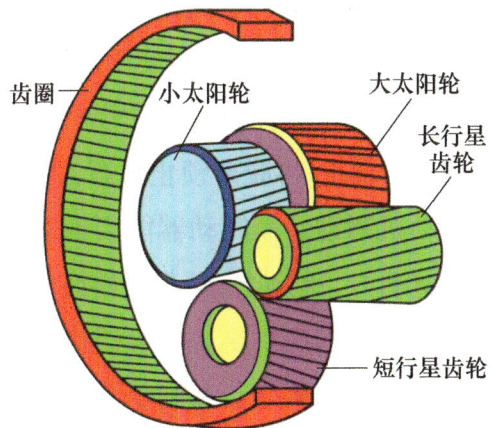

图 8-39　拉维娜式行星齿轮机构

图 8-40 所示为拉维娜式四档行星齿轮机构的结构示意图。它的特点是两排齿轮机构用一个齿圈和一个行星架。行星架上的长行星齿轮与前排行星齿轮机构的大太阳轮啮合，同时还与后排行星齿轮机构的短行星齿轮相结合。短行星齿轮还与小太阳轮啮合。该机构可以和 6 个换档执行元件（离合器 C_1、C_2、C_3，制动器 B_1、B_2，单向离合器 F_1），组成 4 个前进档和 1 个倒档的行星齿轮变速器。其换档执行元件工作规律见表 8-2。

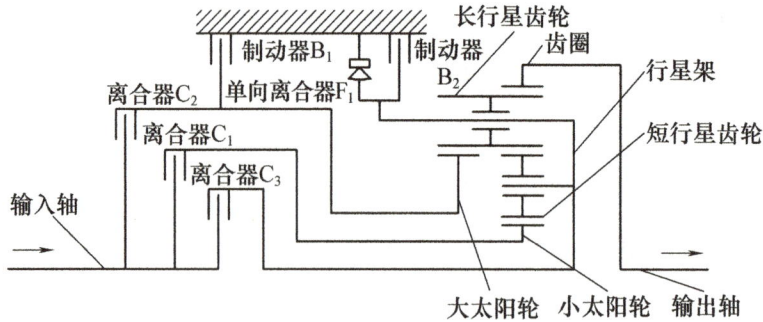

图 8-40　拉维娜式四档行星齿轮机构示意图

表 8-2　拉维娜式四档行星齿轮变速器换档执行元件工作规律

操纵手柄位置	档位	执行元件					
		C_1	C_2	C_3	B_2	B_3	F_1
D	1	○					○
	2	○			○		
	3	○		○			
	4			○	○		
1	1	○				○	
R	倒		○			○	

注：○—表示工作。

拉维娜式行星齿轮机构结构紧凑，所用构件少，且由于相互啮合的齿较多，故可传递较大的转矩。所以在许多轿车的自动变速器中，也有不少采用这种结构形式的。

D 位 1 档和 1 位 1 档的区别：D 位 1 档使用单向离合器 F_1 制动行星架，不能实现发动机制动；1 位 1 档使用制动器 B_2 制动行星架，能实现发动机制动。由于单向离合器只能单方向锁止，所以汽车在 D 位 1 档滑行，输出轴反向驱动行星齿轮时，单向离合器 F_1 将脱离锁止状态，使行星齿轮机构失去传递动力的能力，以致无法实现发动机制动。而制动器能实现双方向的锁止，因此行星齿轮机构不论正向还是反向传递动力，制动器 B_2 都会始终保持锁止状态，因而能实现发动机制动。

（3）换档执行机构　换档执行机构主要由离合器、制动器和单向离合器三种执行元件组成，离合器和制动器是以液压方式控制行星齿轮机构元件的旋转，而单向离合器则是以机械方式对行星齿轮机构的元件进行锁止。

1）离合器。离合器的作用是将变速器的输入轴和行星排的某个基本元件连接，或将行星排的某两个基本元件连接在一起，使之成为一个整体转动。自动变速器中所使用的离合器为湿式多片离合器，通常由离合器鼓、离合器活塞、回位弹簧、钢片、摩擦片等组成，如图 8-41 所示。

2）制动器。制动器的作用是固定行星齿轮机构中的基本元件，阻止其旋转。在自动变速器中常用的制动器有片式制动器和带式制动器两种。片式制动器的结构如

图 8-42 所示。片式制动器工作平顺性较好，还能通过增减摩擦片的片数来满足不同排量发动机的要求，因此近年来在轿车自动变速器中使用的越来越多。带式制动器的结构如图 8-43 所示。带式制动器由制动带及其伺服装置（控制液压缸）组成。按变形能力，制动带可分为刚性和挠性两种类型；按结构，制动带可分为单边式和双边式两种。制动器伺服装置有直接作用式和间接作用式两种类型。

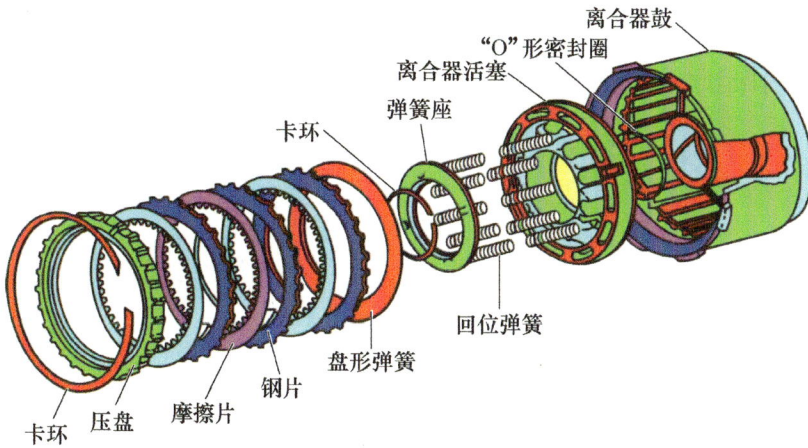

图 8-41　汽车自动变速器的离合器分解图

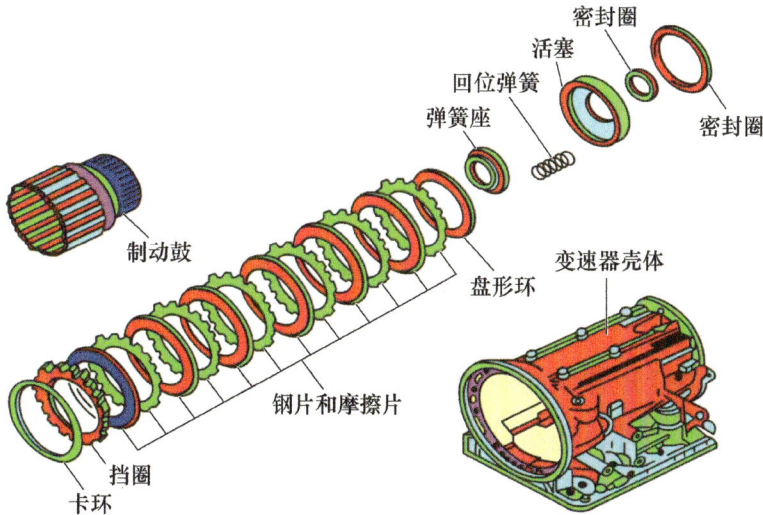

图 8-42　汽车自动变速器的片式制动器分解图

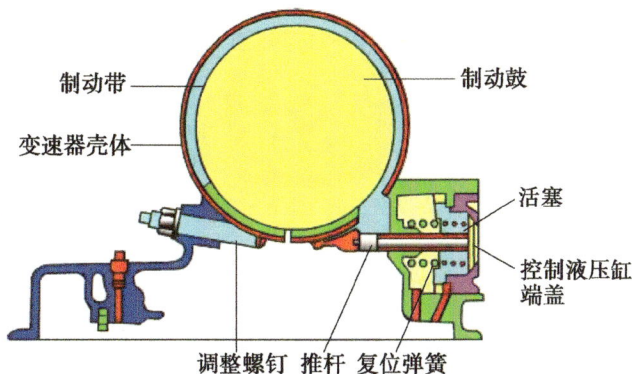

图 8-43　汽车自动变速器的带式制动器结构示意图

137

3）单向离合器。单向离合器的作用是使某元件只能按一定方向旋转，在另一个方向上锁止。在行星齿轮系统中有若干个单向离合器，其工作性能对变速器的换档品质有很大影响。执行机构的灵敏性直接影响换档的平顺性。单向离合器具有灵敏度高的优点，可瞬间锁止（或解除锁止），提高了换档时机的准确性。另外，单向离合器不需要附加液压或机械操纵装置，结构简单，不易发生故障。单向离合器有滚柱式（图 8-44）和楔块式（图 8-45）两种类型。

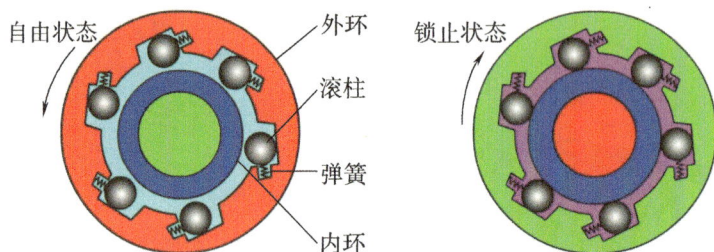

图 8-44　滚柱式单向离合器工作原理

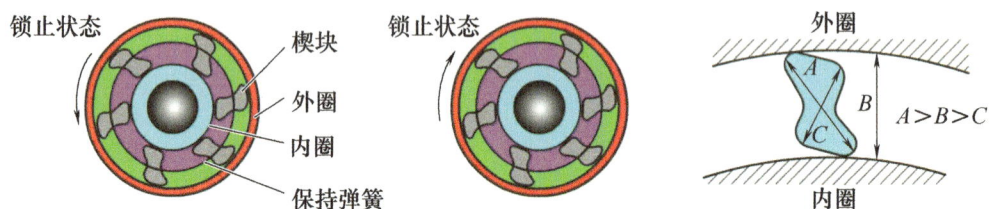

图 8-45　楔块式单向离合器工作原理

六、液压控制系统

液压控制系统由动力源、执行机构和控制机构组成。

1. 动力源

动力源是由液力变矩器泵轮驱动的液压泵。液压泵除了向控制机构、执行机构供给压力油以实现换档外，还给液力变矩器提供冷却补偿油，向行星齿轮变速器供应润滑油。液压泵一般位于液力变矩器和行星齿轮系统之间，其主要类型有齿轮泵、转子泵和液片泵，如图 8-46 所示。

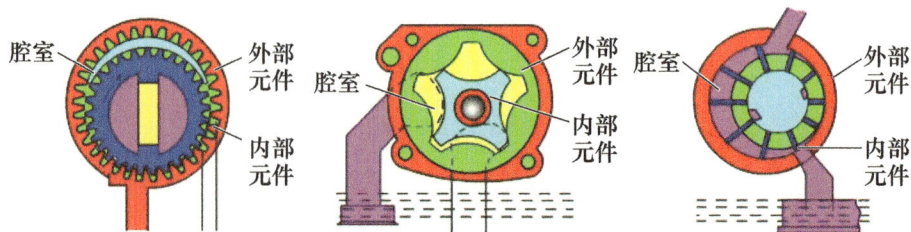

图 8-46　液压泵

2. 执行机构

执行机构包括各离合器、制动器的液压缸。

3. 控制机构

控制机构包括主油路调压阀、手动阀、换档阀及锁止离合器控制阀等，集中安装在自动变速器的阀体上。

七、电控系统

电控系统由信号输入装置、执行器和电控单元组成。

1. 信号输入装置

信号输入装置包括传感器和信号开关装置。

1）传感器主要有节气门位置传感器、发动机转速传感器、车速传感器、输入轴转速传感器、变速器油温传感器。

2）信号开关装置主要有超速档开关、模式选择开关、多功能开关、制动灯开关。

2. 执行器

电磁阀是电控系统的执行元件，按其作用可分为换档电磁阀、锁止电磁阀和调压电磁阀；按其工作方式可分为开关式电磁阀和脉冲式电磁阀。

3. 电控单元

电控液力自动变速器可以与发动机电子燃油喷射系统共用一个电控单元，也可以使用独立的电控单元。电控单元由接收器、控制器和输出装置组成。接收器接收各输入装置的信号，并对其放大或调制。控制器将这些信号与内存中的数据进行对比，根据对比结果做出是否换档等决定，再由输出装置将控制信号输送给电磁阀。

电控单元具有以下功能：控制换档时刻，控制主油路油压，控制锁止离合器，控制换档品质，自动模式选择控制，发动机制动作用控制，使用输入轴转速传感器的控制，自诊断与失效保护控制。

第五节 万向传动装置

一、万向传动装置的功用

万向传动装置的功用是在轴线相交且相互位置经常发生变化的两转轴之间传递动力，位于变速器与驱动桥之间，如图8-47所示。

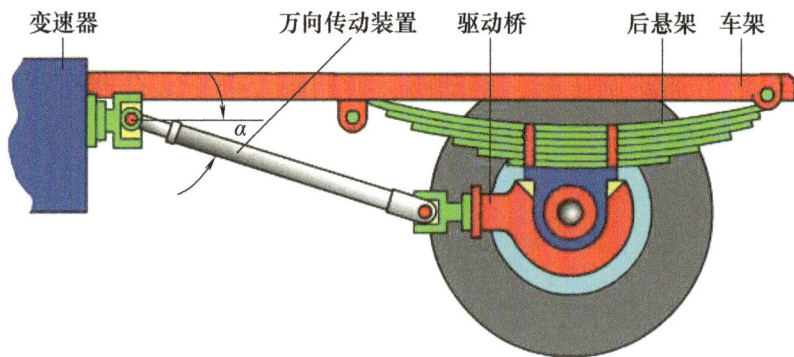

图 8-47 变速器与驱动桥之间的万向传动装置

二、万向传动装置的组成

它主要由万向节和传动轴等组成。对于传动距离较远的分段式传动轴，为了提高其刚度，还设置有中间支撑，如图 8-48 所示。

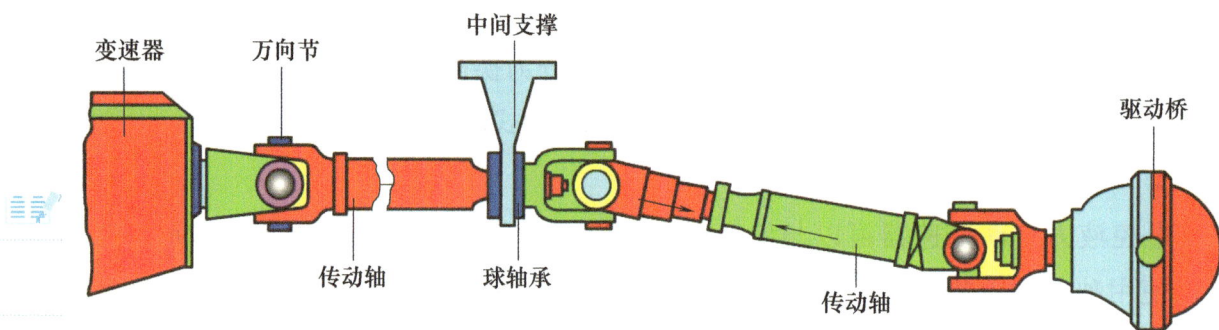

图 8-48 万向传动装置的组成

三、万向节

万向节按其刚度大小可分为刚性万向节和柔性万向节。刚性万向节按其速度特性又可分为不等速万向节（常用的为十字轴式）、准等速万向节（双联式和三销轴式）和等速万向节（包括球叉式、球笼式和三枢轴式）。

目前在汽车上应用较多的是十字轴式万向节和等速万向节。

1. 十字轴式万向节

十字轴式万向节在发动机前置后轮驱动的汽车传动系统中应用最为广泛，它允许相邻两轴的最大交角为 15°~20°。它一般由一个十字轴、两个万向节叉和四个滚针轴承等机件组成，如图 8-49 所示。

由于十字轴式万向节结构简单，传动效率较高，因此应用较广泛，其不足之处是对于单个万向节在输入轴和输出轴之间有夹角的情况下，其两轴的角速度不相等，这就是单个万向节的不等速性。在汽车上，万向传动装置往往采用双十字轴式万向节来实现等速传动（图 8-50），但必须满足如下两个条件。

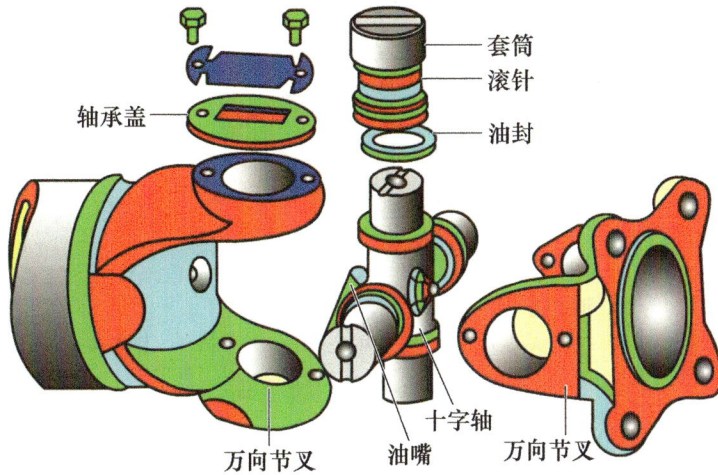

图 8-49　十字轴式万向节的构造

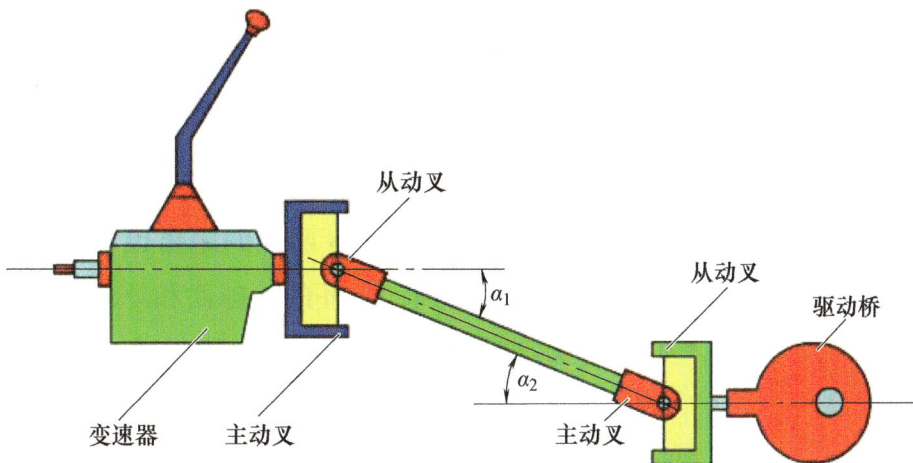

图 8-50　双十字轴刚性万向节等速传动布置图

1）第一万向节两轴间夹角 a_1 与第二万向节两轴间夹角 a_2 相等，即 $a_1=a_2$。

2）传动轴两端的两个万向节叉（即第一万向节的从动叉与第二万向节的主动叉）在同一平面内。

2. 球笼式万向节

球笼式万向节广泛应用于发动机前置前轮驱动的汽车传动系统中。由于球笼式万向节在传动的过程中输入轴和输出轴转速始终相等，所以它属于等速万向节。球笼式万向节按主、从动叉在传递转矩过程中轴向是否产生位移分为固定型球笼式万向节和伸缩型球笼式万向节。

1）固定型球笼式万向节。固定型球笼式万向节两轴允许交角范围较大（45°~50°），其结构如图 8-51 所示。主要由 6 个钢球、星形套、球形壳和保持架（球笼）组成。

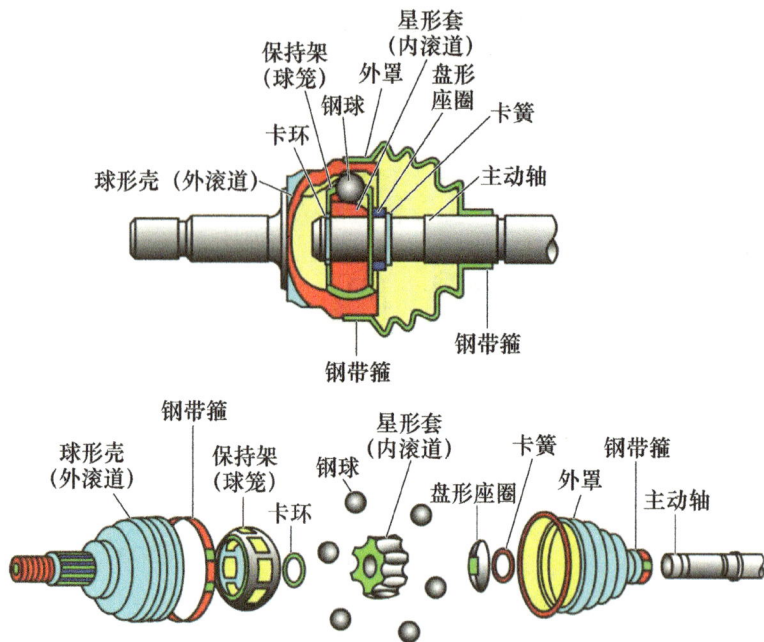

图 8-51 固定型球笼式万向节的结构

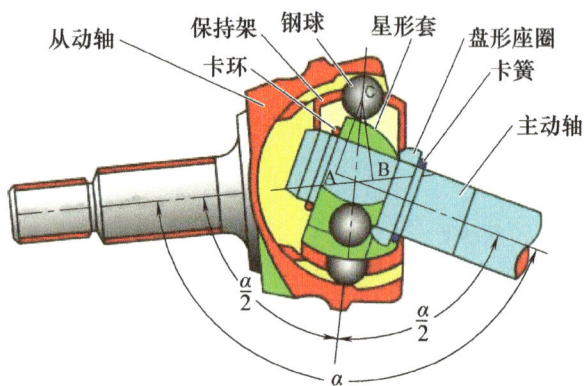

图 8-52 固定型球笼式万向节的传动原理

固定型球笼式万向节传动原理如图 8-52 所示。外滚道的中心 A 与内滚道的中心 B 分别位于万向节中心 O 的两侧，并且到 O 点的距离也相等。钢球中心 C 到 A、B 两点的距离也相等。保持架的内、外球面，内环的外球面和外环的内球面均以万向节中心为球心。当两轴交角变化时，保持架可沿内、外球面滑动，以保持六个钢球在同一平面内。由于 OA=OB，CA=CB，CO 是公共边，则△COA 与△COB 为全等三角形，故∠COA=∠COB，即传力钢球中心 C 始终位于 α 角的角平分面上，确保了钢球中心到主动轴与从动轴的距离 a 和 b 始终相等，从而使主动轴和从动轴以相等的角速度旋转。

2）伸缩型球笼式万向节。如图 8-53 所示，伸缩型球笼式万向节的内外滚道是圆筒形的，在传递转矩过程中，星形套与筒形壳可以沿轴向相对移动，故可省去其他万向传动装置中必须有的滑动花键。这不仅使结构简化，而且由于星形套与筒形壳间的轴向相对移动是通过钢球沿内外滚道滚动来实现的，与滑动花键相比，其阻力小，最适用于断开式驱动桥。这种万向节的等速传动原理与固定型的相同。

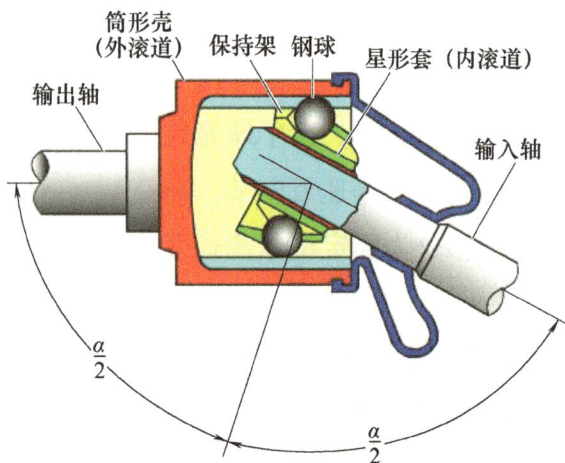

图 8-53 伸缩型球笼式万向节

3）三枢轴—球面滚轮式万向节。三枢轴—球面滚轮式万向节的结构如图 8-54 所示。与输入轴制成一体的 3 个枢轴上松套着外表面为球面的滚轮。3 个枢轴位于同一平面内，且互成 120° 角，它们的轴线相交于输入轴上的一点，并且垂直于输入轴。与输出轴制成一体的外表面为圆柱形的叉形元件上加工出 3 条等距离的轴向槽形轨道。槽形轨道平行于输出轴，3 个球面滚轮分别装入 3 个槽形轨道中。3 个球面滚轮可沿槽形轨道滑动。当输出轴与输入轴交角为 0° 时，因三枢轴的自动定心作用，能使两轴轴线重合；当输出轴与输入轴有交角时，由于球面滚轮轴承既可沿枢轴轴线移动，又可沿槽形轨道滑动。这样就可以保证球面滚轮的传力点始终位于两轴交角的平分面上。因此，该万向节是等速传动。

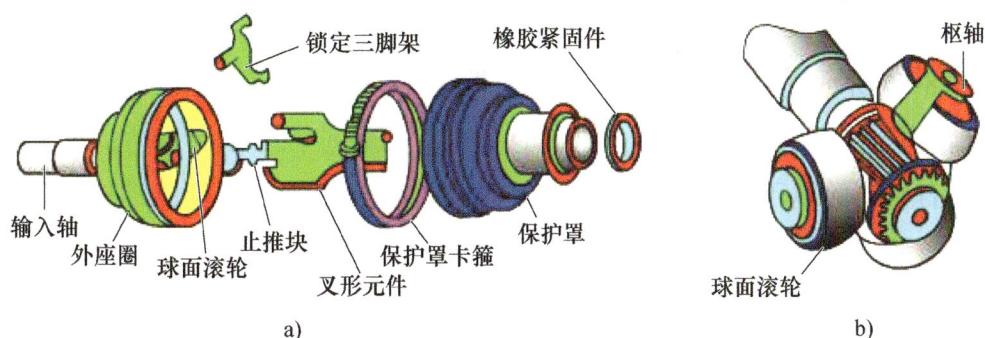

图 8-54　三枢轴—球面滚轮式万向节

a）零件的分解图　b）枢轴与球面滚轮的装配图

四、传动轴

一般发动机前置后轮驱动的汽车，连接变速器与驱动桥的传动轴部件由传动轴及两端焊接的花键轴和万向节叉组成。为了减小质量、获得较高的强度，传动轴多做成空心的。

在发动机前置前轮驱动轿车的万向传动装置中，通常将传动轴制成实心轴，如图 8-55 所示。

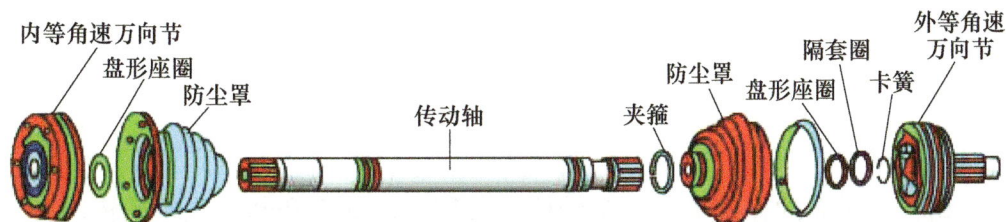

图 8-55　传动轴总成

第六节 驱 动 桥

一、驱动桥的功用、组成和分类

1. 驱动桥的功用

驱动桥的功用是将万向传动装置传来的发动机动力经降速、增矩改变传动方向后，分配给左、右驱动轮，并且允许左、右驱动轮以不同转速旋转。

2. 驱动桥的组成

如图 8-56 所示，驱动桥通常由主减速器、差速器、半轴和桥壳组成。主减速器可降速增矩，并可改变发动机转矩的传递方向，以适应汽车的行驶方向。差速器可保证左、右驱动轮以不同的转速旋转。半轴把转矩从差速器传到驱动轮。桥壳支撑汽车的部分质量，承受驱动轮上的各种力及力矩，并起到保护主减速器、差速器和半轴的作用。

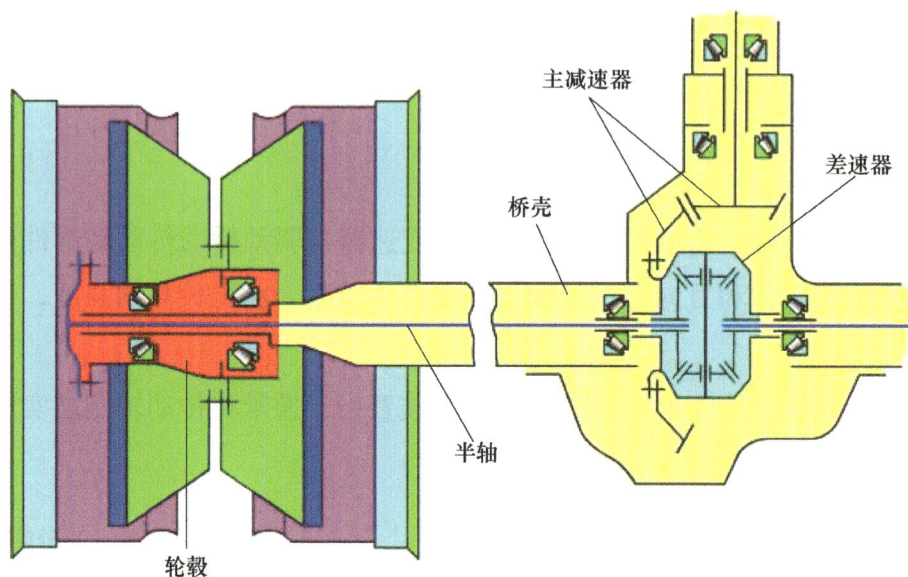

图 8-56　驱动桥示意图

3. 驱动桥的分类

按驱动轮与桥壳的连接关系，驱动桥分整体式驱动桥和断开式驱动桥两种。

1）整体式驱动桥的整个车桥通过弹性悬架与车架相连。桥壳是刚性整体结构，两根半轴和驱动轮在横向平面内无相对运动。载货汽车多采用整体式驱动桥。

2）断开式驱动桥。一些轿车或越野汽车为了提高汽车行驶的平顺性或通过性，在它们的全部或部分驱动轮上采用独立悬架，即两侧驱动轮分别用弹性悬架与车架相连，两驱动轮彼此可独立地相对于车架或车身上下跳动。主减速器固定在车架或车身上，驱动桥壳制成分段并以铰链方式相连，同时半轴也分段且各段之间用万向节连接，如图 8-57 所示。

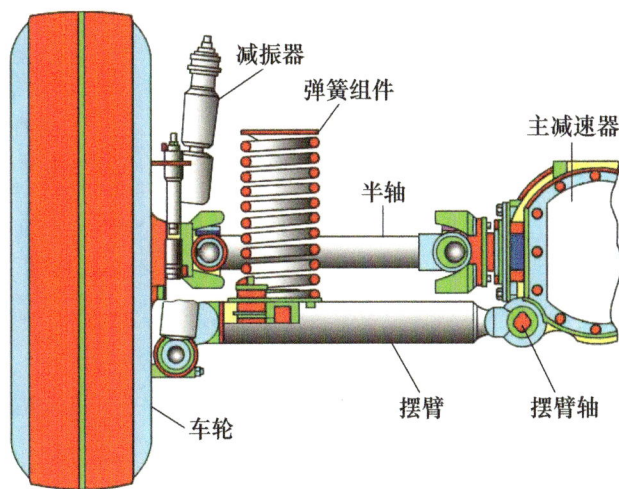

图 8-57 断开式驱动桥

二、主减速器

主减速器的功用是将输入的转矩增大并相应降低转速，且可根据需要改变转矩的方向。

（1）单级主减速器 单级主减速器只有一对锥齿轮传动，它具有结构简单、质量小、体积小、传动效率高等特点，如图 8-58 所示。

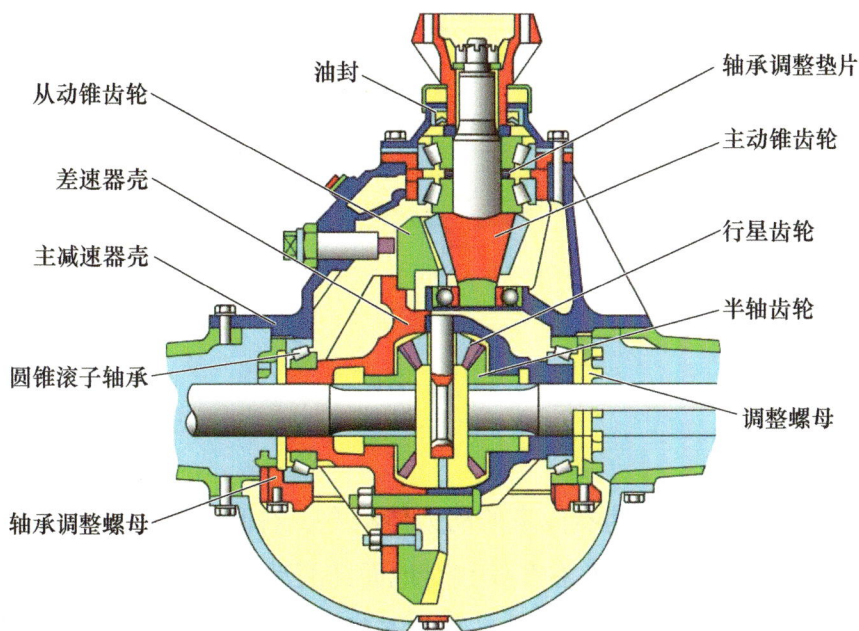

图 8-58 单级主减速器

扫一扫

一般乘用车的主减速器和差速器

（2）双级主减速器 当主减速器要求较大的传动比时，单级主减速器已不能保证足够的离地间隙，这时需要用由两对齿轮传动的双级主减速器，如图 8-59 所示。

目前，在乘用车中主要是应用单级主减速器。单级主减速器结构简单，质量小，体积小，传动效率高，主要用于乘用车及中型以下客货车。

对于发动机纵向布置的汽车，由于需要改变动力传递方向，单级主减速器都采用一对锥齿轮传动；对于发动机横向布置的汽车，单级主减速器采用一对圆柱齿轮即可。

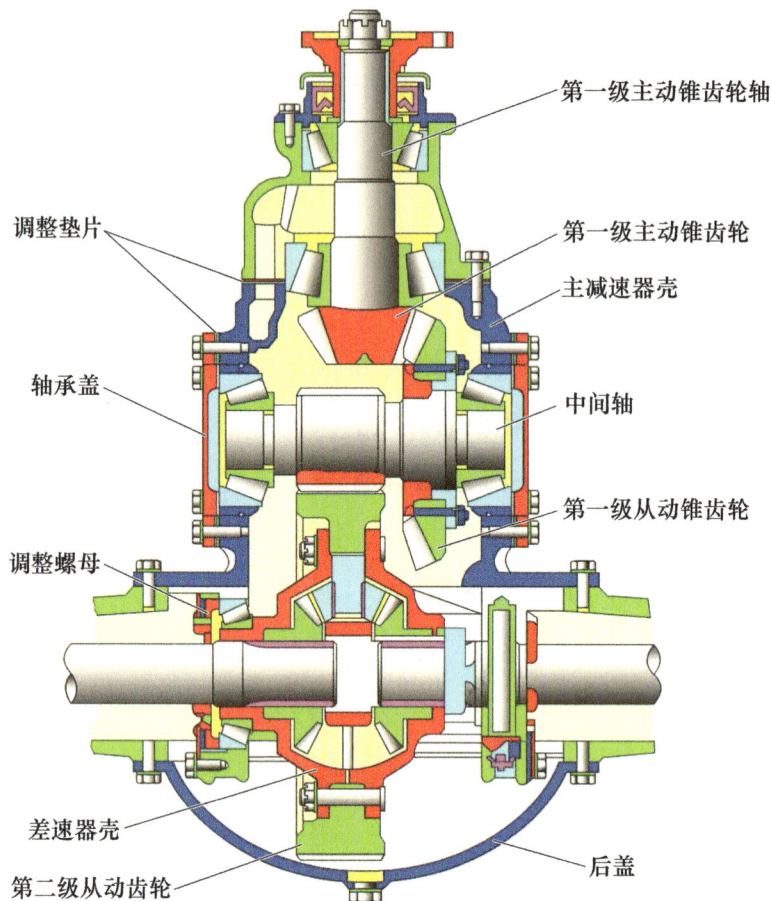

图 8-59　双级主减速器

三、差速器

1. 差速器的功用

差速器的功用是将主减速器传来的动力传给左、右两半轴，并在必要时允许左、右两半轴以不同转速旋转，使左右车轮相对地面纯滚动而不是滑动。

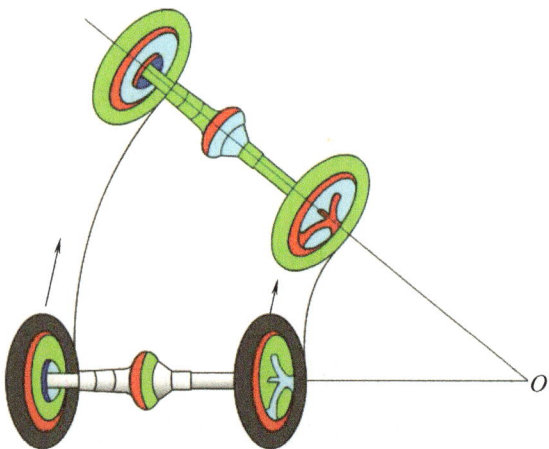

图 8-60　汽车转向时驱动车轮的运动示意图

当汽车转弯行驶时，内外两侧车轮中心在同一时间内移过的曲线距离不同，即外侧车轮移过的距离大于内侧车轮移过的距离，如图 8-60 所示。若两侧车轮都固定在同一刚性轴上，两轮加速度相等，此时外侧车轮必然是边滚动边滑移，内侧车轮必然是边滚动边滑转。

2. 对称式锥齿轮差速器

1）结构。如图 8-61 所示，常用的对称式锥齿轮差速器主要由 4 个行星齿轮、行星齿轮轴（十字轴）、两个半轴齿轮及差速器壳等组成。

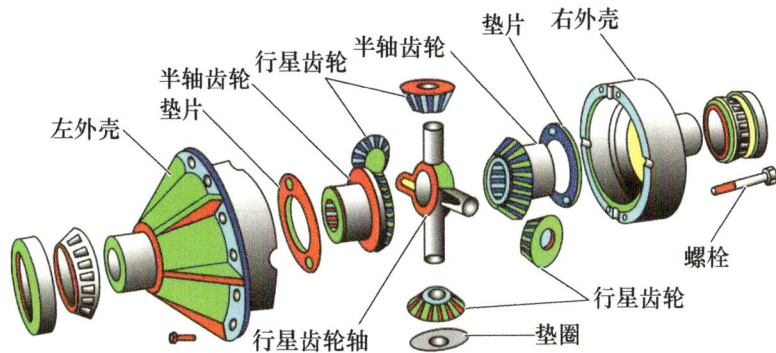

图 8-61 对称式锥齿轮差速器

由于中级以下轿车传递转矩不大，行星齿轮多用两个，如图 8-62 所示。相应的行星齿轮轴（十字轴）为一字轴，而差速器壳做成两边开孔的整体式。

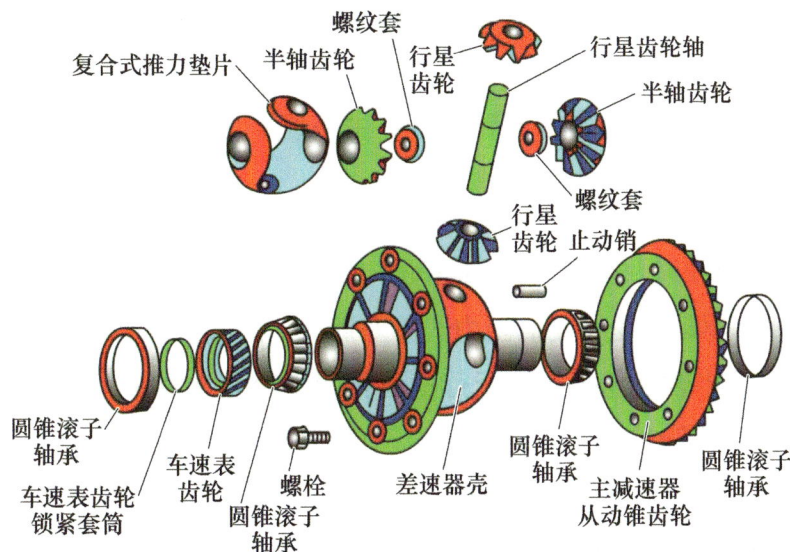

图 8-62 中级以下轿车差速器

2）工作原理。差速器的工作原理如图 8-63 和图 8-64 所示。主减速器传来的动力带动差速器壳（转速为 n_0）转动，经过行星齿轮轴、行星齿轮、半轴齿轮、半轴（转速分别为 n_1 和 n_2），最后传给两侧驱动车轮。

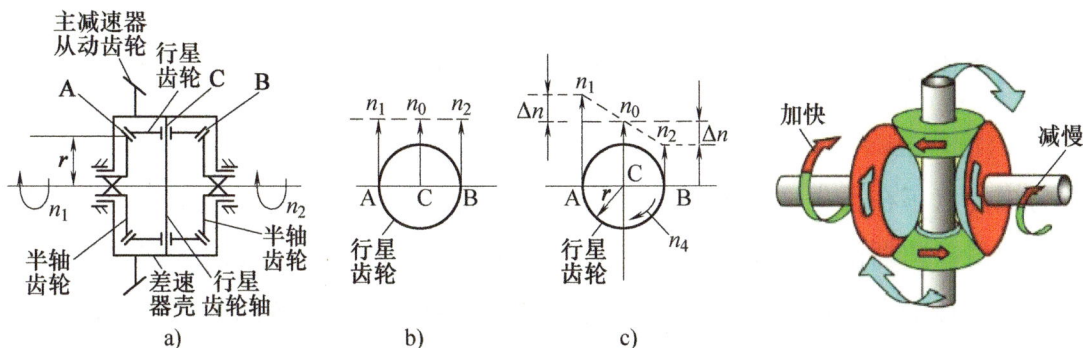

图 8-63 差速器的工作原理

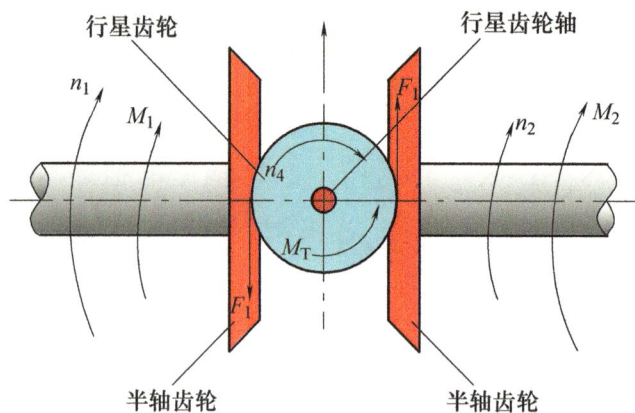

图 8-64　差速器转矩分配原理

① 汽车直线行驶时。此时，两侧驱动车轮所受到的地面阻力相同，并经半轴、半轴齿轮反作用于行星齿轮两啮合点 A 和 B（图 8-63）。这时行星齿轮相当于等臂杠杆，即行星齿轮不自转，只随差速器壳和行星齿轮轴一起公转，两半轴无转速差，即 $n_1=n_2=n_0$，$n_1+n_2=2n_0$。

同样，由于行星齿轮相当于等臂杠杆，主减速器传动差速器壳体上的转矩等分给两半轴齿轮（半轴），即 $M_1=M_2=\frac{1}{2}M_0$。

② 汽车转向行驶时。此时，两侧驱动车轮所受到的地面阻力不同。如果车辆右转，右侧（内侧）驱动车轮所受的阻力大，左侧（外侧）驱动车轮所受的阻力小。这两个阻力经半轴、半轴齿轮反作用于行星齿轮两啮合点 A 和 B（图 8-63），使行星齿轮除了随差速器壳公转外还顺时针自转，设自转转速为 n_0，则左半轴齿轮的转速增加，右半轴齿轮的转速降低，且左半轴齿轮增加的转速等于右半轴齿轮降低的转速。设半轴齿轮的转速变化为 Δn，则 $n_1=n_0+\Delta n$，$n_2=n_0-\Delta n$，即汽车右转时，左侧（外侧）车轮转得快，右侧（内侧）车轮转得慢，实现纯滚动。此时依然有 $n_1+n_2=2n_0$。

由于行星齿轮的自转，行星齿轮孔与行星齿轮轴轴径间以及齿轮背部与差速器壳体之间都产生摩擦。如图 8-64 所示，行星齿轮所受的摩擦力矩 M_T，方向与其自转方向相反，并传到左、右半轴齿轮，使转快的左半轴转矩减小，转慢的右半轴转矩增加。因此，当左、右驱动车轮存在转速差时，$M_1=(M_0-M_T)/2$，$M_2=(M_0+M_T)/2$。但由于有推力垫片的存在，实际中的 M_T 很小，可以忽略不计，则 $M_1=M_2=\frac{1}{2}M_0$。

3. 限滑差速器（Limited Slip Differential，LSD）

为提高汽车在恶劣道路上的通过能力，某些越野汽车及高级轿车上装置限滑差速器。限滑差速器的特点是，当一侧驱动轮在恶劣道路路上滑转时，能使大部分甚至全部转矩传给在良好路面上的驱动轮，以充分利用这驱动轮的附着力来产生足够的驱动力，使汽车顺利起步或继续行驶。为实现上述要求，最简单的方法是在对称式锥齿轮差速器上设置差速锁，使之成为强制止锁式差速器。当一侧驱动轮滑转时，可利用差速锁使差速器锁死而不起差速作用。

4. 半轴

半轴是差速器与驱动轮之间传递转矩的实心轴，其内端一般通过花键与差速器的半轴齿轮连接，外端凸缘与驱动轮的轮毂连接，如图 8-65 所示。另外，发动机前置前轮驱动的汽车传动轴也称为半轴。

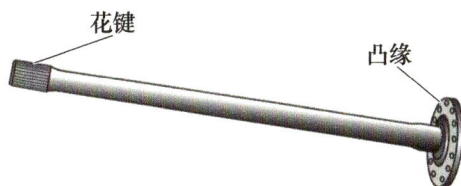

图 8-65 半轴

5. 驱动桥壳

驱动桥壳用以支撑并保护主减速器、差速器、半轴等；与从动桥一起支撑车架及其上部的各总成质量；并承受汽车行驶时由车轮传来的各种反力及力矩，经悬架传给车架。

驱动桥壳有整体式和分段式两种。整体式桥壳的特点是桥壳与主减速器壳分开制造，两者用螺栓连接在一起。东风 EQ1090E 型汽车的整体式驱动桥壳如图 8-66 所示。

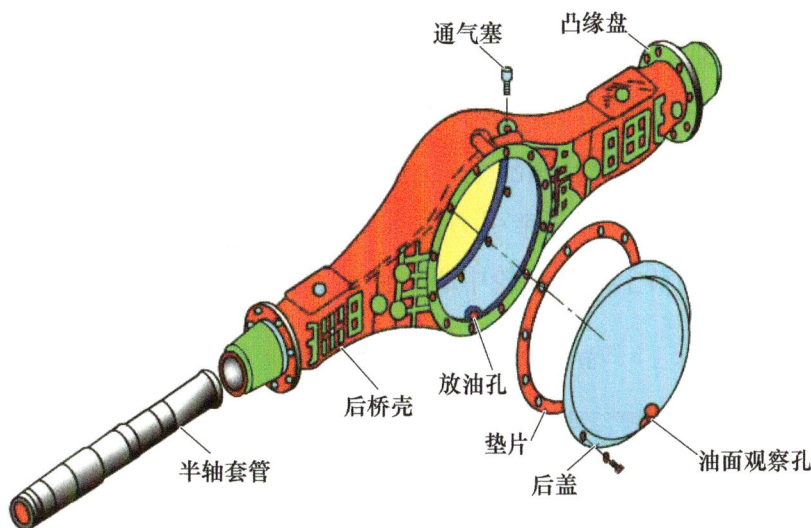

图 8-66 整体式驱动桥壳

第七节 行 驶 系 统

一、概述

1. 行驶系统的功用

行驶系统的功用为：支承汽车的总质量；接受由发动机经传动系统传来的转矩，

并通过驱动轮与地面之间的附着作用，产生驱动力，以保证整车正常行驶；传递并支承路面作用于车轮上的各种反力及其所形成的力矩；尽可能地缓和不平路面对车身造成的冲击和振动，保证汽车平顺行驶。

2. 行驶系统的组成

汽车行驶系统一般由车架（或承载式车身）、车桥（从动桥、驱动桥）、车轮和悬架等部分组成，如图 8-67 所示。车架是全车装配与支承的基础，它将汽车的各相关总成连接成一个整体，并与行驶系统共同支承汽车的质量，车轮分别安装在从动桥和驱动桥上，支承着车桥和汽车。为了减少汽车在行驶中受到的各种冲击和振动，车桥与车架之间又通过弹性悬架与车架相连接。

3. 行驶系统的类型

汽车行驶系统的基本类型主要有轮式、半履带式、全履带式、车轮 - 履带式和水陆两用式等类型，应用最多的是轮式汽车行驶系统。

4. 行驶系统的受力分析

汽车行驶系统的受力情况如图 8-67 所示，汽车的总重力 G_0 通过前后轮传到地面，引起地面分别作用于前轮和后轮上的垂直反力 F_{Z1} 和 F_{Z2}。当驱动桥中半轴将驱动转矩 M_k 传到驱动轮上时，通过路面和车轮的附着作用，产生路面作用于驱动轮边缘上的向前的纵向反力——牵引力 F_t。牵引力 F_t 的一部分用以克服驱动轮本身的滚动阻力，其余大部分依次通过驱动桥壳、后悬架传到车架，用来克服作用于汽车上的空气阻力和坡道阻力，还有一部分牵引力由车架经过前悬架传至从动桥，作用于自由支承在从动桥两端转向节上的从动轮中心，使前轮克服滚动阻力向前滚动。

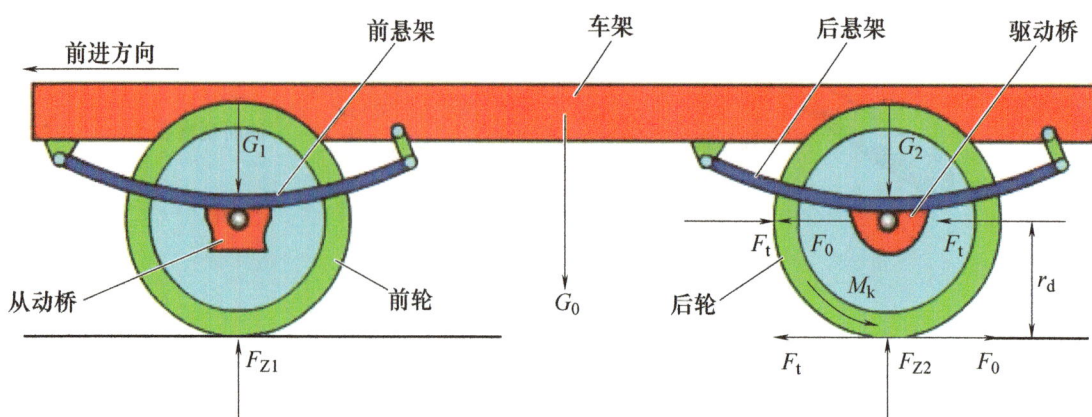

图 8-67 轮式汽车行驶系的组成及受力情况

二、车桥

车桥通过悬架和承载式车身（或车架）相连，两端安装车轮，其功用是传递车架或车身与车轮之间各方向的作用力及其所产生的转矩。

车桥根据悬架结构形式的不同分为整体式和断开式两种。与独立悬架配合使用的是断开式车桥。而与非独立悬架配合使用的是整体式车桥。

按照用途的不同，车桥又可分为转向桥、驱动桥、转向驱动桥和支持桥四种类型，其中转向桥和支持桥都属于从动桥。在后轮驱动的汽车中，前桥不仅用于承载，而且兼起转向作用，称为转向桥；一般汽车多以前桥为转向桥；后桥不仅用于承载，而且兼起驱动的作用，称为驱动桥；越野汽车和前轮驱动汽车的前桥，除了承载和转向的作用外，还兼起驱动作用，称为转向驱动桥；只起支承作用的车桥称为支持桥。支持桥除不能转向外，其他功能和结构与转向桥相同。

1. 转向桥

转向桥利用转向节使左、右车轮偏转一定角度以实现汽车的转向。它除承受垂直载荷外，还承受由道路、制动等力产生的纵向力和侧向力以及这些力所形成的力矩。因此，转向桥必须有足够的强度和刚度。车轮转向过程中相对运动的部件之间摩擦力应尽可能小，保证车轮正确的安装定位，从而保证汽车转向轻便和方向的稳定性。

各类汽车的转向桥结构基本相同，主要由前轴、转向节、主销和轮毂等组成。转向桥可以与独立悬架匹配，也可以与非独立悬架匹配。图 8-68 所示为汽车整体式转向桥结构图。

2. 转向驱动桥

在全轮驱动的越野汽车和大部分轿车上的前桥既能转向还起驱动的作用，故称为转向驱动桥，如图 8-69 所示。它与普通驱动桥一样，

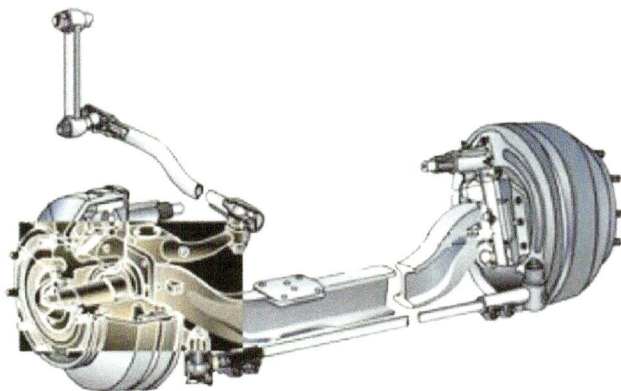

图 8-68　汽车整体式转向桥

有主减速器和差速器，区别在于转向时车轮需要绕主销偏转过一个角度，故与转向轮相连的半轴必须分成内外两段：即内半轴（与差速器连接）和外半轴，两者用万向节（多为等角速万向节）连接。转向节轴颈做成中空的，以便外半轴得以穿过其中。

轿车的转向驱动桥多与麦弗逊式独立悬架配合使用，因其前轮内侧空间较大，便于布置，具有良好的接近性，维修方便，所以被广泛采用。图 8-70 所示为红旗世纪星轿车的转向驱动桥，主要由转向节总成、销轴及段开式传动轴等组成。前轮毂通过轴承支撑在转向节上，外半轴上的外花键和前轮毂的内花键相连，然后将螺母拧在外半轴头部的螺纹上，使前轮毂和外半轴的相对位置固定。前轮毂外端又和制动盘、车轮总成连在一起。转向节上端由固定在滑柱筒内的减振器活塞杆端头与车身相连，转向节下端和控制臂上的销轴相连。转向时，转向节总成可以绕销轴和上弹簧座内轴承进行转动。

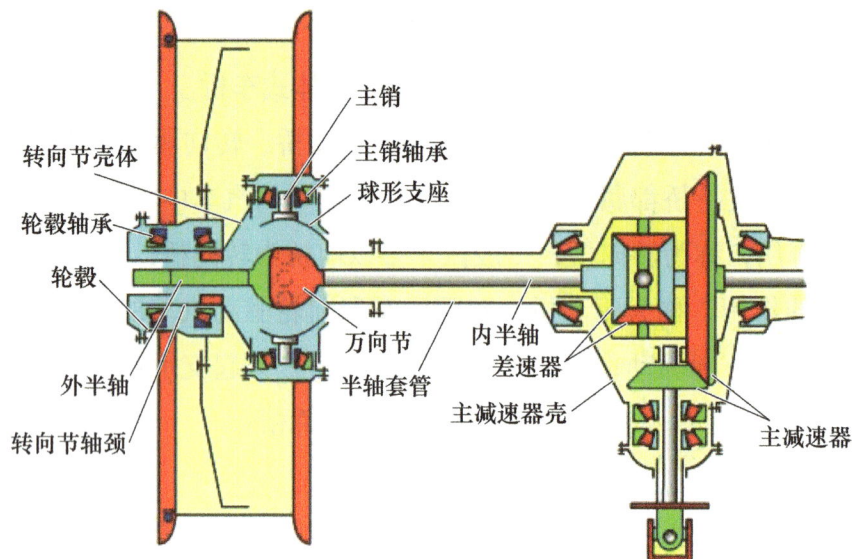

图 8-69 转向驱动桥示意图

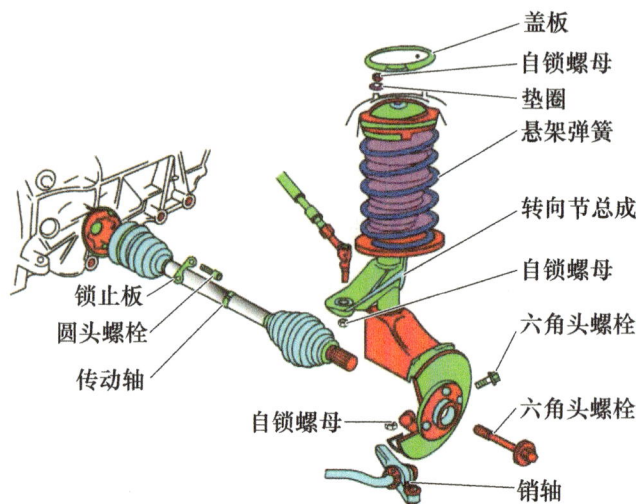

图 8-70 红旗世纪星轿车转向驱动桥

3. 转向轮定位

为了保证汽车直线行驶的稳定性和操纵的轻便性，减少轮胎和其他机件的磨损，转向桥在保证汽车转向功能的同时，应使转向轮有自动回正作用，即当转向轮因偶遇外力作用面发生偏转时，一旦作用的外力消失后，应能立即自动回到原来的直线行驶位置。这种自动回正作用是由转向轮、主销和前轴之间的安装位置即转向轮的定位参数来保证的。车轮的定位参数有：主销后倾、主销内倾、前轮外倾和前轮前束。通常车轮定位主要指前轮定位，也有许多车辆需要除前轮定位外的后轮定位，即车辆的四轮定位。

（1）主销后倾角γ 在汽车的纵向平面内（汽车的侧面），主销上部向后倾一个角度，使主销轴线和地面垂直线在汽车纵向平面内有一夹角γ，称为主销后倾角，如图 8-71 所示。

扫一扫

主销后倾

152

当主销具有后倾角γ时，主销轴线与路面交点 a 将位于车轮与路面接触点 b 之前，a、b 之间距离 L 称作主销后倾移距。当汽车直线行驶时，若转向轮偶然受到外力作用而稍有偏转（例如向右偏转如图中箭头所示），将使汽车行驶方向向右偏离。由于汽车本身离心力的作用，在车轮与路面接触点 b 处，路面对车轮作用着一个侧向反作用力 F_Y。反力 F_Y 对车轮形成绕主销轴线作用的力矩 F_YL，其方向与车轮偏转方向相反，在此力矩作用下，将使车轮回复到原来中间的位置，保证了汽车稳定的直线行驶，此力矩称为稳定力矩。因此，主销后倾角 γ 的作用是保证了汽车直线行驶的稳定性，当汽车转向后能使转向轮自动回正，能形成回正的稳定力矩，但此力矩也

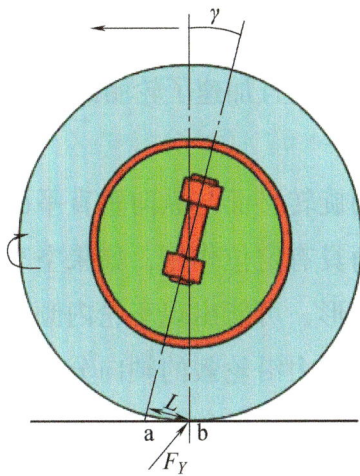

图 8-71 主销后倾角作用示意图

不应过大，否则在转向时为了克服此力矩，驾驶人须在转向盘上施加较大的力（即所谓转向沉重）。因此力矩的大小主要取决于力臂 L 的数值，而力臂 L 取决于后倾角 γ 的大小。现在一般采用的 γ 角不超过 3°。现代高速汽车由于轮胎气压降低、弹性增加、稳定力矩增加，因此，γ 角可以减小到接近于零，甚至为负值。

（2）主销内倾角 β　在汽车的横向平面内，主销上部向内倾斜一个角度，即主销轴线和地面垂线之间的夹角称为主销内倾角 β，如图 8-72a 所示。主销内倾角 β 的作用也是保证汽车直线行驶的稳定性，并使转向轻便、使车轮自动回正。

当转向轮在外力作用下由中间位置偏转一个角度（为了解释方便，图中使其偏转 180°，即转到如虚线所示位置）时，车轮的最低点将陷入路面以下，但实际上车轮下边缘不可能陷入路面以下，而是将转向车轮连同整个汽车前部向上抬起一个相应的高度，这样汽车本身的重力会使转向轮恢复到原来的中间位置，如图 8-72b 所示。

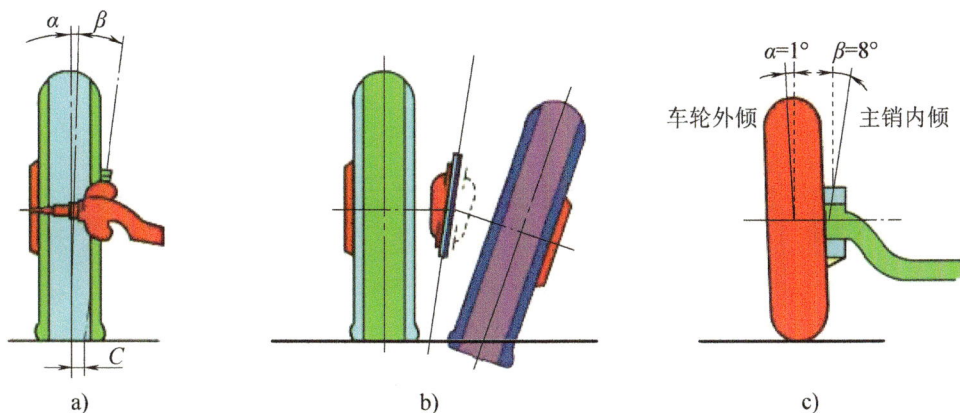

图 8-72 主销内倾角作用示意及前车轮外倾角

另外，主销的内倾还使得主销轴线与路面交点到车轮中心平面与地面交线的距

153

离 C 减小，如图 8-72a 所示。从而可减少转向时驾驶人加在转向盘上的力，使转向操纵轻便并减少从转向轮传到转向盘上的冲击力。但 C 值也不宜过小（即内倾角不宜过大），否则在转向时，轮胎与路面间将产生较大的滑动。这不仅会使转向变得很沉重，而且加速了轮胎的磨损。故一般内倾角 $\beta \leqslant 8°$，距离 C 一般为 40~60mm。

（3）前轮外倾角 α　汽车前轮正确安装后，其旋转平面的顶端略向外倾斜，它的旋转平面与纵向垂直平面间形成一夹角 α，称为前轮外倾角。如图 8-72c 所示，α 角具有定位作用，如果空车时车轮的安装正好垂直于路面，满载时，车桥将因承载变形，可能出现车轮内倾，这样将加速汽车轮胎磨损。同时，路面对车轮的垂直反作用力沿轮毂的轴向分力将使轮毂压向轮毂外端的小轴承，加重外端小轴承及轮毂紧固螺母的负荷，降低它们的使用寿命。因此，为了使轮胎磨损均匀和减轻轮毂外轴承的负荷，安装车轮时应预先使车轮有一定的外倾角，以防止车轮内倾。同时，车轮有了外倾角也可以与拱形路面相适应。但是，外倾角也不宜过大，否则也会使轮胎磨损。一般在设计时使转向节轴颈的轴线与水平面呈一角度，该角度即为前轮外倾角 α，一般为 1° 左右。

（4）前轮前束　前轮前束是因车轮外倾而设计的。车轮有了外倾角后，在滚动时，就类似于锥体，从而导致两侧车轮向外滚开。由于转向横拉杆和车桥的约束使车轮不可能向外滚开，车轮将在地面上出现边滚边滑的现象，从而增加了轮胎的磨损。为了消除车轮外倾带来的这种不良后果，在安装车轮时，使汽车两前轮的中心面不平行，两轮前边缘距离 B 小于后边缘距离 A，A 与 B 之差称为前轮前束值，如图 8-73 所示。这样可使车轮在每一瞬时滚动方向接近于向着正前方，从而在很大程度上减轻和消除由于车轮外倾而产生的不良后果。

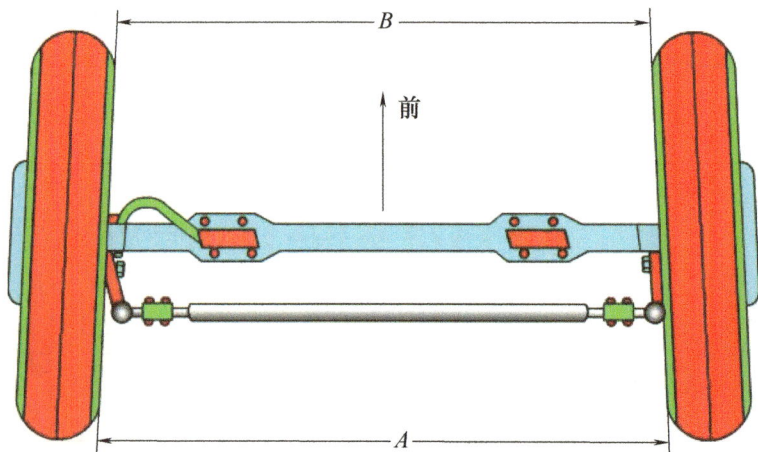

图 8-73　前轮前束俯视图

前轮前束可通过改变横拉杆的长度来调整。调整时，可根据各厂家规定的测量位置，使两轮前后距离差（$A-B$）符合规定的前束值，一般前束值为 0~12mm。

三、车轮与轮胎

1. 车轮

车轮是轮胎和车桥之间承受负荷的旋转部件，其上安装轮胎并传递和承受轮胎和车桥之间的各种力和力矩。车轮通常由轮毂、轮辋以及这两元件间的连接部分（轮辐）组成，如图 8-74 所示。轮辋是在车轮上安装和支承轮胎的部件，轮辐是在车轮上介于车轴和轮辋之间的支承部件。

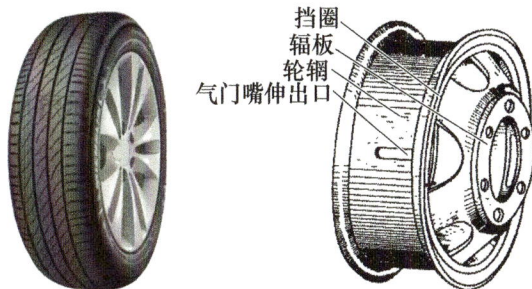

图 8-74　辐板式车轮

（1）车轮的类型　车轮按照轮辐的构造不同，可分为辐板式车轮和辐条式车轮两种；按照材质不同，可分为钢制车轮、铝合金车轮、镁合金车轮；按照车轴一端安装轮胎个数不同，可分为单式车轮和双式车轮。

（2）辐板式车轮　目前，轿车、客车以及货车上广泛采用辐板式车轮。车轮中用以连接轮毂和轮辋的钢质圆盘称为辐板，大多数是冲压制成的，少数和轮毂铸成一体。

辐板式车轮由挡圈、轮辋、辐板和气门嘴伸出口组成。辐板外缘的通孔可以减小车轮的质量，并且有利于制动器的散热，便于接近气门嘴。

由于货车后轴负荷比前轴大得多，为防止后轮过载，后轴一般装用双式车轮。

（3）辐条式车轮　辐条式车轮的特点是以钢丝辐条或铸造辐条为轮辐。由于钢丝辐条式车轮质量小、价格昂贵、维修安装不便，故仅用于赛车和某些高级轿车上，如图 8-75a 所示。现代的中高级轿车多采用铸造辐条式车轮，如图 8-75b 所示。

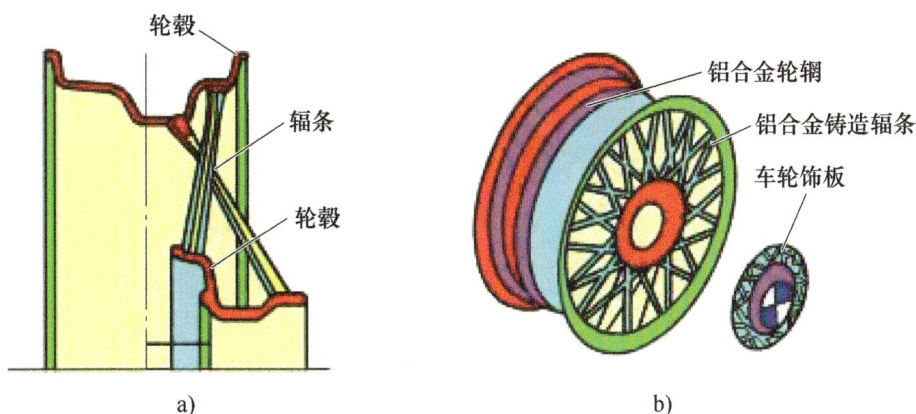

a)　　　　　　　　　　　b)

图 8-75　辐条式车轮

a）钢丝辐条式　b）铸造辐条式

现代汽车的轮辐多种多样，与汽车造型融为一体，对整车起到了很好的装饰作用。

采用少辐板的轮辐，也有利于制动器的散热。图 8-76 所示为奥迪 TT 的五辐车轮。

图 8-76　奥迪 TT 的五辐车轮

（4）轮辋　轮辋俗称钢圈，它的外部须装轮胎，当轮胎装入不同轮辋时，就会使轮胎变形，影响轮胎的性能。因此，不同规格的轮胎应该配用相应规格的标准轮辋。轮辋的常见形式主要有深槽轮辋和平底轮辋两种，如图 8-77 所示。其中深槽轮辋用于轿车和轻型越野车，平底轮辋用于中型货车。

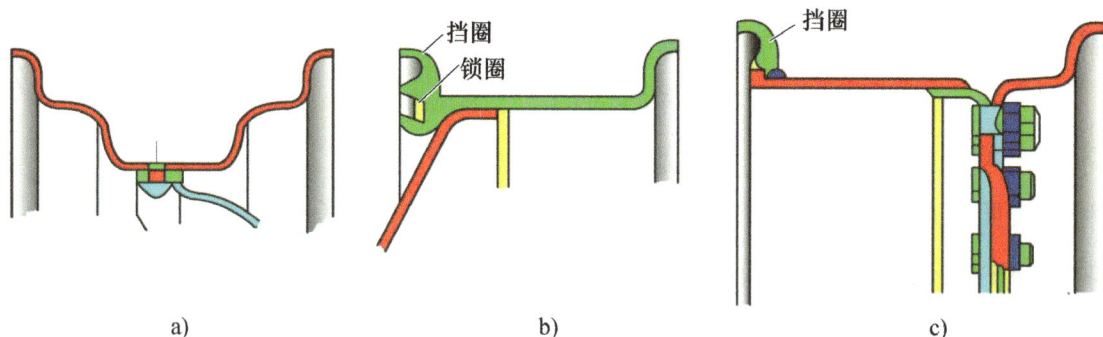

a)　　　　　　b)　　　　　　c)

图 8-77　轮辋的结构形式

2. 轮胎

轮胎按组成结构不同，可分为有内胎轮胎和无内胎轮胎两种；按胎体中帘线排列的方向不同，还可分为普通斜交轮胎和子午线轮胎。

（1）有内胎轮胎　一般由外胎、内胎和垫带组成，如图 8-78 所示。

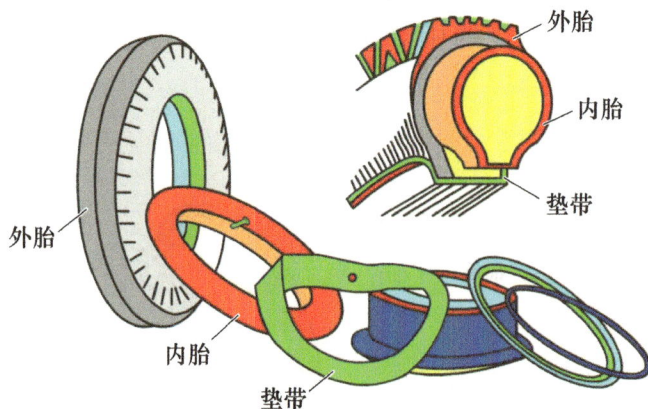

图 8-78　有内胎轮胎

（2）无内胎轮胎　如图 8-79 所示，在结构和外观上无内胎轮胎与有内胎轮胎相似，不同的是它没有内胎，空气被直接压入外胎中，因此要求外胎和轮辋之间有很好的密封性。无内胎轮胎在轮胎的内壁上用硫化的方法附加了一层为 2~3mm 的橡胶密封层，在密封层正对着胎面下面贴一层未硫化橡胶的特殊混合物制成的自粘层。自粘层能将刺穿的孔粘合，故称为有自粘层的无内胎轮胎，小型汽车几乎均使用无内胎轮胎。

（3）子午线轮胎　普通斜交轮胎和子午线轮胎在汽车上应用较广。特别是子午线轮胎应用最广。图 8-80 所示为子午线轮胎的构造，它由胎圈、帘布层、带束层、胎冠和胎肩组成，并以带束层箍紧胎体。其特点是：

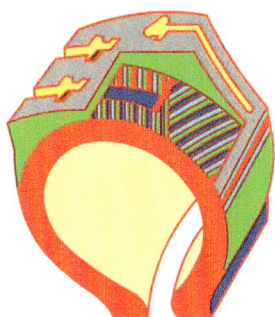

图 8-79　无内胎轮胎

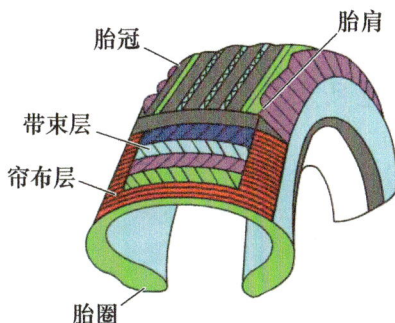

图 8-80　子午线轮胎的构造

1）帘线排列的方向与轮胎的子午断面一致，使帘线的强度能得到充分利用，子午线轮胎的帘布层数一般比普通斜交轮胎可减少一半，胎体较柔软，弹性好。

2）帘布层帘线与胎面中心线呈 90° 角，帘线在圆周方向上只靠橡胶来联系，为了承受行驶时产生的较大切向力，子午线轮胎具有若干层帘线与子午断面呈大角度（交角为 70°~75°）、高强度、不易拉伸的周向环形的类似缓冲层的带束层。带束层通常采用强度较高，拉伸变形小的织物帘布（如玻璃纤维、聚酰胺纤维等材料）或钢丝帘布制造。

子午线轮胎和普通斜交轮胎的结构比较，如图 8-81 所示。子午线轮胎基本骨架的胎体帘线排列成辐射，所以胎侧部分柔软。但是，由于胎面内侧有带束层，从而提高了外胎面（胎冠）的刚度。而普通斜交轮胎是由胎体构成轮胎的骨架，因而从外胎面（胎冠）到胎侧的柔软度是均匀的。

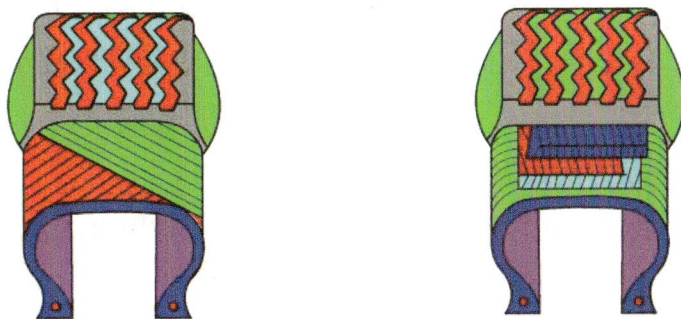

图 8-81　子午线轮胎和普通斜交轮胎结构的比较

综上可知，子午线轮胎有如下的优点：

1）因帘布层数少，胎侧薄，所以散热性能好。

2）胎冠较厚且有坚硬的带束层，不易刺穿，行驶时变形小，可降低油耗 3%~8%。

3）接地面积大，附着性能好，胎面滑移小，对地面单位压力也小，因而滚动阻力小，使用寿命长。

4）径向弹性大，缓冲性能好，负荷能力较大。

5）在承受侧向力时，接地面积基本不变，在转向行驶和高速行驶时稳定性好。

它的缺点是：胎侧过渡区易裂口，制造技术要求高，成本高。

（4）轮胎胎面花纹　目前，轮胎花纹主要有普通花纹、混合花纹、越野花纹等类型，如图 8-82 所示。

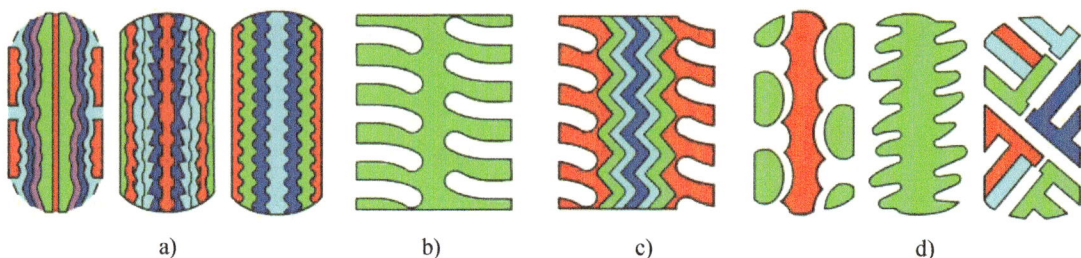

图 8-82　轮胎胎面花纹

a）普通花纹　b）防滑花纹　c）混合花纹　d）越野花纹

（5）轮胎的规格与标记　充气轮胎的规格可用外胎直径 D、轮辋直径 d、轮胎断面宽度 B 和断面高度 H 的名义尺寸代号表示，如图 8-83 所示。H 与 B 之比称为轮胎的高宽比（以百分比表示），即 $H/B \times 100\%$ 又称作轮胎的扁平率，轮胎的扁平率越小，说明轮胎的断面越宽，故扁平率小的轮胎称为宽断面轮胎。宽断面轮胎的优点是，因断面宽，接地面积大，接地比压小，磨损减小，滚动阻力也小，抗侧向稳定性强。因此，在相同承载能力下，宽断面轮胎较普通轮胎的直径可以减小。因此，在高速轿车上得到广泛应用。

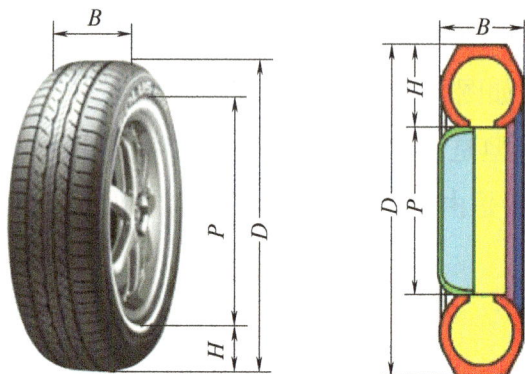

图 8-83　轮胎尺寸标记

我国轮胎规格表示方法如下：

1）斜交轮胎。我国采用国际标准，斜交轮胎的规格用 B-d 表示，B 和 d 均用 in（英寸）为单位，英寸单位为 in，1 英寸 =25.4mm。如：

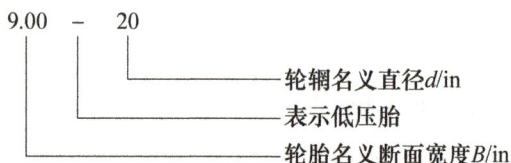

9.00　－　20

轮辋名义直径d/in
表示低压胎
轮胎名义断面宽度B/in

2）子午线轮胎。国产子午线轮胎规格用 B-R-d 表示，其中 R 代表子午线轮胎。

国产轿车子午线轮胎规格表示为：

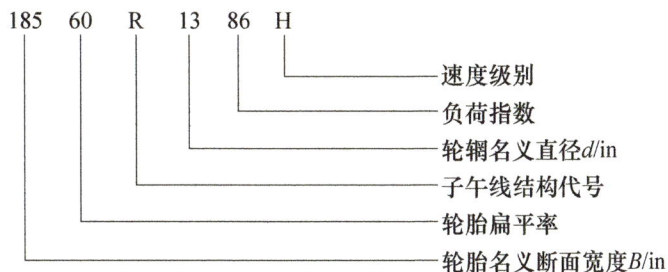

```
185   60   R   13   86   H
```

- 速度级别
- 负荷指数
- 轮辋名义直径d/in
- 子午线结构代号
- 轮胎扁平率
- 轮胎名义断面宽度B/in

载货汽车子午线轮胎规格表示为：

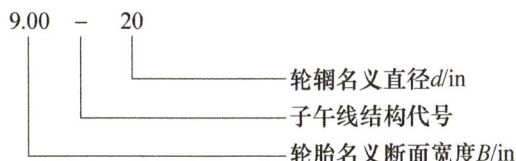

```
9.00   -   20
```

- 轮辋名义直径d/in
- 子午线结构代号
- 轮胎名义断面宽度B/in

四、悬架

1. 悬架的功用

悬架的功用是把路面作用于车轮上的法向反力（支持力）、切向反力（牵引力和制动力）和侧向反力以及这些反力所造成的力矩传递到车架（或承载式车身）上，缓和并衰减汽车在行驶中产生的冲击及振动，以保证汽车的正常行驶。

2. 悬架的组成

悬架一般由弹性元件、导向装置、减振器和横向稳定器四部分组成，如图 8-84 所示。弹性元件的作用是缓和路面的冲击；减振器用于迅速衰减车体的振动；导向装置的任务是使车轮按一定轨迹相对于车架和车身跳动，同时还负责传递车轮和车身之间的各个方向的力；在多数的轿车和客车上，为防止车身在转向行驶等情况下发生过大的横向倾斜，在悬架中还设有辅助弹性元件——横向稳定器。

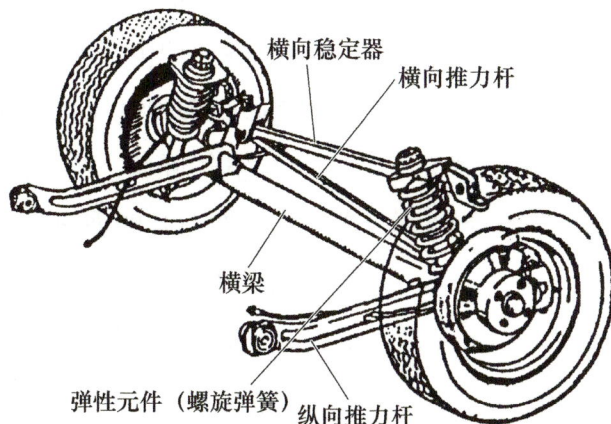

图 8-84　汽车悬架的组成

3. 弹性元件

（1）**螺旋弹簧**　螺旋弹簧是轿车中普遍应用的弹簧。它广泛地应用于独立悬架。其优点是；无须润滑，不忌泥污；安置它所需的纵向空间不大；弹簧本身质量小。

螺旋弹簧本身没有减振作用，因此在螺旋弹簧悬架中必须另装减振器。此外，螺旋弹簧只能承受垂直载荷，故必须装设导向机构以传递垂直力以外的各种力和力矩。螺旋弹簧用弹簧钢棒料卷制而成，可做成等螺距或变螺距。前者刚度不变，后者刚度是可变的。

（2）**钢板弹簧**　如图 8-85 所示，它在货车上应用最为广泛，是由若干片等宽但不等长的合金弹簧片组合而成的近似等强度的弹性梁。

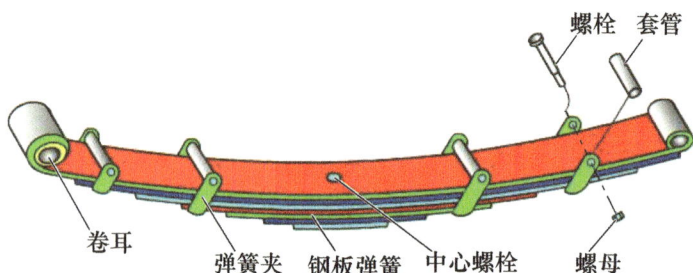

图 8-85　钢板弹簧

（3）**扭杆弹簧**　扭杆弹簧是一根由弹簧钢制成的杆，如图 8-86 所示。扭杆断面为圆形。其两端形状可以做成花键、方形、六角形或带平面的圆柱形等，以便一端固定在车架上，另一端固定在悬架的摆臂上。当车轮跳动时，摆臂便绕着扭杆轴线而摆动，使扭杆产生扭转弹性变形，借以保证车轮与车架的弹性联系。

（4）**气体弹簧**　气体弹簧是在一个密封的容器中充入压缩气体（气压为 0.5~1.0MPa），利用气体的可压缩性实现其弹簧作用。这种弹簧的刚度是可变的，因为作用在弹簧上的载荷增加时，容器内的定量气体受压缩，气压升高，弹簧的刚度增大。反之，载荷减小时，弹簧内的气压下降，刚度减小，故它具有较理想的弹性特性。

气体弹簧有空气弹簧和油气弹簧两种。

1）空气弹簧。空气弹簧又有膜式和囊式之分，如图 8-87 所示。囊式空气弹簧由夹有帘线的橡胶气囊和密闭在其中的压缩空气组成。气囊的节数越多，弹性越好。

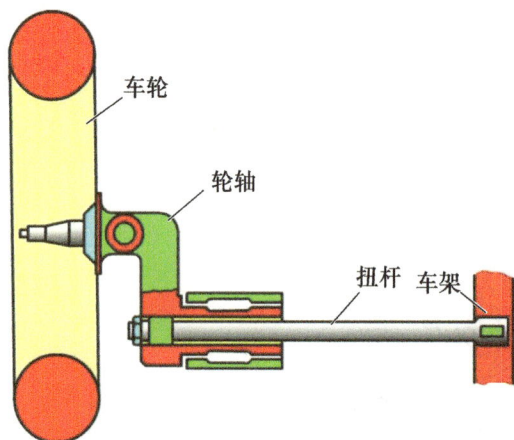

图 8-86　扭杆弹簧

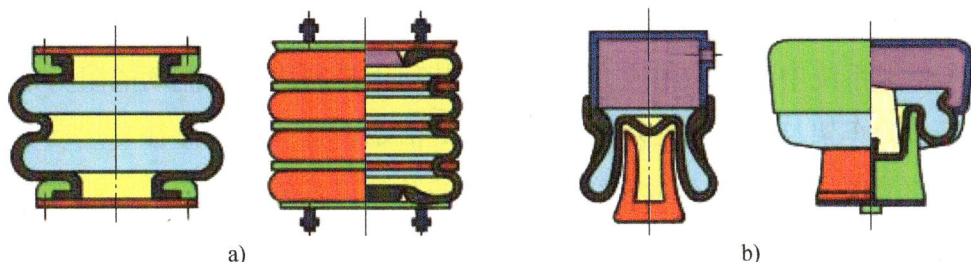

图 8-87 空气弹簧

a）囊式 b）膜式

膜式空气弹簧的密闭气囊由橡胶膜片和金属压制件组成。与囊式的相比，其弹性特性曲线比较理想，因其刚度较囊式小，车身自然振动频率较低；且尺寸较小，在车上便于布置，故多用在轿车上。

2）油气弹簧。油气弹簧以气体（如氮气等惰性气体）作为弹性介质，用油液作为传力介质，利用气体的可压缩性实现弹簧作用，结构原理如图 8-88 所示。

球形室固定在工作缸上，室内腔用橡胶隔膜将油与气隔开，充入高压氮气的一侧为气室，与工作缸相同而充满油液的一侧为油室。工作缸内装有活塞和阻尼阀及阀座。

当汽车受到载荷增加变化时，活塞向上移动，使工作缸内油压升高，打开阻尼阀进入球形室下部，推动隔膜向气室方向移动，气室受到压缩压力升高，使油气弹簧刚度增加。当载荷减小时，气室内的高压氮气伸涨，使隔膜向下方（油室）移动，油液通过阻尼阀流回工作缸，活塞下移使油压降低，同时气室容积变大、压力下降，使油气弹簧刚度降低。

油气弹簧具有良好的行驶平顺性，而且体积小，质量小，但是对密封性要求很高，维护相对麻烦。目前这种弹簧多用于重型汽车和部分轿车上。大多数汽车的悬架系统内部都装有减振器，它和弹性元件是并联安装的，如图 8-89 所示，作用是加速车架和车身振动的衰减，改善汽车的行驶平顺性。

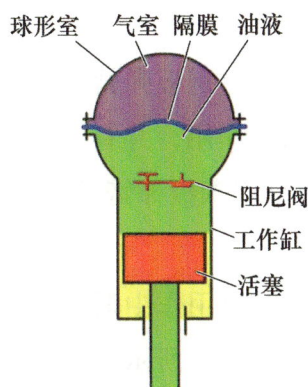

图 8-88 单气室油气分隔式油气弹簧

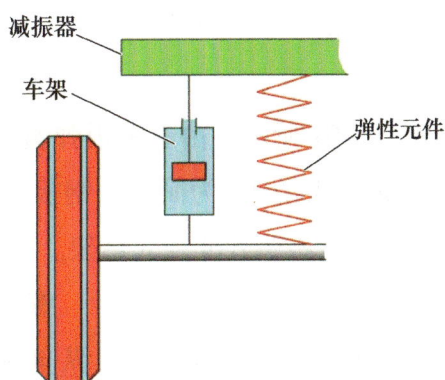

图 8-89 减振器和弹性元件安装位置

161

4．减振器

汽车悬架系统中广泛采用液力减振器，其功用是利用液体流动的阻力来消耗振动的能量。当车架与车桥做往复相对运动时，活塞在缸筒内也做往复运动，减振器壳体内的油液便反复地从一个内腔通过窄小的孔隙流入另一个内腔。此时，孔壁与油液间的摩擦及液体分子内摩擦便形成对振动的阻尼力，使车身和车架的振动能量转化为热能，而被油液和减振器壳体吸收，然后散到大气中。减振器阻尼力的大小与车架和车桥（或车轮）的相对速度及油液黏度有关。

在压缩和伸张两行程内均能起减振作用的减振器称为双向作用减振器。另有一种减振器仅在伸张行程内起作用，称为单向作用减振器。目前汽车上广泛采用双向作用筒式减振器，现在也出现了阻尼力可调式减振器、自动机械式减振器等新型减振器。

5．悬架的分类

悬架可分为非独立悬架和独立悬架两大类，如图 8-90 所示。非独立悬架的结构特点是两侧的车轮由一根整体式车桥相连。当一侧车轮因道路不平而发生跳动时，必然引起另一侧车轮在汽车横向平面内摆动，故称为非独立悬架。独立悬架的结构特点是车桥做成断开的，两侧车轮可以单独地通过弹性悬架与车架（或车身）连接，单独跳动，互不影响，故称为独立悬架。

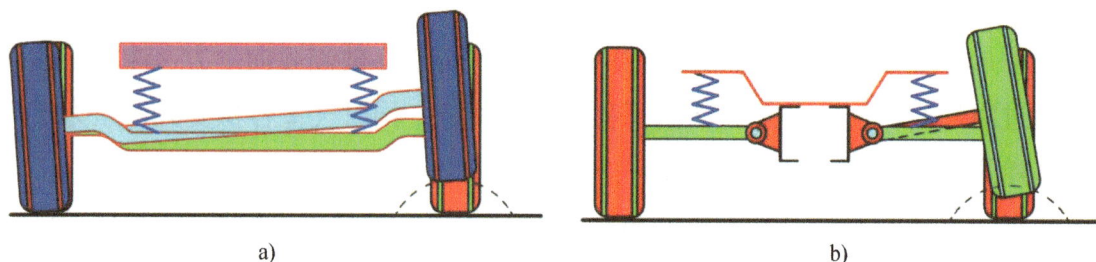

a)   b)

图 8-90　非独立悬架与独立悬架示意图

a）非独立悬架　b）独立悬架

6．非独立悬架

非独立悬架因其结构简单，工作可靠，广泛应用于货车的前后悬架，而在轿车中非独立悬架仅用于后悬架。

（1）钢板弹簧式非独立悬架　钢板弹簧式非独立悬架主要由钢板弹簧和减振器组成，如图 8-91 所示。由于钢板弹簧本身可以兼起导向机构的作用，并有一定的减振作用，使悬架结构大为简化。钢板弹簧式非独立悬架通常是将钢板弹簧纵向布置，因此又称为纵置板簧式非独立悬架。

（2）螺旋弹簧式非独立悬架　螺旋弹簧式非独立悬架一般只用作中低级轿车的后悬架。由螺旋弹簧、减振器、纵向拖臂和扭力梁组成，如图 8-92 所示。这种悬架也被称为扭力梁式悬架、拖曳臂式悬架或 H 形悬架。

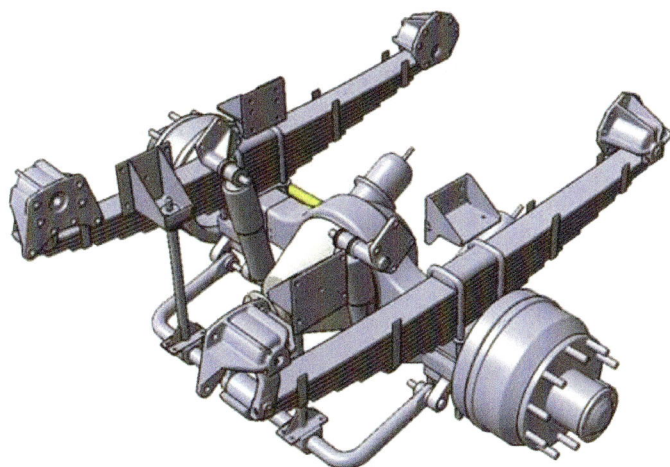

图 8-91 钢板弹簧式非独立悬架

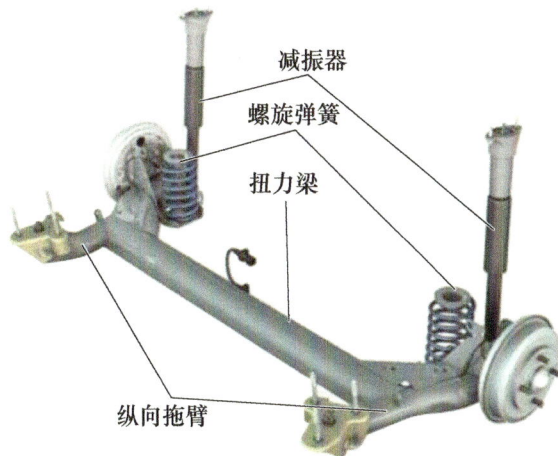

图 8-92 螺旋弹簧式非独立悬架

（3）扭力梁式非独立悬架 扭力梁式非独立悬架是汽车后悬架类型的一种，是通过一个扭力梁来平衡左右车轮的上下跳动，以减小车辆的摇晃，保持车辆的平稳。其工作原理是将非独立悬架的车轮装在一个扭力梁的两端，当一边车轮上下跳动时，会使扭力梁跳动，从而带动另一侧车轮也相应地跳动，减小整个车身的倾斜或摇晃。由于其自身具有一定的扭转刚度，可以起到与横向稳定杆相同的作用，可增加车辆的侧倾刚度，提高车辆的侧倾稳定性。全新速腾后悬架使用的就是扭力梁式非独立悬架，如图 8-93 所示。

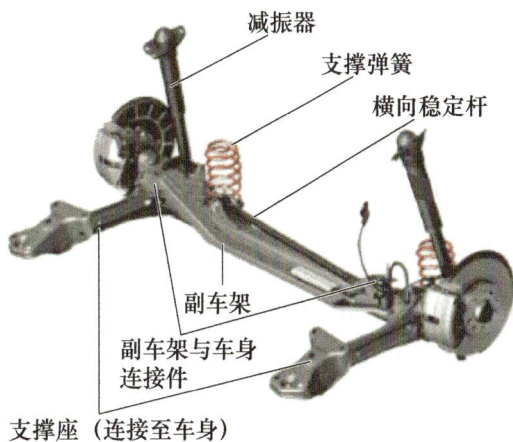

图 8-93 扭力梁式非独立悬架

7. 独立悬架

独立悬架具有以下优点：在悬架弹性元件一定的变形范围内，两侧车轮可以单独运动，互不影响，这样在不平道路上行驶时可减少车架和车身的振动，而且有助于消除转向轮不断偏摆的不良现象；减少了汽车的非簧载质量（即不由弹簧支承的质量），则悬架所受到的冲击载荷也减小，可以提高汽车的平均行驶速度，采用断开式车桥，发动机总成的位置可以降低和前移，使汽车重心下降，提高了汽车行驶稳定性。

它的缺点是结构复杂，制造成本高，维修不便，轮胎磨损较严重。

独立悬架被广泛采用在轿车转向轮和越野汽车上。

独立悬架一般采用螺旋弹簧、扭杆弹簧、空气弹簧或油气弹簧作为弹性元件。独立悬架的结构类型很多，目前应用较多的主要有三种形式，即麦弗逊式独立悬架、双横臂式独立悬架和多连杆式独立悬架。

（1）麦弗逊式独立悬架 麦弗逊式独立悬架目前在前置前驱轿车和某些轻型客

车上广泛采用，结构如图 8-94 所示。其突出特点是以筒式减振器为滑动立柱，减振器的上端通过带轴承的隔振块总成（可看作减振器的上铰链点）与车身相连，减振器的下端与转向节相连。下摆臂外侧与转向节铰接，内侧与车架铰接。车轮所受的侧向力通过转向节大部分由下摆臂承受，其余部分由减振器活塞和活塞杆承受。

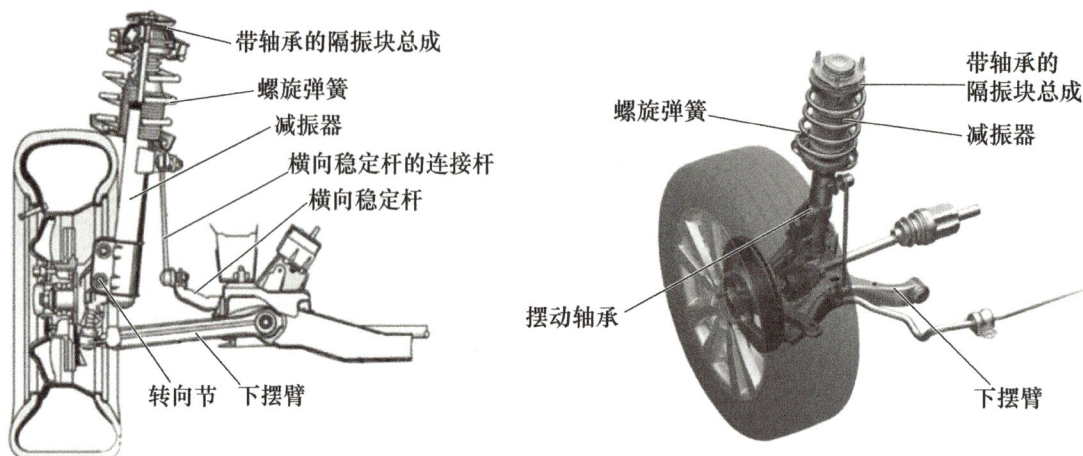

图 8-94　麦弗逊式独立悬架

筒式减振器上铰链的中心与下摆臂外端的球铰链中心的连线为主销轴线。此结构也为无主销结构。当车轮上下跳动时，因减振器的下支点随下摆臂摆动，故主销轴线的角度是变化的，说明车轮沿摆动的主销轴线而运动。因此，这种悬架在变形时，使得主销的定位角和轮距都有些变化。如果适当地调整杆系的布置，可使车轮的这些定位参数变化极小。

该悬架突出的优点是增大了两前轮内侧的空间，便于发动机及其部件的布置；其缺点是滑动立柱摩擦和磨损较大。为减少摩擦通常是将螺旋弹簧中心线与滑柱中心线的布置不重合。

（2）双横臂式独立悬架　双横臂式独立悬架系统按上下横臂是否等长，又分为等长双横臂式（目前几乎不用）和不等长双横臂式两种悬架系统，如图 8-95 所示。

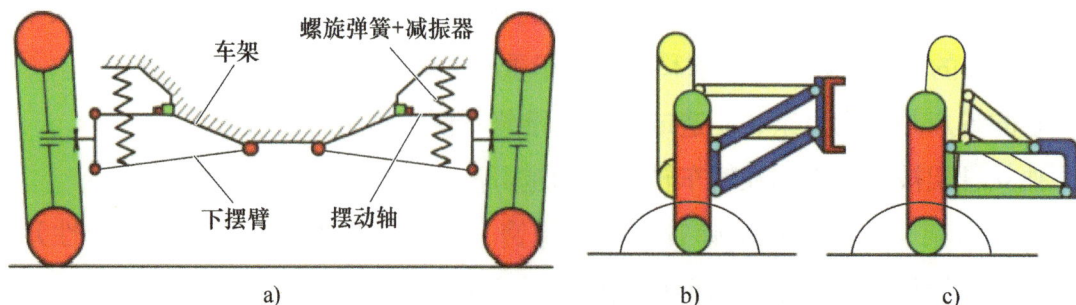

a)　　　　　　　　　　　b)　　　　　　　　　　　c)

图 8-95　双横臂式独立悬架示意图

a、c）不等长双横臂　b）等长双横臂

（3）**多连杆式独立悬架**　多连杆式独立悬架系统是由3~5根杆件组合起来控制车轮的位置变化的悬架系统，其结构如图8-96所示。多连杆式能使车轮绕着与汽车纵轴线呈一定角度的轴线内摆动，是横臂式和纵臂式的折中方案，适当地选择摆臂轴线与汽车纵轴线所成的夹角，可不同程度地获得横臂式与纵臂式悬架系统的优点，能满足不同的使用性能要求。多连杆式悬架系统的主要优点是：车轮跳动时轮距和前束的变化很小，不管汽车是在驱动、制动状态都可以按驾驶人的意图进行平稳地转向。

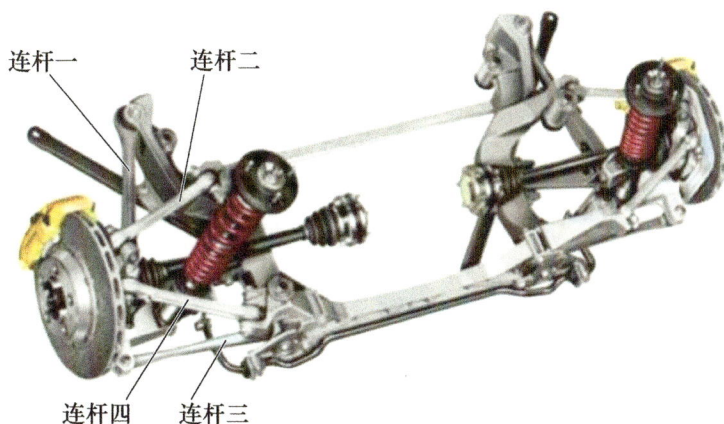

连杆一　连杆二　连杆四　连杆三

图 8-96　多连杆式独立悬架

麦弗逊式独立悬架结构简单、成本低、两侧车轮内侧空间大，便于发动机的布置，但是其抗侧倾能力一般，高速转向时横向稳定性不好，多用作中低级轿车的前悬架；双叉臂式独立悬架具有侧倾小，可调参数多、轮胎接地面积大、抓地性能优异等优点，但是相比麦弗逊式独立悬架多了一个上横臂，不仅需要占用较大的空间，而且其定位参数较难确定，因此小型轿车的前桥出于空间和成本考虑一般不会采用此种悬架，多应用在中高级轿车的前后悬架系统上，部分运动型轿车及赛车的后轮也采用这一悬架系统结构。多连杆式独立悬架结构复杂、成本高、舒适性和操纵稳定性非常好，多用于高级轿车。

第八节　转向系统

一、概述

1. 转向系统的功用

用来改变或恢复汽车行驶方向的专设机构称为汽车转向系统。转向系统的功用：

保证汽车按照驾驶人的要求改变方向，而且能够克服路面侧向干扰力使车轮自行产生的转向，恢复汽车原来的行驶方向。

2. 转向系统的分类

转向系统可按转向动力源的不同分为机械转向系统和动力转向系统两大类。

机械转向系统以驾驶人的体力作为转向动力源，又称为人力转向系统，其中所有传力件都是机械的，目前很少有车辆采用这种转向系统。

动力转向系统是兼用驾驶人体力和发动机动力为转向动力源的转向系统，如液压助力转向系统、电子助力转向系统等。图 8-97 所示为某车辆液压动力转向系统示意图。

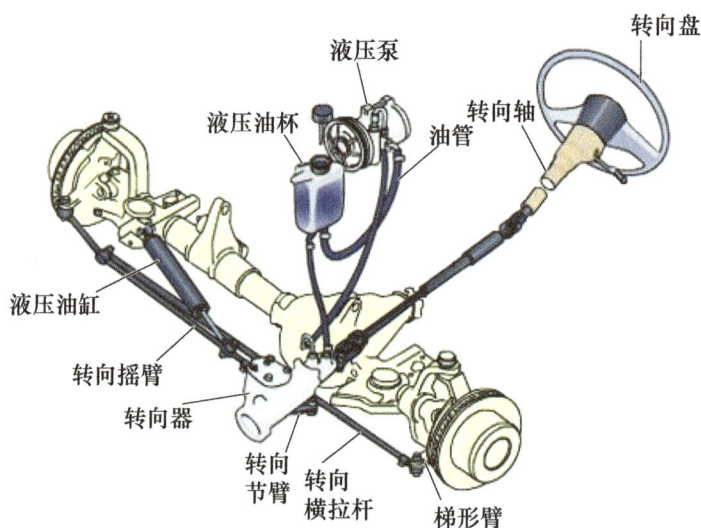

图 8-97 液压动力转向系统示意图

3. 转向系统的组成

汽车转向系统包括转向操纵机构、转向器和转向传动机构三大部分。转向操纵机构是驾驶人操纵转向器的工作机构，主要由转向盘、转向轴、转向管柱等组成。转向器是将转向盘的转动变为转向摇臂的摆动或齿条轴的直线往复运动，并对转向操纵力进行放大的机构。转向器一般固定在汽车车架或车身上，转向操纵力通过转向器后一般还会改变传动方向。转向传动机构是将转向器输出的力和运动传给车轮（转向节），并使左右车轮按照一定关系进行偏转的机构。

4. 机械转向系统的工作原理

如图 8-98 所示，汽车转向时，驾驶人转动转向盘，通过转向轴、万向节和转向传动轴，将转向力矩输入转向器，转向器中有传动副，经过转向器减速后的运动和增大后的力矩传递给转向摇臂，再通过转向直拉杆传给固定于左转向节上的转向节臂，使左转向节及装于其上的左转向轮绕主销偏转。同时，左梯形臂经过转向横拉杆和右梯形臂使右转向节及右转向轮绕主销同向偏转相应的角度。这其中，从转向盘到转向传动轴这一系列部件和零件属于转向操纵机构。转向摇臂、转向直拉杆、转向节臂、梯形臂和转向横拉杆共同组成转向传动机构。梯形臂以及转向横拉杆和前轴构成转向梯形，其作用是在汽车转向时，使内、外转向轮按一定的规律进行偏转，实现汽车的转向。

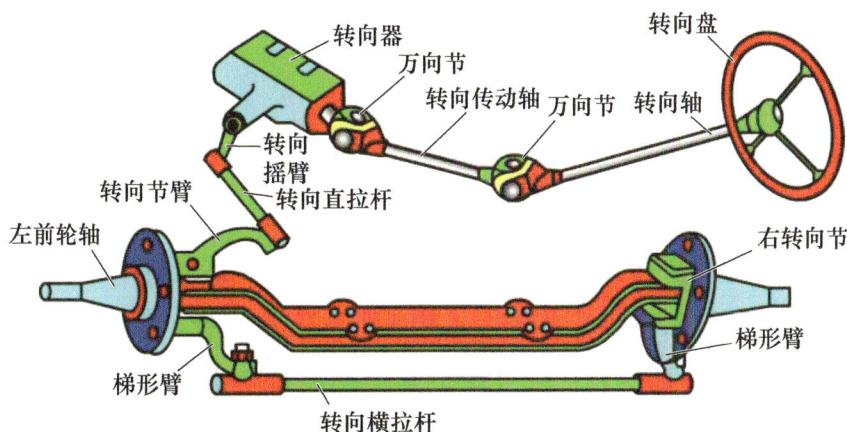

图 8-98　机械转向示意图

5. 转向系统参数

汽车在转弯时，要求各车轮相对于地面做纯滚动，否则如果有滑动的成分，车轮边滚边滑会导致转向行驶阻力增大，动力损耗和油耗的增加，直接导致轮胎磨损加剧。车轮做纯滚动要求所有车轮的轴都相交于一点才能实现。如图 8-99 所示，交点 O 称为汽车的转向中心，这个转向中心随前轮转角的变化而变化，因此也称为瞬时转向中心。由图可看出，汽车转向时内侧转向轮偏转角 β 大于外侧转向轮偏转角 α。

理想情况下关系式为

$$\cot\alpha = \cot\beta + \frac{B}{L}$$

式中　B——两侧主销中心距（可近似认为是转向轮轮距）；

　　　L——汽车轴距。

从转向中心 O 到外侧转向轮与地面接触点的距离 R 称为汽车转弯半径。转弯半径 R 越小，汽车转向所需要的平面空间就越小，汽车的灵活性也就越好。当外侧转向轮偏转角达到最大值时，转弯半径 R 最小，这个最小值就是一辆汽车的最小转弯半径。

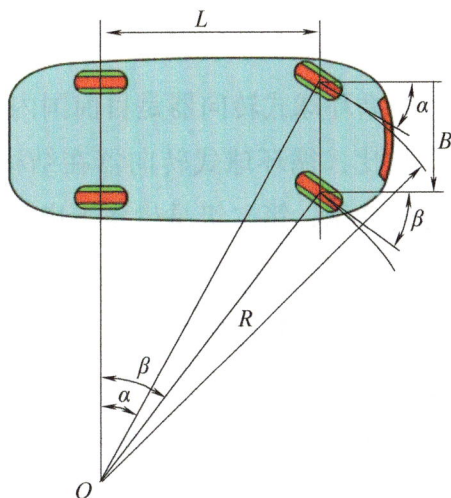

图 8-99　汽车转向参数分析

汽车内侧转向轮的最大偏转角一般在 35°~ 42°。载货汽车的最小转弯半径一般为 7~13m。

二、转向器

转向器是转向系统中的减速增矩传动装置，它的功用是增大转向盘传到转向节的力并改变力的传递方向。目前，应用广泛的转向器为齿轮齿条式转向器和循环球式转向器。

1. 齿轮齿条式转向器

齿轮齿条式转向器分中间输出式（图 8-100a）和两端输出式（图 8-100b）两种。

图 8-100a 所示为齿轮齿条式转向器，它主要由转向器壳体、转向齿轮、转向齿条等组成。转向器通过转向器壳体的两端用螺栓固定在车身（车架）上。齿轮轴通过球轴承、滚柱轴承、垂直安装在壳体中，其上端通过花键与转向轴上的万向节（图中未画出）相连，其下部分是与轴制成一体的转向齿轮。转向齿轮是转向器的主动件，它与相啮合的从动件转向齿条水平布置，齿条背面装有压簧垫块。在压簧的作用下，压簧垫块将转向齿条压靠在转向齿轮上，保证两者无间隙啮合。调整螺塞可用来调整压簧的预紧力。压簧不仅起消除啮合间隙的作用，而且还是一个弹性支承，可以吸收部分振动能量，缓和冲击。转向齿条的中部（有的是齿条两端，如图 8-100b 所示）通过拉杆支架与左、右转向横拉杆连接。转动转向盘时，转向齿轮转动，与之相啮合的转向齿条沿轴向移动，从而使左、右转向横拉杆带动转向节转动，使转向轮偏转，实现汽车转向。

齿轮齿条式转向器结构简单、可靠性好、质量小、传动效率高，齿轮齿条无间隙啮合且无须调整，便于独立悬架的布置，所以在各类型汽车上的应用越来越多。

2. 循环球式转向器的结构及原理

循环球式转向器是目前国内外应用最广泛的结构形式之一。与其他形式的转向器相比，循环球式转向器在结构上的主要特点是有两级传动副，第一级是螺杆螺母传动副，第二级是齿条齿扇传动副。解放 CA1092 型汽车的循环球齿条齿扇式转向器如图 8-101 所示。它的第一级传动副是转向螺杆；转向螺母的下平面加工成齿条，与齿扇轴内的齿扇相啮合，构成齿条 - 齿扇第二级传动副。显然，转向螺母既是第一级传动副的从动件，也是第二级传动副的主动件。通过转向盘转动转向螺杆时，转向螺母不能随之转动，而只能沿转向螺杆移动，并驱使齿扇轴（即摇臂轴）转动。

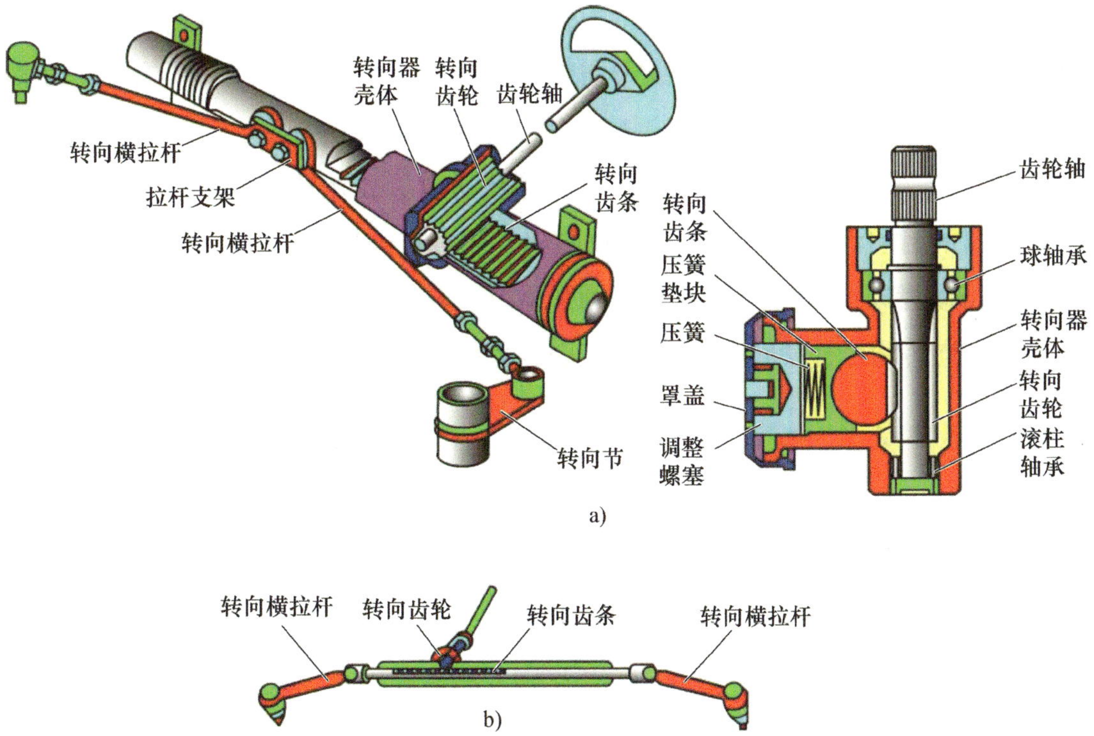

图 8-100 齿轮齿条式转向器

扫一扫
齿轮齿条式转向器

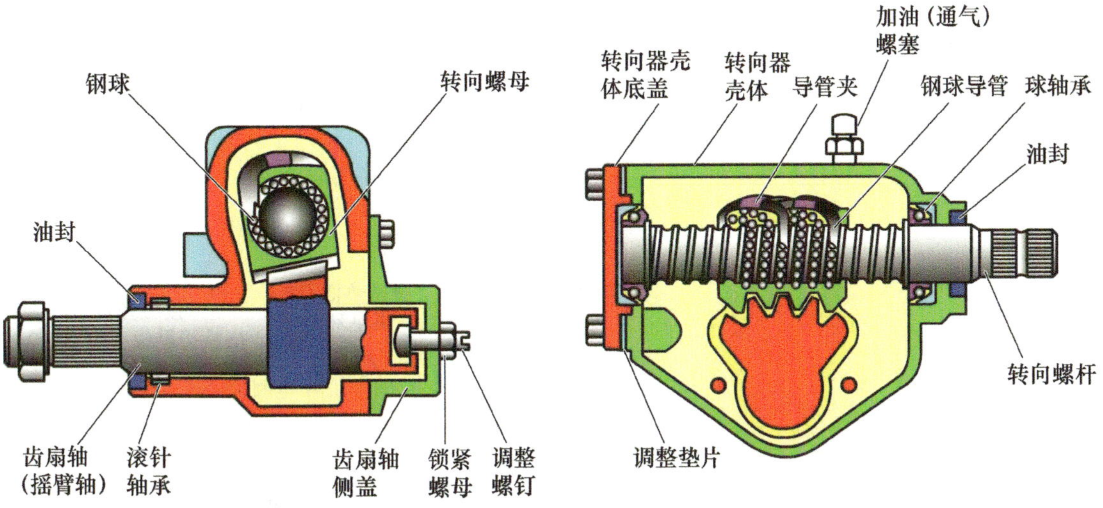

图 8-101 循环球齿条齿扇式转向器

扫一扫
循环球齿条齿扇式转向器

转向螺杆支承在两个推力球轴承上，轴承的预紧度可用调整垫片调整。转向螺母的内径大于转向螺杆的外径，故能松套在螺杆上。为了减少它们之间的摩擦，两者的螺纹并不直接接触，其间装有许多钢球，以实现滚动摩擦。转向螺杆和螺母都加工成断面轮廓近似半圆的螺旋槽，两者的螺旋槽能配合形成近似圆形断面的螺旋管状通道。转向螺母侧面有两对通孔，可将钢球从此孔塞入螺旋形通道内。转向螺母外有两根钢球导管，每根导管的两端分别插入转向螺母侧面的一对通孔中，导管内也装满了钢球。这样，两根导管和转向螺母内的螺旋管状通道组合成两条各自独立的封闭的钢球“流道”。

当转动转向螺杆时，通过钢球将力传给转向螺母，使转向螺母沿转向螺杆轴向移动。同时，在转向螺杆及转向螺母与钢球间的摩擦力偶作用下，所有钢球在螺旋管状通道内滚动，形成"球流"。钢球在管状通道内绕行两周后，流出转向螺母而进入导管的一端，再由导管另一端流回螺旋管状通道。故在转向器工作时，两列钢球只是在各自的封闭流道内循环，而不致脱出。随着转向螺母沿转向螺杆做轴向移动，其齿条便带动齿扇绕着转向摇臂轴做圆弧运动，从而使转向摇臂轴连同摇臂产生摆动，通过转向传动机构使转向轮偏转，实现汽车转向。

三、转向操纵机构

1. 功用

转向操纵机构的功用是产生转动转向器所必需的操纵力，并具有一定的调节和安全性能。

转向操纵机构要将驾驶人操纵转向盘的力传给转向器，同时为了驾驶人的舒适驾驶还要求转向操纵机构可以进行调节，以满足不同驾驶人的需求；为了防止车辆撞击后对驾驶人的损伤，还要求转向操纵机构具有一定的安全保护装置。

2. 组成

如图 8-102 所示，转向操纵机构一般由转向盘、上转向轴、转向柱管、转向传动轴、转向万向节叉、转向万向节滑动叉等组成。

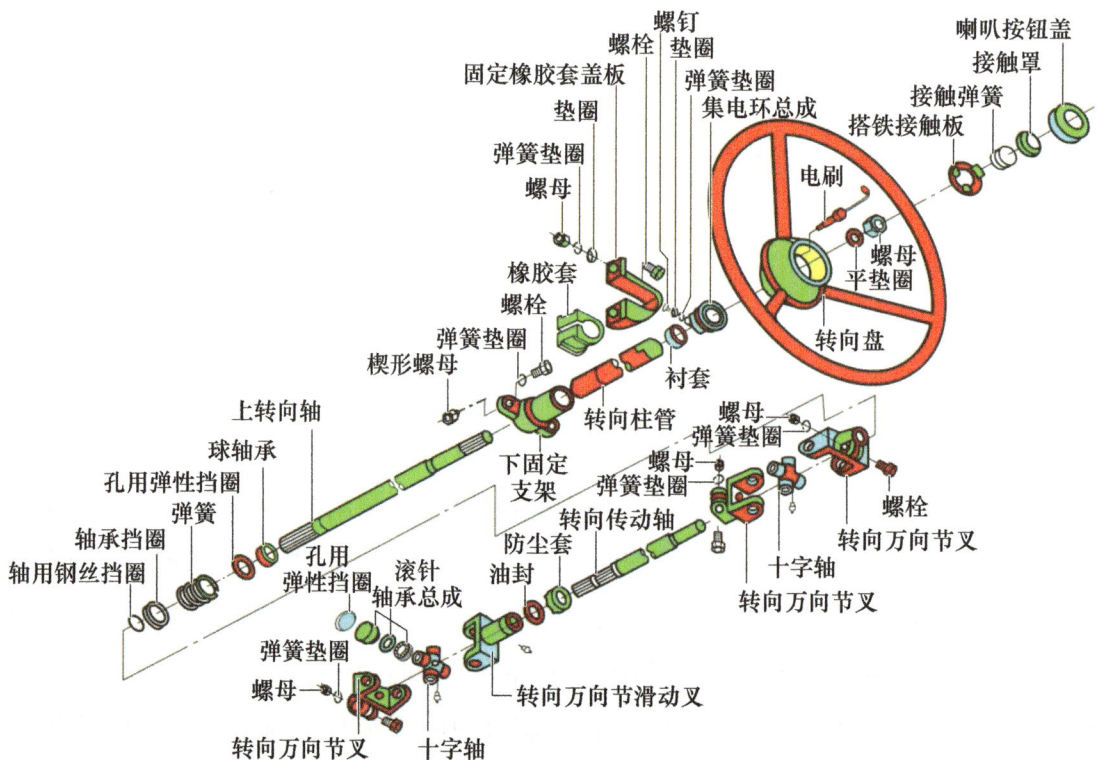

图 8-102　转向盘及转向操纵机构

3. 安全式转向柱

为了保证驾驶人的安全，同时也为了更加舒适、可靠地操纵转向系统，现代汽车（特别是乘用车）通常在转向操纵机构上增设相应的安全、调节装置。这些装置主要反映在转向轴和转向柱管的结构上。为了叙述方便，将转向轴和转向柱管统称为转向柱。

安全式转向柱有可分离式安全转向操纵机构和缓冲吸能式转向操纵机构。

（1）可分离式安全转向操纵机构　有很多轿车的转向操纵机构都采用了可分离式安全转向操纵机构，图 8-103 所示为上海桑塔纳轿车可分离式安全转向操纵机构示意图。

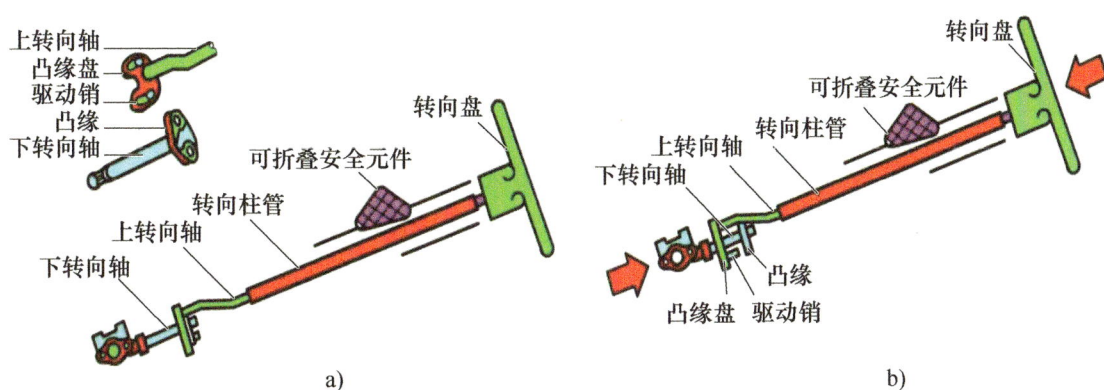

图 8-103　可分离式安全转向操纵机构

图 8-103a 所示为转向操纵机构的正常工作位置。此类转向操纵机构的转向轴分为上下两段，用安全联轴器连接，上转向轴下部弯曲并在端面上焊接有半月形凸缘盘，盘上装有两个驱动销，与下转向轴上端凸缘压装尼龙衬套和橡胶圈的孔相配合，形成安全联轴器。一旦发生撞车事故，驾驶人因惯性而以胸部扑向转向盘时，迫使转向柱管压缩位于转向柱上方的安全元件而向下移动，使两个驱动销迅速从下转向轴凸缘的孔中退出，从而形成缓冲以减少对驾驶人的伤害。图 8-103b 所示为转向盘受撞击时，安全元件被折叠、压缩，同时与安全联轴器脱开使转向柱产生轴向移动的情形。

一汽红旗、奥迪乘用车的转向操纵机构与此类似，如图 8-104 所示，只是无可折叠的安全元件。

（2）缓冲吸能式转向操纵机构　缓冲吸能式转向操纵机构从结构上能使转向轴和转向柱管在受到冲击后，轴向收缩并吸收冲击能量，从而有效地缓和转向盘对驾驶人的冲击，减轻其所受伤害的程度。汽车撞车时，首先车身被撞坏（第一次碰撞），转向操纵机构被后推，从而挤压驾驶人，使其受到伤害；接着，随着汽车速度的降低，驾驶人在惯性力的作用下前冲，再次与转向操纵机构接触（第二次碰撞）而受到伤害。缓冲吸能式转向操纵机构对这两次冲击都具有吸收能量、减轻驾驶人受伤害程度的作用。

171

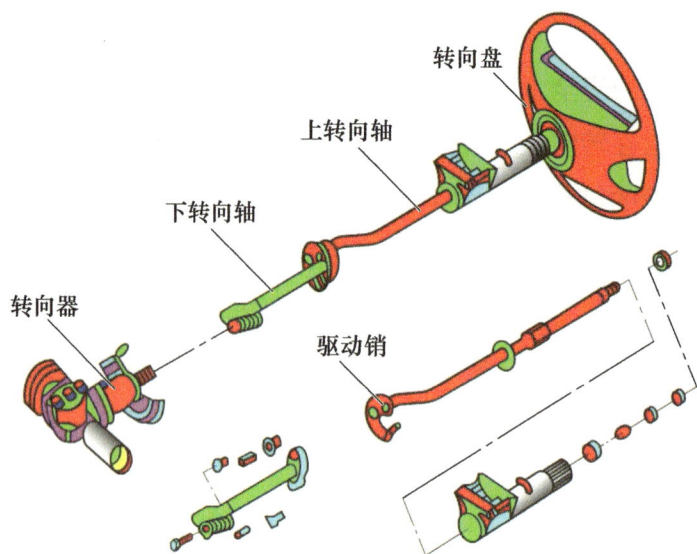

图 8-104　一汽红旗和奥迪乘用车转向操纵机构

网状管柱变形式转向操纵机构的转向轴分为上下两段，如图 8-105 所示。上转向轴套装在下转向轴上，两者通过细花键连接在一起，并传递转向力矩。

这种转向操纵机构的转向柱管的管壁制成网格状，使其在受到压缩时很容易轴向变形，并消耗一定的变形能量，整个柱管分成上下两段。两段变形可收缩网状管柱总长的 1/2，当车辆发生碰撞时，上转向轴与下转向轴的内孔滑动伸缩。转向柱管的网格部分被压缩而变形，这个过程会消耗一部分冲击能量，从而阻止了转向柱管整体向上移动，避免了转向盘对驾驶人的挤压伤害，这样，由转向系统引起的对驾驶人的冲击和伤害被大大降低了。

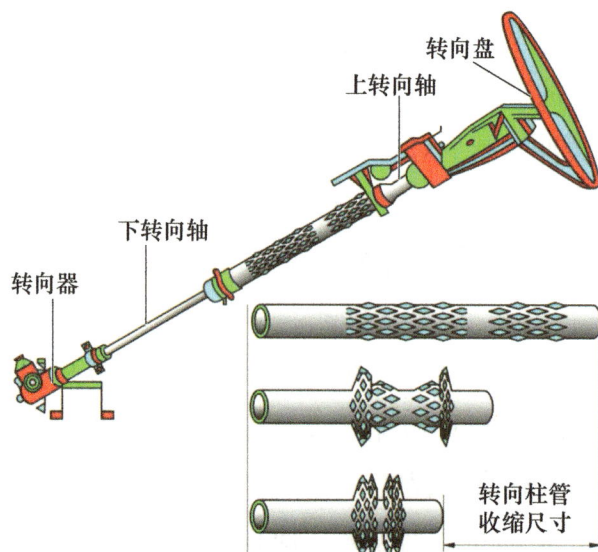

图 8-105　网状管柱变形式转向操纵机构

4. 可调节式转向柱

一些汽车装设了可调节式转向柱，使驾驶人在一定范围内调节转向盘位置。

转向柱调节的形式分为倾斜角度调节和轴向位置调节两种。图 8-106 所示为转向轴倾斜角度调整机构。转向柱管的上段和下段分别通过倾斜调节支架和下托架与车身相连，而且转向柱管由倾斜调节支架夹持并固定。倾斜调节用锁紧螺栓穿过调节支架上的长孔和转向柱管，螺栓的左端为左旋螺纹，调整手柄拧在该螺纹上。当向下扳动手柄时，锁紧螺栓的螺纹放松，转向柱管即可以下托架上的枢轴为中心在装有螺栓的支架长孔范围内上下移动。确定了转向柱管的合适位置后，向上扳动调整手柄，从而将转向柱管定位。

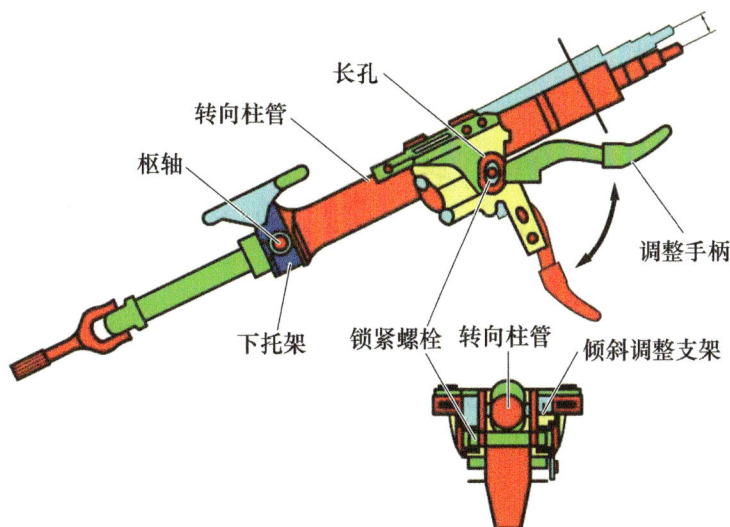

图 8-106 转向轴倾斜角度调整机构

图 8-107a 所示是一种转向轴伸缩机构。转向轴分为上下两段，两者通过花键连接。上转向轴由调节螺栓通过楔状限位块夹紧定位。调节螺栓的一端拧有调节手柄。当需要调整转向轴的轴向位置时，先向下推调节手柄，使限位块松开，再轴向移动转向盘，调到合适的位置后，向上拉调节手柄，将上转向轴锁紧定位，如图 8-107b 所示。

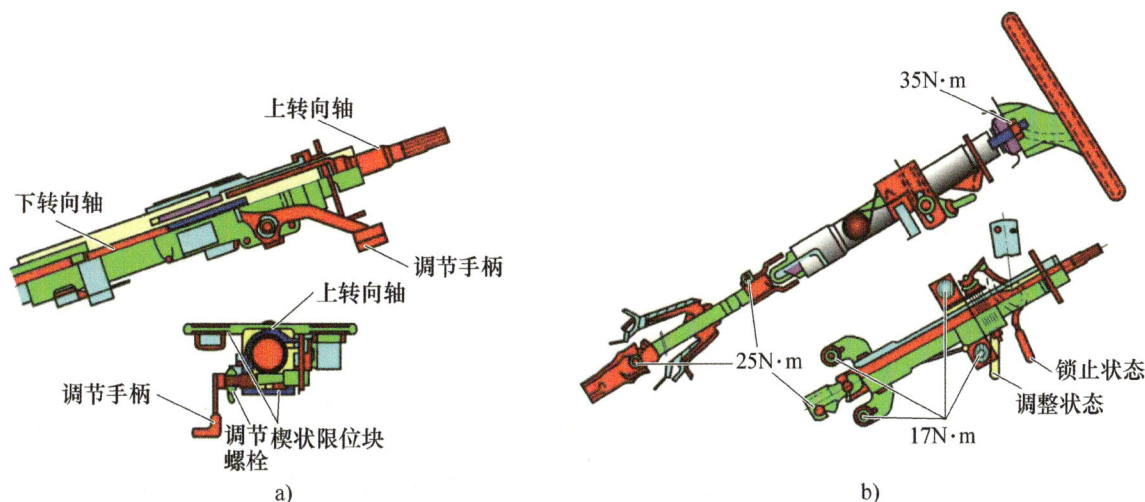

图 8-107 转向轴伸缩结构

a）转向轴伸缩机构 b）转向盘高度调节机构

四、转向传动机构

1. 功用

转向传动机构的功用是将转向器输出的力和运动传给转向轮，使两侧转向轮偏转角按一定关系变化，以实现汽车顺利转向。

2. 组成及构造

转向传动机构的组成因转向器的结构形式、安装位置和悬架类型而异。转向传动机构按照悬架的分类可分为与非独立悬架配用的转向传动机构和与独立悬架配用的转向传动机构两大类。

（1）与非独立悬架配用的转向传动机构　与非独立悬架配用的转向传动机构如 8-108 所示，它一般由转向摇臂、转向直拉杆、转向节臂、转向梯形臂和转向横拉杆等组成。各杆件之间都采用球形铰链连接，并设有防止松动、缓冲吸振、自动消除磨损后的间隙等结构。

当前桥仅为转向桥时，由左、右梯形臂和转向横拉杆组成的转向梯形一般布置在前桥后，如图 8-108a 所示，称为后置式。这种布置简单方便，且后置的转向横拉杆有前面的车桥做保护，可避免直接与路面障碍物相碰撞而损坏。当发动机位置较低或前桥为转向驱动桥时，往往将转向梯形布置在前桥之前，如图 8-108b 所示，称为前置式。若转向摇臂不是在汽车纵向平面内前后摆动而是在与路面平行的平面内左右摆动，则可将转向直拉杆横向布置，并借球头销直接带动转向横拉杆，从而推动左右梯形臂转动，如图 8-108c 所示。

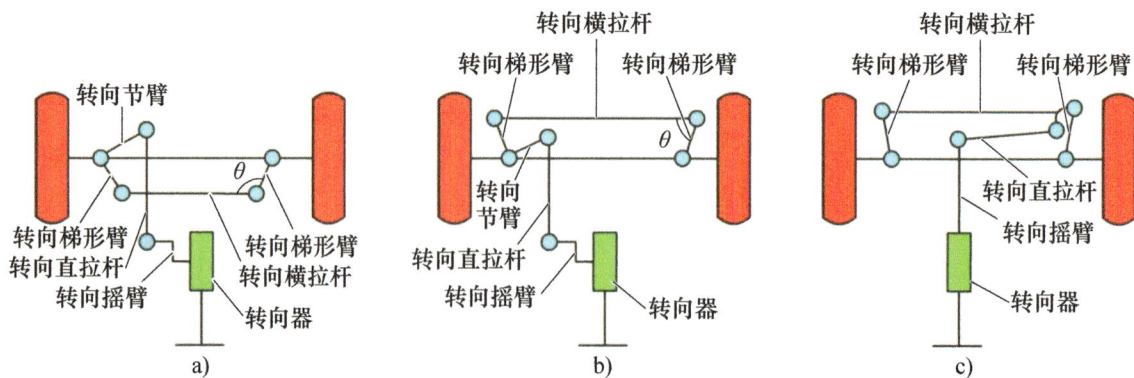

图 8-108　与非独立悬架配用的转向传动结构

（2）与独立悬架配用的转向传动机构　当转向轮采用独立悬架时，由于每个转向轮都需要相对于车架（或车身）做独立运动，所以转向桥也必须是断开式的。相应地转向传动机构中的转向梯形也必须是断开式的。图 8-109 所示为几种与独立悬架配用的转向传动机构。其中图 8-109a、b 所示机构与循环球式转向器配用，图 8-109c、d

所示机构与齿轮齿条式转向器配用。

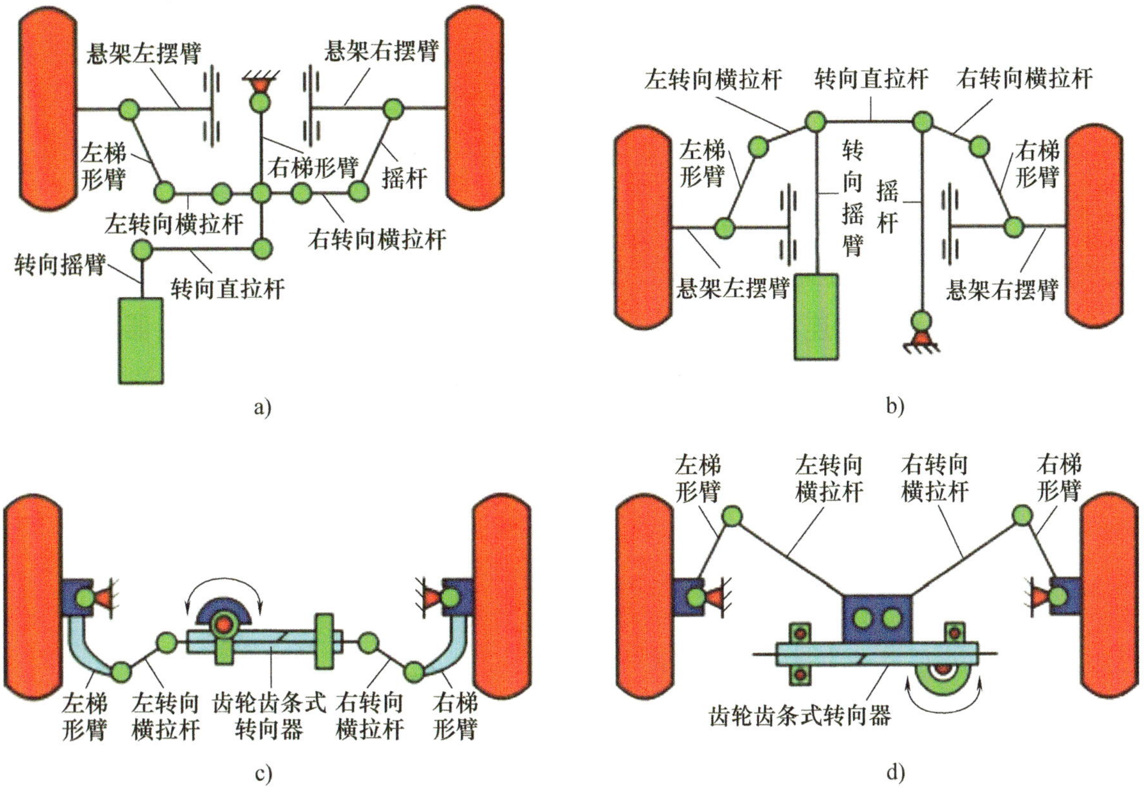

图 8-109 与独立悬架配用的转向传动机构

图 8-110 所示的红旗 CA7560 型轿车的转向传动机构采用了图 8-109a 所示的结构方案。摇杆前端固定于车架横梁中部,后端借球头销与转向直拉杆和左右横拉杆连

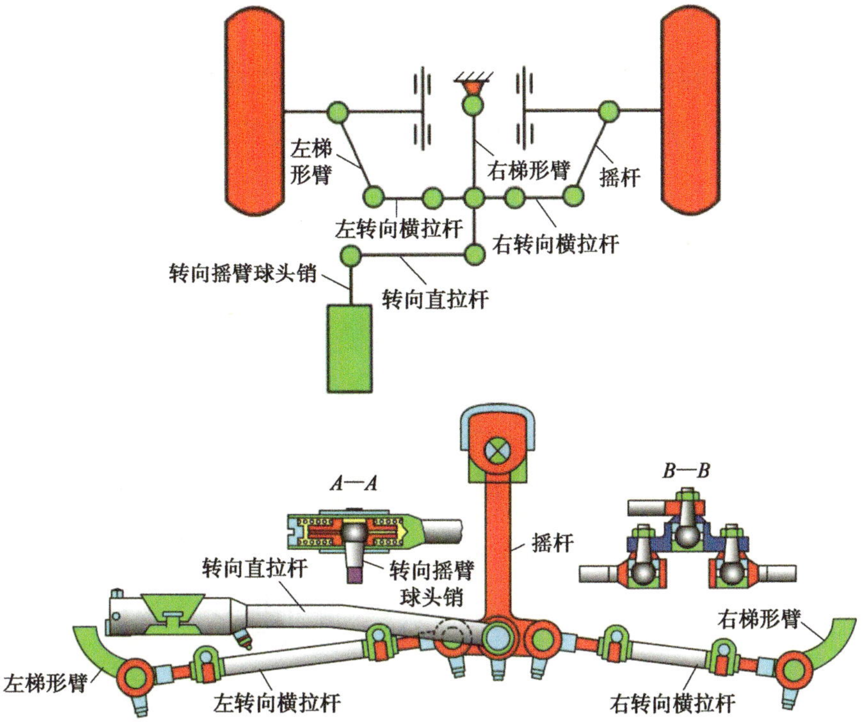

图 8-110 红旗 CA7560 型轿车转向传动机构

接。转向直拉杆外端与转向摇臂球头销相连。左、右横拉杆外端也用球头销分别与梯形臂铰接，故能随同两侧车轮相对于车架和摇杆在横向平面内上下摆动。转向直拉杆仅在外端有球头座，故有必要在两球头座背面各设一个压缩弹簧，分别吸收由横拉杆传来的两个方向上的路面冲击，并自动消除球头与球座之间的间隙。

采用齿轮齿条式转向器时，相应的转向传动机构形式如图 8-109c、d 所示。若齿轮齿条式转向器为两端输出式（如捷达和卡罗拉轿车），转向器齿条本身就是转向传动机构的一部分，转向横拉杆的内端通过球头销与齿条铰接，外端通过螺纹与连接转向节的球头销总成相连，图 8-111 所示为与两端输出的齿轮齿条式转向器配用的转向横拉杆，当需要调前束时，松开锁紧螺母，转动横拉杆，达到合理的前束值时再将锁紧螺母锁死。

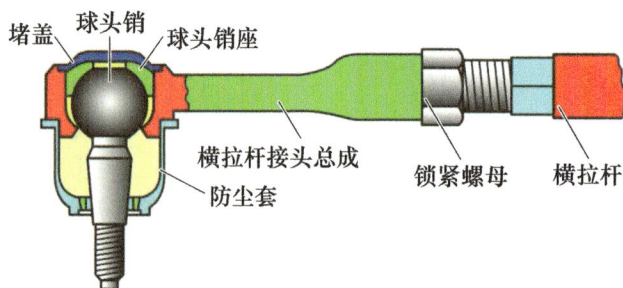

图 8-111　与两端输出的齿轮齿条式转向器配用的转向横拉杆

图 8-112 所示是与中间输出的齿轮齿条式转向器配用的转向传动机构。横拉杆的内端通过内、外托架和螺栓与转向器齿条的一端相连，外端通过球头销与转向节铰接。由于横拉杆不能绕自身轴线转动，为调整前束，在横拉杆与球头销之间装有调节螺栓，螺栓两端的螺纹旋向相反，并各旋装一个锁紧螺母。当需要调前束时，先旋松两端的锁紧螺母，然后转动调节螺栓，达到合理的前束值时，再将锁紧螺母锁死。

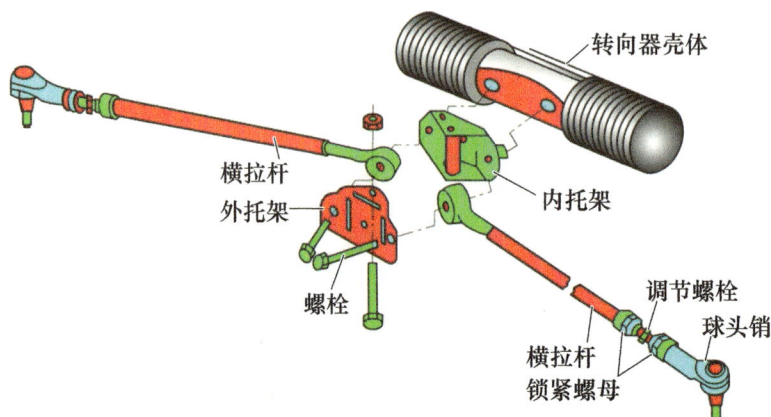

图 8-112　与中间输出的齿轮齿条式转向器配用的转向传动机构

五、动力转向器

1. 液压式动力转向系统

图 8-113 所示为液压式动力转向系统。转向液压泵安装在发动机上，由曲轴通过传动带驱动转向液压泵输出油压，储液罐有进、出油管接头，通过油管分别和转向液压泵及转向控制阀连接。转向控制阀的作用是改变油路。动力缸被活塞分成两个工作腔，R腔为右转向动力腔，L腔为左转向动力腔，它们分别通过油道和转向控制阀连接。

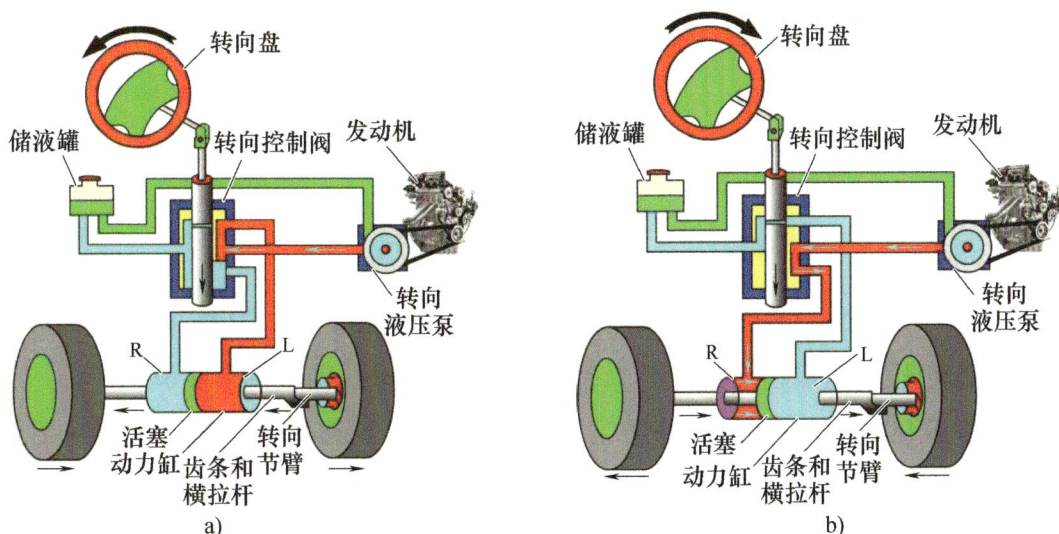

图 8-113　液压式动力转向系统

a）向左转向　b）向右转向

当汽车直线行驶时，转向控制阀将转向液压泵泵出来的工作液与储液罐相通，转向液压泵处于卸荷状态，动力转向系统不工作。汽车左转向时，驾驶人逆时针转动转向盘，转向控制阀将转向液压泵和动力缸 L 腔接通，同时将动力缸 R 腔和储液罐接通，如图 8-113a 所示。活塞的右侧为高压腔，左侧为低压腔，在高压油的作用下，活塞向左移动，推动齿条和横拉杆一起向左移动，横拉杆推动转向节臂使车轮向左偏摆，从而实现左转向。右转向则相反，如图 8-113b 所示。

（1）整体式动力转向器　目前大多数车型都采用整体式动力转向系统。它是将动力缸、控制阀和机械转向器三者组装在一个壳体内，这种三合一的部件称为整体式动力转向器。常用的整体式动力转向器有滑阀式和转阀式两种，其工作原理基本相同，都是通过控制阀的动作，实现油路和油压的控制，从而推动工作缸中的活塞运动，实现转向器的助力作用。目前整体式动力转向器广泛采用转阀式转向控制阀。转阀式动力转向器也分为齿轮齿条式和循环球式两种。

图 8-114 所示为轿车常用的齿轮齿条整体式动力转向器，活塞安装在转向齿条上，转向齿条的壳体相当于动力缸，动力缸活塞是齿条的一部分，齿条活塞两边的

扫一扫

液压式动力转向系统

齿条套管被密封形成两个油液腔，连接左、右转向回路。控制阀安装在转向齿轮壳体内。转动转向盘时，旋转阀改变油液流量，在转向齿条两端形成压力差，使齿条向压力低的方向移动。齿条相当于动力缸的推杆。从而减轻驾驶人的转向操纵力。

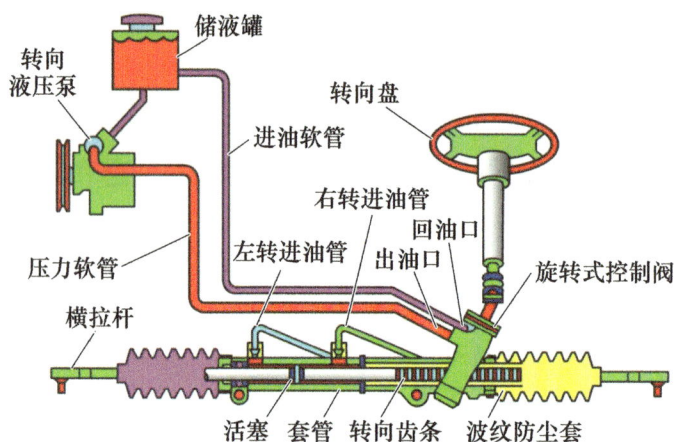

图 8-114 齿轮齿条整体式动力转向系统

（2）**转向液压泵**　转向液压泵是动力转向中的主要能源，其作用是将发动机输入的机械能转化为液压能向外输出，转向液压泵由发动机前端的带轮驱动。

转向液压泵的形式可分为滚柱式、叶片式、转子式和齿轮式等。它们的工作原理均是利用容积的变化，把储液罐中的动力转向液吸出，压入油管中，通过液压油缸以驱动车轮达到转向的目的。

（3）**储液罐**　储液罐是储存、滤清、冷却转向液的容器。一般车辆独立安装，也有和转向液压泵安装在一起的。

（4）**转向控制阀**　转向控制阀是在驾驶人的操纵下控制转向动力缸输出动力的大小、方向和增力快慢的控制阀。按阀体的运动方向，可分为滑阀式和转阀式两种。

2. 电子式动力转向系统

近年来随着微机在汽车上的广泛应用，出现了电动式动力转向系统简称EPS，使汽车的经济性、动力性和机动性都有所提高。

EPS利用电动机产生的动力协助驾驶人进行转向。此类系统一般由转矩传感器、电控单元（微处理器）、电动机、减速器、机械转向器和蓄电池组成，如图8-115所示。目前很多车型都配备EPS，速腾轿车电动转向系统采用该种结构形式。

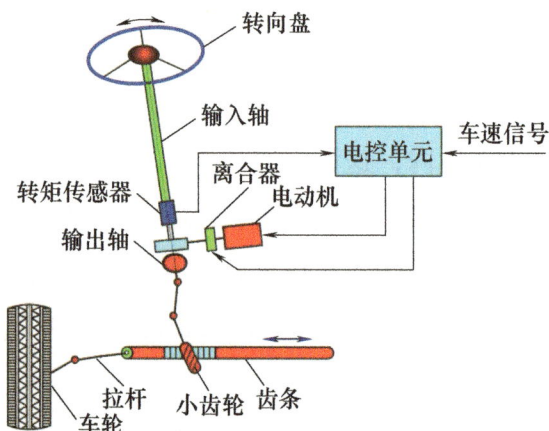

图 8-115　EPS

汽车转向时，转矩传感器检测到转向盘的力矩和转动方向，将这些信号输送到电控单元，电控单元根据转向盘的转动力矩、转动方向和车辆速度等数据向电机控制器发出信号指令，使电动机输出相应大小及方向的转动力矩以产生助动力。

第九节 制动系统

一、概述

1. 功用

制动系统的功用是根据需要使行驶中的汽车减速甚至停车，使下坡行驶的汽车保持车速稳定，以及使已停驶的汽车保持不动。

2. 组成及类型

汽车制动系统一般都由以下 4 个部分组成。

（1）供能装置　包括供给、调节制动所需能量以及改善传能介质状态的各种部件，如气压制动系统中的空气压缩机、液压制动系统中的液压泵等。

（2）控制装置　包括产生制动动作和控制制动效果的各种部件，如制动踏板等。

（3）传动装置　将制动能量传递到制动器的各个部件，如制动主缸、制动轮缸等。

（4）制动器　产生阻碍车辆的运动或运动趋势的部件。

较为完善的制动系统还具有制动力调节装置以及报警装置、压力保护装置等。

按照制动系统的功用不同，一般汽车应包括两套独立的制动系统：行车制动系统和驻车制动系统。在紧急情况下，两套制动系统可同时使用，以增加汽车的制动效果。按照制动能源不同，汽车制动系统又可分为人力制动系统、动力制动系统和伺服制动系统。按照制动能量的传递方式不同，制动系统又可分为机械式、液压式、气压式和电磁式，同时采用两种或两种以上传能方式的制动系统称为组合式制动系统。

3. 对制动系统的要求

为保证汽车能在安全的条件下发挥出高速行驶的能力，必须满足下列要求：

1）具有良好的制动效能。

2）操纵轻便：操纵制动系统所需的力不应过大。

3）制动稳定性好：制动时，前后车轮制动力分配合理，左右车轮上的制动力矩基本相等，使汽车制动过程中不跑偏、不甩尾。

4）制动平顺性好：制动力矩能迅速而平稳地增加，也能迅速而彻底地解除。

5）散热性好：连续制动时，制动鼓和制动蹄上的摩擦片因高温引起的摩擦系数下降要小（抗热衰退性好）；水湿后恢复要快（抗水衰退性好）。

对挂车的制动系统，还要求挂车的制动作用略早于主车；挂车自行脱挂时能自动进行应急制动。

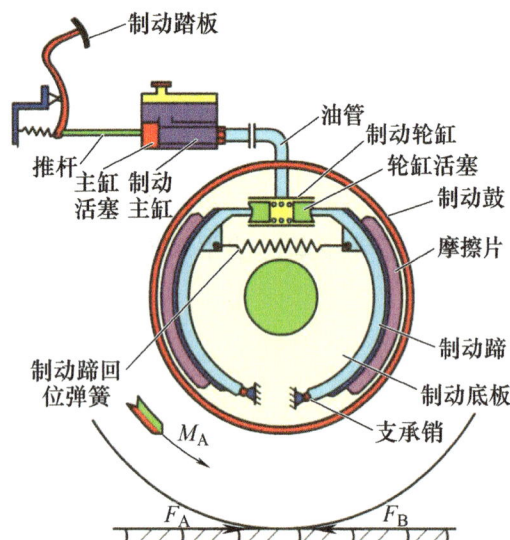

扫一扫

制动系统的
工作原理

图 8-116　制动系的工作原理

4. 工作原理

制动系统的工作原理如图 8-116 所示。这是一种简单的液压制动系统的工作原理示意图。它由制动器、操纵机构和液压传动机构组成。

1）制动器主要由旋转部分、固定部分和张开机构组成。旋转部分是制动鼓，它固定在车轮轮毂上，随车轮一起旋转，它的工作面是内圆柱面。固定部分包括制动蹄和制动底板等。制动底板用螺栓与转向节凸缘（前轮）或桥壳凸缘（后轮）固定在一起。

在固定不动的制动底板上，有两个支承销支承着两个弧形制动蹄的下端。制动蹄的外圆面上装有摩擦片，上端用制动蹄回位弹簧拉紧压靠在轮缸活塞上。制动蹄可用液压轮缸（或凸轮）等张开机构使其张开。液压轮缸也安装在制动底板上。

2）操纵机构主要是制动踏板。

3）液压传动机构主要由推杆、制动主缸、制动轮缸和油管等组成。装在车架上的制动主缸油管与制动轮缸相连通。主缸活塞、可由驾驶人通过制动踏板来操纵。

制动系统不工作时，制动鼓的内圆面与制动蹄摩擦片的外圆面之间保留有一定的间隙，使制动鼓可以随车轮自由旋转。

制动时，踩下制动踏板，推杆便推动主缸活塞，使主缸中的油液以一定压力流入制动轮缸，通过轮缸活塞使两制动蹄的上端向外张开，从而使摩擦片压紧在制动鼓的内圆面上。这样，不旋转的制动蹄就对旋转着的制动鼓产生一个摩擦力矩 M_A，其作用方向与车轮旋转方向相反，摩擦力矩大小取决于轮缸的张力、摩擦系数和制动鼓及制动蹄的尺寸等。制动鼓将该力矩 M_A 传到车轮后，由于车轮与路面间的附着作用，车轮即对路面作用一个向前的圆周力 F_A，与此同时，路面给车轮作用一个向后的反作用力 F_B，即制动力。制动力 F_B 由车轮经车桥和悬架传递给车架和车身，迫

使整个汽车产生一定的减速度。制动力越大减速度也越大。当松开制动踏板时，制动蹄回位弹簧将制动蹄拉回原位，摩擦力矩 M_A，和制动力 F_B 消失，制动作用即行解除。

制动时车轮上的制动力 F_B 不仅取决于制动力矩 M_A，还取决于轮胎与路面间的附着条件。如果完全丧失附着，就不会产生制动效果，即车轮停止了转动而被抱死，汽车仍然向前滑移。不过，在讨论制动系统的结构问题时，一般都假设具备良好的附着条件。

国内外很多汽车在制动系统中增设前后车桥制动力分配调节装置，以减少车轮抱死，但目前应用最普及的是防抱死制动系统。

二、制动器

制动器是制动系统中用以产生阻止车辆运动或运动趋势的主要部件。目前，一般汽车所使用的制动器的制动力矩都是来源于固定元件和旋转元件工作表面之间的摩擦，即摩擦式制动器。

摩擦式制动器按照制动力矩产生的位置不同，分为车轮制动器和中央制动器。车轮制动器的旋转元件固装在车轮或半轴上，制动力矩直接作用在两侧车轮上。中央制动器的旋转元件固装在传动系统的传动轴上，其制动力矩必须经过驱动桥再分配到两侧车轮上。车轮制动器一般用于行车制动，也有兼用于应急制动。中央制动器一般只用于驻车制动和缓速制动。按照摩擦工作表面的不同分为鼓式制动器和盘式制动器。鼓式制动器旋转元件为制动鼓，工作表面为制动鼓的内圆柱面，如图 8-117 所示；盘式制动器的旋转元件为制动盘，工作表面为制动盘的端面，如图 8-118 所示。

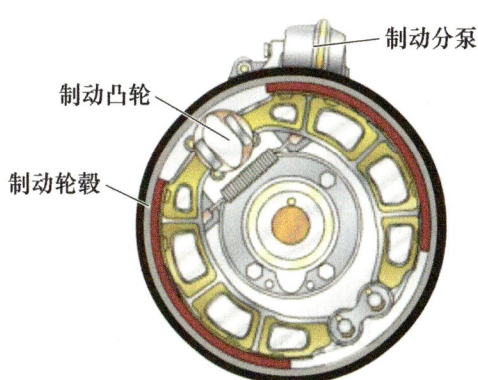

图 8-117　鼓式制动器

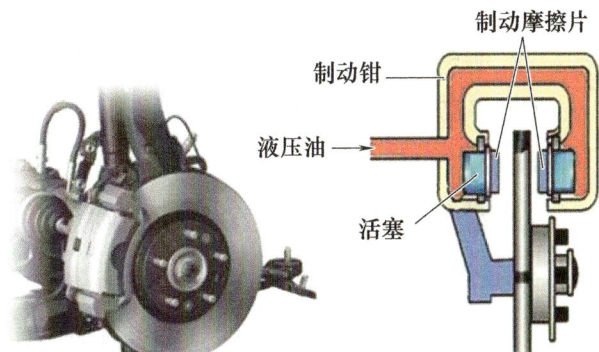

图 8-118　盘式制动器

1. 鼓式制动器

以液压机构控制的制动轮缸作为制动蹄促动装置的称为轮缸式制动器，此外，还有以凸轮作为促动装置的凸轮式制动器和用楔块作为促动装置的楔式制动器等。

轮缸式鼓式制动器按照其结构与工作特点不同，又分为领从蹄式制动器、双领蹄式制动器、双向双领蹄式制动器和自增力式制动器。目前领从蹄式制动器广泛应用于重型车，部分应用于中低档轿车的后轮，其他类型的鼓式制动器很少应用。

2. 盘式制动器

盘式制动器摩擦副中的旋转元件是以端面工作的金属圆盘，称为制动盘。根据固定元件的结构形式不同，盘式制动器大体上可以分为两类，即钳盘式制动器和全盘式制动器。轿车和越野车上普遍应用钳盘式制动器。图 8-119 所示为浮钳盘式制动器的结构。

制动时，内侧活塞及摩擦片在液压作用力 F_1 作用下，向左移动压向制动盘。同时，液压的反作用力 F_2 推动制动钳体向右移动，使外侧摩擦片也压靠到制动盘上。导向销上的橡胶衬套不仅能够稍微变形以消除制动器间隙，而且可使导向销免受泥污。解除制动时，橡胶衬套释放出来的弹力有助于外侧

扫一扫

浮钳盘式制动器的工作原理

图 8-119 浮钳盘式制动器的结构

（图中标注：F_2、制动钳体、F_1、导向销、制动盘、制动钳支架）

制动块离开制动盘。活塞密封圈使活塞回位。若制动器产生了过量的间隙，活塞则相对于密封圈滑移，借此实现间隙自动调整。盘式制动器普遍应用在各种车型上，盘式制动器与鼓式制动器相比，具有以下优点：

1）摩擦表面为平面，不易发生较大变形，制动力矩较稳定。

2）热稳定性好，受热后制动盘只在径向膨胀，不影响制动间隙。

3）受水浸渍后，在离心力的作用下水很快被甩干，摩擦片上的剩水也由于压力高而较容易被挤出。

4）制动力矩与汽车行驶方向无关。

5）制动间隙小，便于自动调节间隙。

6）摩擦片容易检查、维护和更换。

缺点：

1）盘式制动器摩擦片直接压在圆盘上，无自动摩擦增力作用，所以在此系统中须另行装设动力辅助装置。

2）兼用驻车制动时，加装的驻车制动传动装置较鼓式制动器复杂，因而用在后轮上时受到限制。

三、驻车制动

驻车制动装置的作用是使停驶后的汽车能够驻留原地不动，使汽车在坡道上能顺利起步，当行车制动效能失效后临时使用或配合行车制动器进行紧急制动。驻车

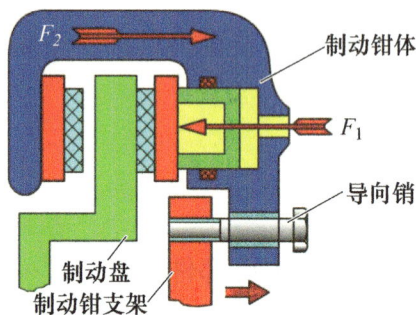

制动装置按其安装位置可分为中央制动式和车轮制动式两种。前者的制动器安装在变速器的后面，制动力作用在传动轴上；后者与车轮制动器共用 1 个制动器总成，只是传动机构相互独立。中央制动式驻车制动结构如图 8-120 所示，车轮制动式驻车制动结构如图 8-121 所示。

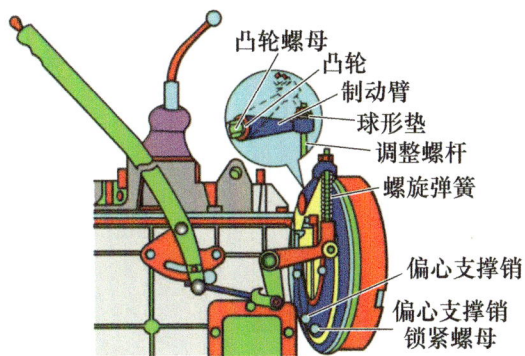

图 8-120 中央制动式驻车制动器

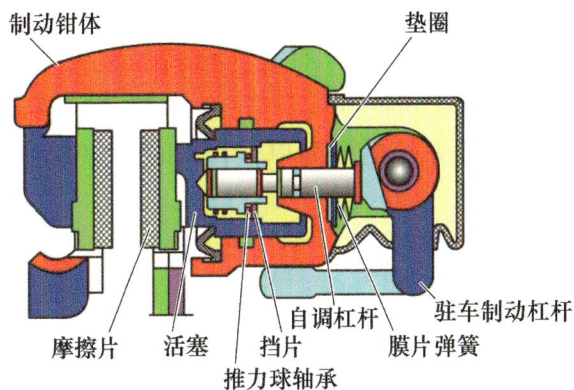

图 8-121 车轮制动式驻车制动器

四、液压制动传动装置

1. 组成及工作原理

在液压制动传动装置中，传力介质是制动液，利用制动液将驾驶人作用于制动踏板上的力转换为油液压力，通过管路传至车轮制动器，再将油液压力转换为使制动蹄张开的机械推力。按制动能源不同，分为人力液压制动系统和伺服液压制动系统。目前轿车和轻型车普遍采用伺服液压制动系统，伺服液压制动系统有真空助力式和真空增压式两种。

为了提高汽车制动的可靠性和行车的安全性，目前均采用双回路液压制动传动装置。双回路的布置方案在各型汽车上各有不同，常见的有前后独立式和交叉式两种形式，如图 8-122 所示。

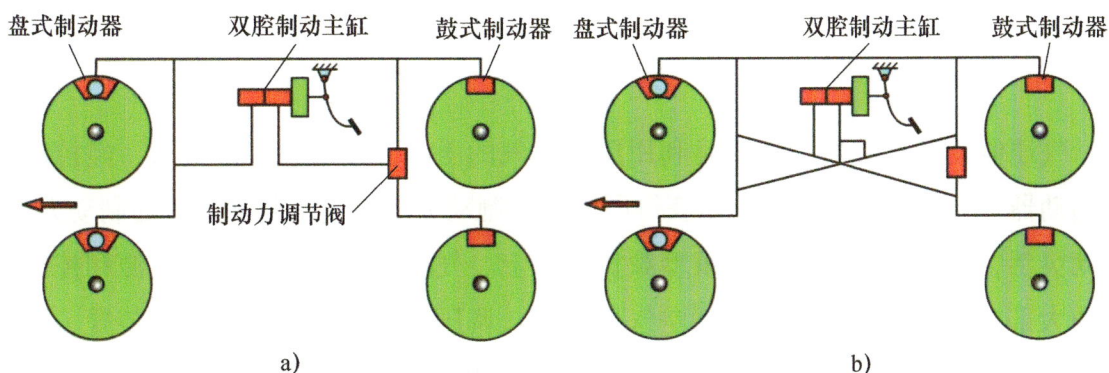

图 8-122 双回路液压制动装置布置图

a）前后独立式 b）前后交叉式

图 8-123 所示为一汽奥迪 100 型轿车制动系统布置图。该系统采用真空助力、双回路交叉布置。前轮为盘式制动器，后轮为鼓式制动器。后轮鼓式制动器同时也作为驻车制动系统的制动器。制动主缸的后腔与右前轮、左后轮的制动回路 1 相通；制动主缸的前腔与左前轮、右后轮的制动回路 2 相通。制动时，驾驶人踩下制动踏板，踏板力经真空助力器放大后，作用在制动主缸上，制动主缸将制动液加压后，分别输送到两个制动回路，使制动器产生制动作用。这种液压传动对角线双回路制动系统能保证在任一个回路出现故障时，仍能得到总制动效能的 50% 左右。此外，这种制动系统结构简单，直行时紧急制动的稳定性好。

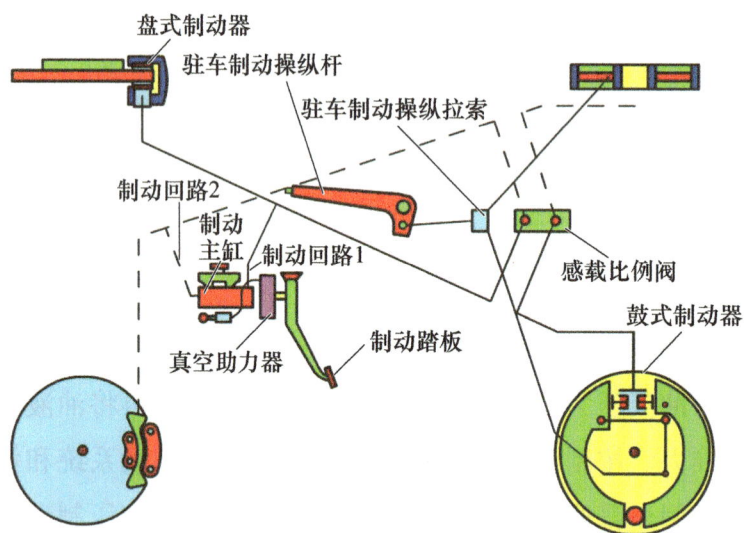

图 8-123　一汽奥迪 100 型轿车制动系统布置图

2. 主要部件

液压制动传动装置的主要部件包含制动主缸、制动轮缸、真空助力器等。由于现代维修中基本上以换件为主，故不做详细介绍。

五、气压制动传动装置

气压制动传动装置的功用是利用压缩空气的压力，按驾驶人的要求，经控制阀对制动器进行有效的制动，从而获得所需要的制动力矩。气压制动系统的制动力大，制动灵活，广泛应用于中型和重型载货汽车上。气压制动传动装置由气源和控制机构两大部分组成。气源部分包括空气压缩机、调压装置、储气筒、报警装置、油水放出阀和取气阀、安全阀等部件，控制机构包括制动踏板、拉杆、制动阀等。气压制动装置布置图如图 8-124 所示。

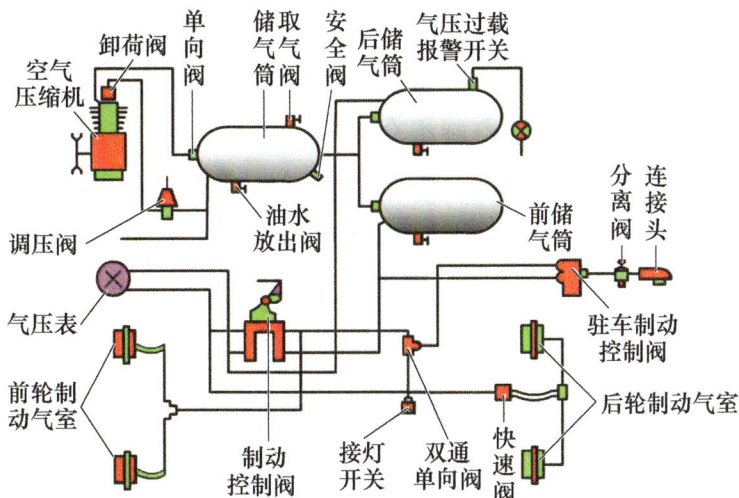

图 8-124　气压制动装置布置图

六、防抱死制动系统

防抱死制动系统（Anti-Lock Braking System，ABS）是汽车上的一种主动安全装置，目前已成为乘用车及客车的标准配置。其作用是在汽车制动时，防止车轮抱死拖滑，以提高汽车制动过程中的方向稳定性、转向控制能力和缩短制动距离，使汽车制动更为安全有效。

1. ABS 的基本组成

ABS 由传感器、ECU 和执行器三部分组成。ABS 主要是在普通制动系统的基础上加装了轮速传感器、ABS 电控单元、制动压力调节器。

2. ABS 的工作原理

ABS 的工作原理是：车轮转速传感器信号传给 ECU，ECU 经过计算，计算出车轮的速度、滑移率、汽车减速度，并根据不同车轮的不同工作状态，通过分析和判断，对液压调节器发出控制指令，控制制动力的大小，使滑移率保持在规定的范围内，防止车轮抱死。

ABS 的工作过程可分为常规制动、制动压力保持、制动压力减小和制动压力增大四个阶段，如图 8-125 所示。

（1）常规制动阶段　如图 8-125a 所示，在常规制动阶段，ABS 不起作用。调压电磁阀总成中的进液电磁阀、出液电磁阀均不通电，进液电磁阀处于开启状态，出液电磁阀处于关闭状态；制动主缸至各制动轮缸的制动管路均处于流通状态；电动液压泵也不通电（不运转），制动轮缸至储液室的制动管路均处于关断状态，各制动轮缸的制动压力将随制动主缸的输出压力而变化，此时的制动过程与常规制动系统的过程完全相同。

185

（2）制动压力保持阶段 在制动过程中，ECU 根据车轮转速传感器输入车轮转速信号判定有车轮趋于抱死时，ABS 就进入防抱死制动压力调节过程。如 ECU 判定右前轮趋于抱死时，ECU 就输出控制指令使右前轮的进液电磁阀通电而转入关闭状态，制动主缸中的制动液不再进入右前轮的制动轮缸。而右前轮出液电磁阀仍不通电而处于关闭状态，则右前轮制动主缸中的制动液也不会流出。此时，右前轮制动轮缸的制动压力保持一定，而其他未趋于抱死的车轮制动轮缸内的油液压力仍随制动主缸输出压力的增大而增大，如图 8-125b 所示。

（3）制动压力减小阶段 当右前轮制动轮缸的制动压力保持一定时，若 ECU 判定右前轮仍然处于抱死趋势中，则输出控制指令使右前轮出液电磁阀也通电而转入开启状态，右前轮制动轮缸中的部分制动液经开启的出液电磁阀流回储液室，制动轮缸内的制动压力减小，右前轮的抱死趋势开始消除，如图 8-125c 所示。

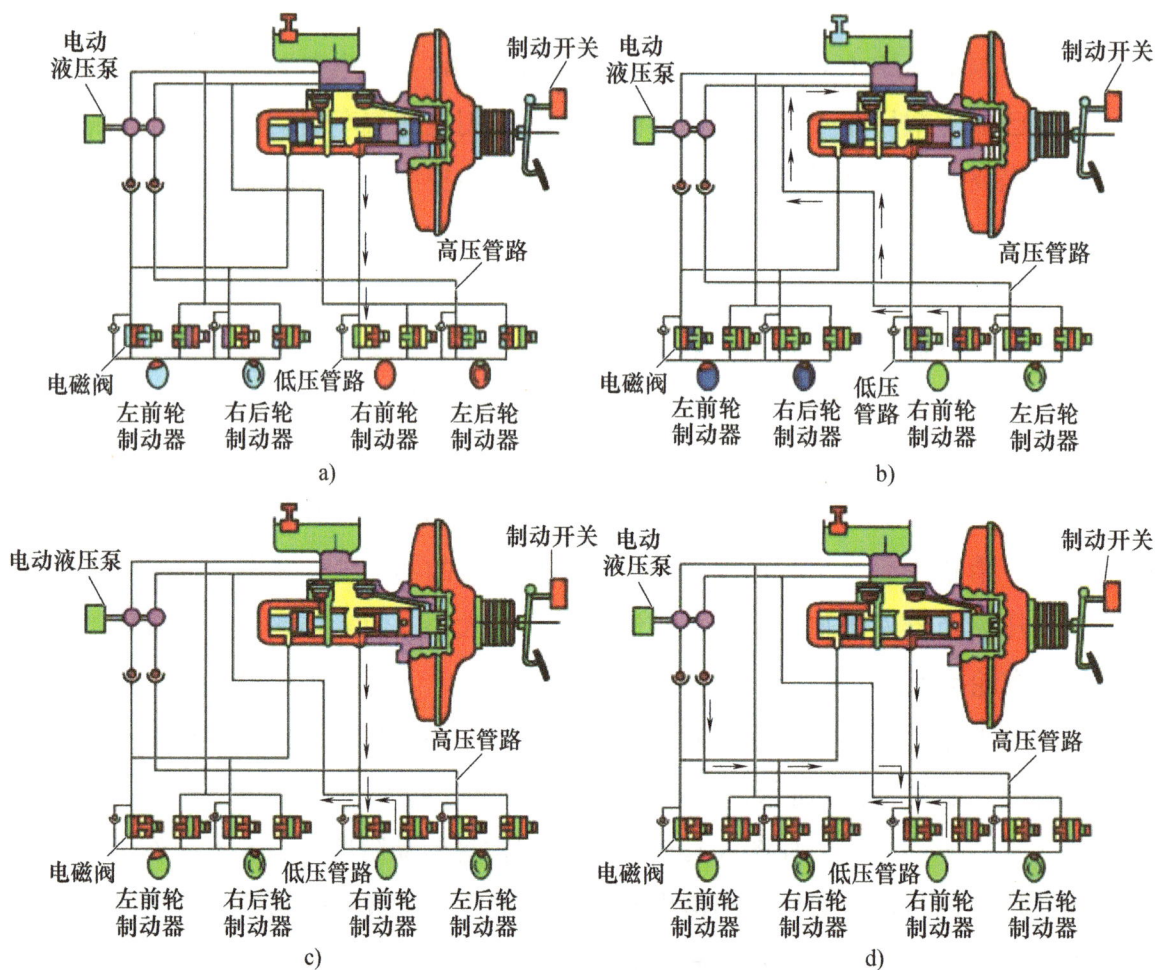

图 8-125　ABS 的工作过程

（4）制动压力增大阶段 随着右前轮制动轮缸内制动压力的迅速减小，右前轮会在汽车惯性力的作用下逐渐加速。当 ECU 判定右前轮抱死趋势已完全消除时，就输入控制指令使进液电磁阀和出液电磁阀均断电，则进液电磁阀恢复开启状态，出液电磁阀恢复关闭状态；同时也使电动液压泵通电运转向制动轮缸泵送制动液。由制动主缸输出的制动液和电动液压泵泵送的制动液均经过开启的进液电磁阀进入右前轮制动轮缸，使右前轮制动轮的制动压力迅速增大，右前轮又开始减速转动，如图 8-125d 所示。

【学习小结】

1）汽车底盘由传动系统、行驶系统、转向系统和制动系统四大系统组成。

2）离合器的功用：保证汽车平稳起步；保证变速器换档平顺；防止传动系统过载；降低发动机带来的扭振冲击，延长变速齿轮寿命（带有扭转减振器的离合器）。

3）膜片弹簧离合器由主动部分、从动部分、压紧机构和操纵机构四部分组成。

4）变速器的功用：实现变速变矩；实现倒车；实现中断动力传动。

5）变速器操纵机构根据其变速操纵杆与变速器的相互位置的不同，可分为直接操纵式和远距离操纵式两种类型。手动变速器的换档锁止装置包括自锁装置、互锁装置和倒档锁装置。

6）电控液力自动变速器由液力变矩器、齿轮变速机构、液压控制系统、电控系统和冷却滤油装置组成。

7）液力变矩器主要由泵轮、涡轮、导轮、变矩器壳等组成，为提高汽车的传动效率，减少燃油消耗，现代很多轿车的自动变速器采用一种带锁止离合器的综合式液力变矩器。

8）自动变速器液压控制系统由动力源、执行机构和控制机构组成。电控系统由信号输入装置、执行器和电控单元组成。

9）万向传动装置主要由万向节和传动轴等组成。对于传动距离较远的分段式传动轴，为了提高其刚度，还设置有中间支撑。刚性万向节按其速度特性又可分为不等速万向节（常用的为十字轴式）、准等速万向节（双联式和三销轴式）和等速万向节（包括球叉式、球笼式和三枢轴式）。

10）驱动桥的功用是将万向传动装置传来的发动机动力经降速增矩改变传动方向后，分配给左、右驱动轮，并且允许左、右驱动轮以不同转速旋转。

11）汽车行驶系统一般由车架（或承载式车身）、车桥、车轮和悬架等组成。

12）为了减少汽车在行驶中受到的各种冲击和振动，车桥与车架之间又通过弹性悬架与车架相连接。

13）汽车行驶系统的基本类型主要有轮式、半履带式、全履带式、车轮-履带式和水陆两用式等类型。

14）车轮按照轮辐的构造不同，可分为辐板式车轮和辐条式车轮两种。

15）轮胎按组成结构不同，可分为有内胎轮胎和无内胎轮胎两种；按胎体中帘线排列的方向不同，还可分为普通斜交轮胎和子午线轮胎。

16）轮胎规格标记可分为子午线轮胎标记和斜交轮胎标记，从轮胎规格标记上可查到各种性能参数。

17）汽车的悬架一般是由弹性元件、导向机构、减振器和横向稳定器四部分组成。

18）悬架的弹性元件主要有钢板弹簧、螺旋弹簧、扭杆弹簧、气体弹簧。

19）汽车悬架可分为非独立悬架和独立悬架两大类。非独立悬架与整体式车桥相匹配，独立悬架与断开式车桥相匹配。

20）独立悬架主要有三种形式，即麦弗逊式独立悬架、双横臂式独立悬架和多连杆式独立悬架。

21）用来改变或恢复汽车行驶方向的专设机构称为汽车转向系统。

22）汽车转向系统包括转向操纵机构、转向器和转向传动机构三大部分。

23）转向器是转向系统中的减速增矩传动装置，它的功能是增大转向盘传到转向节的力并改变力的传递方向。应用广泛的转向器为齿轮齿条式转向器和循环球式转向器。

24）转向操纵机构一般由转向盘、转向轴、转向管柱等组成。它的作用是将驾驶人转动转向盘的操纵力传给转向器。

25）转向传动机构的功用是将转向器输出的力和运动传送到转向桥两侧的转向轮，使两侧转向轮偏转且使转向轮偏转角度按一定关系变化，以实现汽车顺利转向。

26）制动系统的功用是根据需要使行驶中的汽车减速甚至停车，使下坡行驶的汽车保持车速稳定，以及使已停驶的汽车保持不动。

27）汽车制动系统一般由供能装置、控制装置、传动装置、制动器、制动力调节装置、报警装置、压力保护装置组成。

28）目前最常见的制动器是盘式制动器和鼓式制动器，盘式制动器应用较为普遍，鼓式制动器主要应用在重型车辆和普通轿车的后轮。

29）轮缸式鼓式制动器按照其结构与工作特点不同，又分为领从蹄式制动器、双领蹄式制动器、双向双领蹄式制动器和自增力式制动器。

30）根据固定元件的结构形式不同，盘式制动器可分为钳盘式制动器和全盘式制动器。

31）ABS 由传感器、ECU 和执行器三部分组成。

32）ABS 的工作过程可分为常规制动、制动压力保持、制动压力减小和制动压力增大四个阶段。

【思考题】

1）简述离合器的功用。

2）离合器的操纵机构有哪几种？各有何特点？

3）简述手动变速器的功用。

4）电控液力自动变速器由哪几部分组成？

5）辛普森式和拉维娜式行星齿轮机构的结构特点是什么？

6）简述车桥的分类。

7）简述四轮定位的参数。

8）简述主销后倾和主销内倾的区别。

9）如何正确地识读轮胎的规格和标记？

10）轮胎型号为 195/55R1691V，写出有关数字及符号的含义。

11）简述子午线轮胎的优点。

12）简述悬架的功用及组成。

13）简述独立悬架的形式。

14）简述独立悬架的特点。

15）简述转向系统的功用和分类。

16）简述转向系统的基本组成。

17）简述转向器的功用。

18）简述循环球式转向器的基本原理。

19）简述转向操纵机构的主要功能有哪些。

20）简述各种类型转向柱的特点。

21）简述液压动力转向系统的基本结构和原理。

22）简述制动系统的功能。

23）简述制动系统的组成。

24）车辆制动时对制动系统的要求有哪些？

25）盘式制动器和鼓式制动器相比有什么优点？

26）ABS 主要分为哪几个工作过程？

27）阐述 ABS 的工作原理。

附录　常用螺纹紧固件拧紧力矩范围

螺纹直径 /mm	螺距 /mm	拧紧力矩标准值			
		力学性能 4.61 级	力学性能 5.6 级	力学性能 8.8 级	力学性能 10.0 级
		N · m	N · m	N · m	N · m
6	1	4.0	4.5	9	—
8	1.25	8.0	10.6	23	—
8	1	8.5	11.0	25	—
10	1.5	19.7	26.0	59	74
10	1.25	20.8	—	63	78
10	1	21.8	29.0	64	80
12	1.75	37.3	45.0	95	140
12	1.5	38.5	47.0	97	143
12	1.25	39.6	50.0	99	145
14	2	61.2	81.0	160	175
14	1.5	74.6	90.0	180	210
16	2	95.0	124.0	215	280
16	1.5	105.0	132.0	240	305
18	2.5	142.9	190.0	268	437
18	1.5	157.6	200.0	316	467
20	2.5	188.0	231.6	430	528
20	1.5	203.7	246.6	440	558

参 考 文 献

［1］陈家瑞 . 汽车构造：上册［M］. 3 版 . 北京：机械工业出版社，2009.

［2］陈家瑞 . 汽车构造：下册［M］. 3 版 . 北京：机械工业出版社，2009.

［3］李庆军 . 汽车发动机结构与维修［M］. 2 版 . 北京：机械工业出版社，2020.

［4］陈文华 . 汽车发动机构造与维修［M］. 北京：人民交通出版社，2001.

［5］蔡兴旺 . 汽车构造与原理实训［M］. 4 版 . 北京：机械工业出版社，2019.

［6］张西振 . 汽车发动机构造与维修［M］. 2 版 . 北京：机械工业出版社，2014.